여러분의 합격을 응원하는
해커스경찰의 특별 혜택!

JN403894

FREE 경찰 민법총칙 특강

해커스경찰(police.Hackers.com) 접속 후 로그인 ▶ 상단의 [무료강좌 → 경찰 무료강의] 클릭하여 이용

해커스경찰 온라인 단과강의 20% 할인쿠폰

683922B6F77TLV7C

해커스경찰(police.Hackers.com) 접속 후 로그인 ▶ 상단의 [내강의실] 클릭 ▶
[쿠폰/포인트] 클릭 ▶ 쿠폰번호 입력 후 이용

* 등록 후 7일간 사용 가능(ID당 1회에 한해 등록 가능)

경위공채 합격예측 온라인 모의고사 응시권 + 해설강의 수강권

9F7B9FA8FD338C73

해커스경찰(police.Hackers.com) 접속 후 로그인 ▶ 상단의 [내강의실] 클릭 ▶
[쿠폰/포인트] 클릭 ▶ 쿠폰번호 입력 후 이용

* ID당 1회에 한해 등록 가능

쿠폰 이용 관련 문의 **1588-4055**

단기 합격을 위한 해커스경찰 커리큘럼

입문
탄탄한 기본기와 핵심 개념 완성!
누구나 이해하기 쉬운 개념 설명과 풍부한 예시로 부담없이 쌩기초 다지기

 TIP 베이스가 있다면 **기본 단계**부터!

▼

기본+심화
필수 개념 학습으로 이론 완성!
반드시 알아야 할 기본 개념과 문제풀이 전략을 학습하고
심화 개념 학습으로 고득점을 위한 응용력 다지기

▼

기출+예상 문제풀이
문제풀이로 집중 학습하고 실력 업그레이드!
기출문제의 유형과 출제 의도를 이해하고 최신 출제 경향을 반영한
예상문제를 풀어보며 본인의 취약영역을 파악 및 보완하기

▼

동형모의고사
동형모의고사로 실전력 강화!
실제 시험과 같은 형태의 실전모의고사를 풀어보며 실전감각 극대화

▼

마무리
시험 직전 실전 시뮬레이션!
각 과목별 시험에 출제되는 내용들을 최종 점검하며 실전 완성

▼

PASS

* 커리큘럼 및 세부 일정은 상이할 수 있으며,
자세한 사항은 해커스경찰 사이트에서 확인하세요.

**단계별 교재 확인 및
수강신청은 여기서!**

police.Hackers.com

해커스경찰

이나경
민법총칙 기본서

이나경

약력
이화여자대학교 법학과 졸업
2015 변호사시험 합격

현 | 법무법인 삼율 파트너 변호사

전 | 법부법인 도시
　　　법무법인 벗들

현 | 해커스경찰 민법총칙 강의

전 | 합격의법학원 민법 강사
　　　메가변리사 민법, 민사소송법 강사
　　　에듀윌 민법, 민사소송법 강사

머리말

수험생 여러분,

본 교재가 수험생 여러분의 합격에 보탬이 되기를 바라며, 다음과 같이 교재를 구성하였습니다.

민법총칙을 공부하는 수험생들이 본 교재를 통해 민법을 용이하게 이해하여 고득점을 얻을 수 있도록 교재를 구성하였습니다. 민법을 처음 공부하는 학생들은 법률적인 용어와 판례의 어려운 표현을 이해하기 어려워 합니다. 이런 부분을 고려하여 최대한 쉽게 이해할 수 있게 하고 분량을 줄여 수험생들의 부담을 줄이고자 하였습니다.

더불어 경찰공무원 시험 전문 해커스경찰(police.Hackers.com)에서 학원강의나 인터넷 동영상강의를 함께 이용하여 꾸준히 수강한다면 학습효과를 극대화할 수 있습니다.

수험생분들의 노력이 결실을 맺기를 응원하겠습니다.

2025년 9월
이나경

목차

제1장 서론 … 8
- **제1절** 민법의 의의 … 8
- **제2절** 법률관계 … 13
- **제3절** 권리 … 15

제2장 권리의 주체 … 29
- **제1절** 권리의 주체(1) - 자연인 … 29
- **제2절** 권리의 주체(2) - 법인 … 47

제3장 권리의 객체 … 76

제4장 권리의 변동 … 86
- **제1절** 권리의 변동 … 86
- **제2절** 법률행위 … 88
- **제3절** 의사표시 … 105
- **제4절** 대리 … 123

제5장 무효와 취소 … 140
- **제1절** 무효와 취소 … 140
- **제2절** 무효 … 141
- **제3절** 취소 … 150

제6장 조건과 기한 — 153

- 제1절 조건과 기한 — 153
- 제2절 기간 — 159

제7장 소멸시효 — 161

- 제1절 시효제도 총론 — 161
- 제2절 소멸시효 요건 — 163
- 제3절 소멸시효의 중단과 정지 — 169
- 제4절 소멸시효 완성의 효과 — 178

해커스경찰
police.Hackers.com

민법총칙

제1장 서론
제2장 권리의 주체
제3장 권리의 객체
제4장 권리의 변동
제5장 무효와 취소
제6장 조건과 기한
제7장 소멸시효

제1장 서론

제1절 민법의 의의

1. 민법의 의의
사법(私法), 일반법, 실체법이다.

2. 형식적 의의의 민법과 실질적 의의의 민법

가. 형식적 의의의 민법은 '민법전', 총칙, 물권, 채권, 친족, 상속

나. 실질적 의의의 민법은 일반사법(一般私法, 특별사법 및 절차법을 제외한 민법전과 부속법령 등), 즉 재산관계와 가족관계를 다루는 것으로 사적 생활의 법인 사법(국가를 조직하고 유지하는 것과 관련된 헌법, 행정법 등 공법과 구별), 인간이면 누구에게나 적용되는 일반법(특별법과 구별, 예를 들어 상인에게 적용되는 상법은 특별법)

다. 형식적 의의의 민법이면서 실질적 의의의 민법이 아닌 것
- 법인의 이사, 감사, 청산인에 대한 벌칙 규정(제97조): 행정벌의 성격
- 강제집행에 관한 규정(제389조): 절차법 규정

3. 근대 민법의 3대 원리와 수정

가. 사적자치의 원칙(계약자유의 원칙)

1) 계약에 관한 민법 규정은 당사자의 의사에 따라 다른 내용으로 정해도 무방한 임의법규. 민법은 당사자의 의사가 불명확할 경우 이를 보충하는 기능(사적자치의 원칙은 주로 채권법 영역)

2) 내용 및 수정[1]
- 계약체결의 자유
  수정 - 예외적으로 계약체결 강제되는 경우 있음(예 민법 제283조 지상물매수청구권)
- 상대방 선택의 자유
  수정 - (예 근로 3권, 여성근로자 보호)

---

[1] 수정의 근거: 헌법 제23조
  ① 모든 국민의 재산권은 보장된다. 그 내용과 한계는 법률로 정한다.
  ② 재산권의 행사는 공공복리에 적합하도록 하여야 한다.
  ③ 공공필요에 의한 재산권의 수용·사용 또는 제한 및 그에 대한 보상은 법률로써 하되, 정당한 보상을 지급하여야 한다.

- 계약내용결정의 자유
  수정 - 강행법규 등(예 주택임대차보호법[2]), 약관규제법, 이자제한법 등 선량한 풍속 기타 사회질서에 관계되는 규정, 강행법규에 반하는 법률행위는 무효)
- 계약방식의 자유
  수정 - 요식행위(예 유언 등)

나. 사유재산제도(소유권절대주의의 원칙)

1) 소유권은 강한 보호받음. 소유권은 소유자의 의사에 반하여 박탈되거나 소멸하지 않으며, 이를 이용·처분할 수 있다(주로 물권법 영역).

2) 내용: 물권법정주의(민법 제185조, 자의적인 제한물권으로 인해 소유권이 제한되는 것 방지)

3) 수정[3]
  채권에 대한 물권의 우선적 효력(예외 - 주택임대차보호법상 대항력 갖추거나 등기된 임차권의 순위)

다. 과실책임주의

1) 고의, 과실이 있는 경우에 책임을 진다는 원칙(주로 계약책임 및 불법행위책임)

2) 수정
- 절대적 무과실책임 - [예 공작물 소유자 책임(민법 제758조)]
- 상대적 무과실책임(입증책임만 전환) - [예 공작물 점유자 책임(민법 제758조)]

4. 공법과 사법의 구별

가. 구별 실익
공법영역이면 행정소송을 통하여, 사법영역이면 민사소송을 통하여 분쟁을 해결한다는 점이 실익임

나. 국가나 공공단체(지방자치단체)가 사경제의 주체로서 활동하는 경우(공용물품구입계약, 도급계약 등)

> **판례**
> 지방재정법에 의하여 준용되는 '국가를 당사자로 하는 계약에 관한 법률'에 따라 지방자치단체가 당사자가 되는 이른바 공공계약은 사경제의 주체로서 상대방과 대등한 위치에서 체결하는 사법(사법)상의 계약으로서 그 본질적인 내용은 사인 간의 계약과 다를 바가 없으므로, 그에 관한 법령에 특별한 정함이 있는 경우를 제외하고는 사적 자치와 계약자유의 원칙 등 사법의 원리가 그대로 적용된다고 할 것[대법원 2006. 6. 19. 자 2006마117 결정]

---

[2] 주택임대차보호법 제10조 【강행규정】 이 법에 위반된 약정(約定)으로서 임차인에게 불리한 것은 그 효력이 없다.
[3] 수정의 근거: 헌법 제23조, 민법 제2조, 민법 제211조
  민법 제211조 【소유권의 내용】 소유자는 법률의 범위내에서 그 소유물을 사용, 수익, 처분할 권리가 있다.

5. 법원(법의 연원, 법의 존재형식) - 민법 제1조 해석

> 제1조 【법원】 민사에 관하여 법률에 규정이 없으면 관습법에 의하고 관습법이 없으면 조리에 의한다.

민법 제1조는 민사재판을 함에 있어 적용하여야 할 법적 준거와 그 서열을 규정함

가. 법률

민법 제1조의 법률은 모든 법규범, 실질적 의의의 법을 의미한다. 따라서 명령, 규칙, 지방자치단체의 조례(通), 대통령의 민사에 관한 긴급명령, 헌법에 의해 체결된 조약, 일반적으로 승인된 국제법규 등도 민사에 관한 것이면 법원성 긍정된다.

나. 관습법

1) 관습법의 의의

관습법이란 사회 구성원 사이에 일정한 행위가 장기간 반복하여 행하여져 관행 또는 관습이 존재하는 경우 그 관행이 사회구성원들의 법적 확신과 인식에 의해 법적 규범으로 승인되기에 이른 것을 말한다.

2) 요건

가) 성립요건
- 장기간 반복된 관행의 존재와 사회구성원들의 법적 확신이 요건이다. 단, 헌법을 최상위규범으로 하는 전체 법질서에 반하는 것은 관습법으로 인정할 수 없다.
- 법적 확신의 유무에 따라 사실인 관습이나 관행과 구별된다.

> **판례**
>
> 1. 종회회원확인
> 종중 구성원의 자격을 성년 남자로만 제한하는 종래의 관습법의 효력을 부정함(종래 관습법은 남녀평등이라는 헌법 전체 질서에 부합하지 않음)
> [1] 관습법이란 사회의 거듭된 관행으로 생성한 사회생활규범이 사회의 법적 확신과 인식에 의하여 법적 규범으로 승인·강행되기에 이른 것을 말하고, 그러한 관습법은 법원(法源)으로서 법령에 저촉되지 아니하는 한 법칙으로서의 효력이 있는 것이고, 또 사회의 거듭된 관행으로 생성한 어떤 사회생활규범이 법적 규범으로 승인되기에 이르렀다고 하기 위하여는 헌법을 최상위 규범으로 하는 전체 법질서에 반하지 아니하는 것으로서 정당성과 합리성이 있다고 인정될 수 있는 것이어야 하고, 그렇지 아니한 사회생활규범은 비록 그것이 사회의 거듭된 관행으로 생성된 것이라고 할지라도 이를 법적 규범으로 삼아 관습법으로서의 효력을 인정할 수 없다.
> [2] 사회의 거듭된 관행으로 생성된 사회생활규범이 관습법으로 승인되었다고 하더라도 사회 구성원들이 그러한 관행의 법적 구속력에 대하여 확신을 갖지 않게 되었다거나, 사회를 지배하는 기본적 이념이나 사회질서의 변화로 인하여 그러한 관습법을 적용하여야 할 시점에 있어서의 전체 법질서에 부합하지 않게 되었다면 그러한 관습법은 법적 규범으로서의 효력이 부정될 수밖에 없다.
> [3] 종원의 자격을 성년 남자로만 제한하고 여성에게는 종원의 자격을 부여하지 않는 종래 관습에 대하여 우리 사회 구성원들이 가지고 있던 법적 확신은 상당 부분 흔들리거나 약화되어 있고, 무엇보다도 헌법을 최상위 규범으로 하는 우리의 전체 법질서는 개인의 존엄과 양성의 평등을 기초로 한 가족생활을 보장하고, 가족 내의 실질적인 권리와 의무에 있어서 남녀의 차별을 두지 아니하며, 정치·경제·사회·문화 등 모든 영역에서 여성에 대한 차별을 철폐하고 남녀평등을 실현하는 방향으로 변화되어 왔으며, 앞으로도 이러한 남녀평등의 원칙은 더욱 강화될 것인바, 종중은 공동선조의 분묘수호와 봉제사 및 종원 상호간의 친목을 목적으로 형성되는 종족단체로서 공동선조의 사망과 동시에

그 후손에 의하여 자연발생적으로 성립하는 것임에도, 공동선조의 후손 중 성년 남자만을 종중의 구성원으로 하고 여성은 종중의 구성원이 될 수 없다는 종래의 관습은, 공동선조의 분묘수호와 봉제사 등 종중의 활동에 참여할 기회를 출생에서 비롯되는 성별만에 의하여 생래적으로 부여하거나 원천적으로 박탈하는 것으로서, 위와 같이 변화된 우리의 전체 법질서에 부합하지 아니하여 정당성과 합리성이 있다고 할 수 없으므로, <u>종중 구성원의 자격을 성년 남자만으로 제한하는 종래의 관습법은 이제 더 이상 법적 효력을 가질 수 없게 되었다.</u>

[4] 종중이란 공동선조의 분묘수호와 제사 및 종원 상호간의 친목 등을 목적으로 하여 구성되는 자연발생적인 종족집단이므로, 종중의 이러한 목적과 본질에 비추어 볼 때 <u>공동선조와 성과 본을 같이 하는 후손은 성별의 구별 없이 성년이 되면 당연히 그 구성원이 된다고 보는 것이 조리에 합당하다</u>[대법원 2005. 7. 21. 선고, 2002다1178, 전원합의체 판결].

2. 제정 민법이 시행되기 전에 존재하던 관습 중 "상속회복청구권은 상속이 개시된 날부터 20년이 경과하면 소멸한다."는 내용의 관습은 이를 적용하게 되면 20년의 경과 후에 상속권침해가 있을 때에는 침해행위와 동시에 진정상속인은 권리를 잃고 구제를 받을 수 없는 결과가 되므로 소유권은 원래 소멸시효의 적용을 받지 않는다는 권리의 속성에 반할 뿐 아니라 진정상속인으로 하여금 참칭상속인에 의한 재산권침해를 사실상 방어할 수 없게 만드는 결과로 되어 불합리하고, 헌법을 최상위 규범으로 하는 법질서 전체의 이념에도 부합하지 아니하여 정당성이 없으므로, 위 관습에 법적 규범인 관습법으로서의 효력을 인정할 수 없다[대법원 2003. 7. 24. 선고, 2001다48781, 전원합의체 판결].

나) 국가의 승인(법원의 판결을 통한 확인)이 성립요건인지 여부

- 국가의 승인, 즉 법원의 판결을 통한 확인은 관습법의 성립요건이 아니고, 사회구성원들의 법적 확신만 취득하면 관습법 성립된다(다만, 관습법 역시 그 적용을 위해서는 법원의 판결을 통하여 그 존재가 확인되어야 하나 그 판결은 이미 존재하는 관습법을 확인하여 적용하는 것에 불과하고 그것이 성립요건인 것은 아니라는 것, 견해대립 있음).
- 즉, 관습법의 성립시기는 법적 확신의 획득 시이지 판결 시가 아니다.

다) 효력

- 보충적 효력설(성문법이 우선이라는 견해)과 대등적 효력설(성문법과 관습법의 효력이 동등하다는 견해)의 대립이 있지만 판례는 보충적 효력설을 취하고 있다.
- 보충적 효력설에 따르면 관습법은 성문법을 개폐하는 효력이 인정되지 않는다. 성문법이 우선한다.

> **판례**
> 가정의례에관한법률에 따라 제정된 가정의례준칙 제13조의 규정(배우자와 직계비속이 상제가 된다는 등)이 있으므로 원심이 인정하는 관습(호주상속인만이 분묘에 관한 처분권한을 갖는다)이 관습법이라는 취지이더라도 관습법의 제정법에 대한 열후적·보충적 성격에 비추어 가정의례준칙에 위배되는 관습법의 효력을 인정하는 것은 관습법의 법원으로서의 효력을 규정한 민법 제1조의 취지에 어긋나는 것[대법원 1983. 6. 14. 선고 80다3231 판결]

라) 판례가 인정하는 관습법: 주로 물권법과 가족법 영역에서 인정됨

- 분묘기지권, 관습법상 법정지상권, 명인방법, 동산양도담보권(부동산양도담보권과 가등기담보권은 현재 실정법화), 사실혼(통설) 등
- 온천권, 사도통행권, 미등기건물매수인의 관습법상 소유권 유사의 물권 등은 관습법으로 인정 안 됨

마) 사실인 관습과의 구별

> 제106조 【사실인 관습】 법령 중의 선량한 풍속 기타 사회질서에 관계없는 규정과 다른 관습이 있는 경우에 당사자의 의사가 명확하지 아니한 때에는 그 관습에 의한다.

판례 | [대법원 1983. 6. 14. 선고, 80다3231 판결 정리]

[1] 관습법은 성문법에 대하여 보충적 효력을 가지고 있다.
- 가정의례에관한법률에 따라 제정된 가정의례준칙 제13조의 규정과 배치되는 관습법의 효력을 인정하는 것은 관습법의 제정법에 대한 열후적·보충적 성격에 비추어 관습법의 법원으로서의 효력을 규정한 민법 제1조의 취지에 어긋나는 것이다. 따라서 성문법이 존재할 경우 관습법은 적용될 수 없다.

[2] 사실인 관습은 사적자치가 인정되는 분야에서의 해석기준이다.
- 사실인 관습은 사적자치가 인정되는 분야, 즉 그 분야의 제정법이 주로 <u>임의규정일 경우에는 법률행위의 해석기준으로서 또는 의사를 보충하는 기능</u>으로서 이를 재판의 자료로 할 수 있을 것이나 이 이외의, 즉 그 분야의 제정법이 주로 강행규정일 경우에는 그 강행규정 자체에 결함이 있거나 강행규정 스스로가 관습에 따르도록 위임할 경우 등 이외에는 법적 효력을 부여할 수 없다.

[3] 관습법과 사실인 관습의 주장 입증책임
- <u>관습법은 법령과 같이 당사자의 주장 입증을 기다림이 없이 법원이 이를 직권으로 확정하여야 하고 사실인 관습은 그 존재를 당사자가 주장 입증하여야 하나</u>, 관습은 그 존부 자체도 불명확할 뿐만 아니라 그 관습이 사회의 법적 인식에 의하여 법적규범으로까지 승인되었는지 여부를 가리기는 더욱 어려운 일이므로, 법원이 이를 알 수 없는 경우 결국 당사자가 이를 주장 입증할 필요가 있다.
- 따라서 어떠한 관행이 관습법이라는 취지의 주장이라면 그 관행이 가정의례준칙에 배치되어 그 효력을 인정할 수 없고, 그 관행이 사실인 관습이라는 취지의 주장으로서 가정의례준칙에 배치되는 <u>사실인 관습의 효력을 인정하려면 그와 같은 관습을 인정할 수 있는 당사자의 주장과 입증이 있어야 할 뿐만 아니라 이 관습이 사적자치가 인정되는 임의규정에 관한 것인지 여부를 심리 판단하여야 한다.</u>

바) 관습법이 위헌법률심판의 대상인지 여부

이에 대해 대법원과 헌법재판소의 견해가 나뉘고 있다.

판례

1. 헌재 결정
   헌법 제111조 제1항 제1호 및 헌법재판소법 제41조 제1항에서 규정하는 위헌심사의 대상이 되는 법률은 국회의 의결을 거친 이른바 형식적 의미의 법률을 의미하고, 또한 민사에 관한 관습법은 법원에 의하여 발견되고 성문의 법률에 반하지 아니하는 경우에 한하여 보충적인 법원이 되는 것에 불과하여, 관습법이 헌법에 위반되는 경우 법원이 그 관습법의 효력을 부인할 수 있으므로, 결국 관습법은 헌법재판소의 위헌법률심판의 대상이 아니라 할 것이다(대결 2009. 5. 28. 2007카기134).

2. 대법원
   헌법 제111조 제1항 제1호, 제5호 및 헌법재판소법 제41조 제1항, 제68조 제2항은 위헌심판의 대상을 '법률'이라고 규정하고 있는데 여기서 '법률'이라고 함은 국회의 의결을 거친 형식적 의미의 법률뿐만 아니라 법률과 같은 효력을 갖는 조약 등도 포함되므로, 법률과 같은 효력을 가지는 관습법도 헌법소원심판의 대상이 되고, 단지 형식적 의미의 법률이 아니라는 이유로 그 예외가 될 수는 없다(헌재 2020. 10. 29. 2017헌바208).

   * 헌법에 위반되는 관습법은 위헌법률심판의 대상이 된다. (×)
   * 관습법은 헌법재판소의 위헌법률심판의 대상이 아니다. (×)

다. 조리

1) 조리의 의의

　사물의 본성·사물의 본질적 법칙 또는 사물의 도리

2) 조리의 법원성(긍정)

　민법 제1조의 규정상 조리는 보충적 규범으로 법원성 긍정됨. 조리 자체가 재판 규범이 될 수 있다는 입장(긍정설이 판례, 통설. 공동선조와 성과 본을 같이 하는 후손은 성별의 구별 없이 성년이 되면 당연히 그 구성원이 된다고 보는 것이 조리에 합당)

라. 판례의 법원성(부정)

통설과 판례는 판례의 법원성을 부정한다(실질적 하급심 구속력은 있음). 명문규정이 없는데 법원성 긍정하는 것은 법원의 입법행위를 인정하는 셈이 되어 삼권분립에 반하고 상급법원의 판단은 당해 사건에 한하여 하급심을 기속할 뿐(법원조직법 제8조)이라는 것을 근거로 한다.

6. 민법의 해석

가. 민법해석의 목적

- 사람과 사건에 따라 그 결과가 다르지 않아야 한다는 일반적 확실성(법적 안정성)과 각각의 경우에 적용되어 타당한 결과를 획득하여야 한다는 구체적 타당성을 조화시키는 데 있다.
- 즉, 일반적 확실성(법적 안정성)을 위협하지 않으면서 구체적 타당성을 최대한 발휘하는 것이 올바른 해석방법이다.

나. 목적에 부합하는 해석방법

- 일반적 확실성에 적합한 해석방법: 문리해석, 형식적 논리해석, 반대해석 등
  - 문리해석: 법규의 문장이나 용어를 기초로 하여 그 문자가 가지는 보통의 의미에 따라서 하는 해석
  - 형식적 논리해석: 논리해석은 법규의 문자나 문장의 문법적 의미에 구애받지 않고, 법을 하나의 논리적 체계로 구성하여 법규의 각 조문을 논리적 의미에 관심을 두는 해석
  - 반대해석: 규정되어 있는 사항을 미루어 보아서 규정되어 있지 않은 사항에의 적용을 부정하는 해석
- 구체적 타당성에 적합한 해석방법: 유추해석, 확장해석, 축소해석 등
  - 유추해석: 규정되어 있는 사항을 확대하여 유사한 사안에 대하여 적용하는 해석
  - 확장해석: 법규의 내용에 포함되는 개념을 문자 그 자체가 가지는 의미보다 넓게 하는 해석
  - 축소해석: 법규의 내용에 포함되는 개념을 문자 그 자체가 가지는 의미보다 좁게 하는 해석

제2절 법률관계

1. 법률관계의 개념 이해의 기본기

- 법률관계가 아니면 법률관계 고유의 법적 효력이 발생하지 않는다(채권의 효력 – 이행청구권, 물권의 효력 – 배타적 지배권 등).
- 예컨대 법률관계로 인정되지 아니하면 그에 기한 이행청구나 채무불이행에 기한 손해배상청구가 불가능하다(단, 손해배상청구의 경우는 불법행위의 요건을 갖춘다면 가능. 법정채권관계).

2. 호의관계

가. 개념
- 법적 구속을 받을 의사가 없기 때문에 원칙적으로 법률관계는 아니다.
- 당사자 사이에 법적 구속을 받을 의사가 있는지 여부에 따라 채권관계와 구별된다. 예로는 호의동승, 호의로 저녁식사에 초대하기로 약정하는 것, 호의로 이웃집 사이에 외출할 경우 아이를 대신하여 돌봐주는 것 등
- 법률관계가 아니므로 호의를 누리는 자가 그 급부의 이행을 청구할 수는 없고, 그 불이행이 있다고 하여 강제이행이나 손해배상(지연배상, 전보배상)을 청구할 수는 없다.

나. 호의동승의 법적 쟁점
- 호의관계에 수반하여 일방에게 손해가 발생한 경우가 문제된다(예 운전자의 운전과실로 호의동승자를 다치게 한 경우).
  - 당사자 사이에 채권·채무관계 등의 법률관계가 없으므로 채무불이행책임은 인정되지 않는다.
  - 그러나 동승자의 손해가 운전자의 과실에 의하여 발생한 것이므로 당연히 불법행위(법정채권관계로서 법률관계)가 성립할 수 있고, 피해자는 가해자에게 불법행위를 원인으로 한 손해배상을 청구할 수 있고 이러한 불법행위에 있어서만 예외적으로 호의관계가 법적인 의미를 가질 수 있는데, 호의동승이므로 배상액을 감경할 수 있는지가 문제된다.
- 판례에 따르면, 호의동승은 원칙적으로 법적인 문제가 아니므로 호의동승 사실이 있다는 이유만으로는 배상액을 감경할 수 없다고 한다. 다만, 예외적으로 특별한 사정이 있는 경우에 한해서 배상액의 감경을 인정한다.

> **판례**
>
> 1. [대법원 1999. 2. 9. 선고, 98다53141 판결]
>   [1] 차량의 운행자가 아무런 대가를 받지 아니하고 동승자의 편의와 이익을 위하여 동승을 허락하고 동승자도 그 자신의 편의와 이익을 위하여 그 제공을 받은 경우 그 운행 목적, 동승자와 운행자의 인적관계, 그가 차에 동승한 경위, 특히 동승을 요구한 목적과 적극성 등 여러 사정에 비추어 <u>가해자에게 일반 교통사고와 동일한 책임을 지우는 것이 신의법칙이나 형평의 원칙으로 보아 매우 불합리하다고 인정될 때에는 그 배상액을 경감할 수 있으나, 사고 차량에 단순히 호의로 동승하였다는 사실만 가지고 바로 이를 배상액 경감사유로 삼을 수 있는 것은 아니다.</u>
>   [2] 차량에 무상으로 동승하였다고 하더라도 그와 같은 사실만으로 <u>운전자에게 안전운행을 촉구하여야 할 주의의무가 있다고는 할 수 없다.</u>
>
> 2. [대법원 1994. 9. 13. 선고, 94다15332 판결]
>   [1] <u>차량의 운전자가 현저하게 난폭운전을 한다거나 그 밖의 사유로 인하여 사고발생의 위험성이 상당한 정도로 우려된다는 것을 동승자가 인식할 수 있었다는 등의 특별한 사정이 없는 한, 단순한 차량의 동승자에게는 운전자에게 안전운행을 촉구할 주의의무가 있다고 할 수 없고, 특히 여러 사람이 탈 수 있는 승합자동차의 뒷좌석에 탄 동승인에 대하여는 그러한 주의의무의 인정에 신중을 기하여야 한다.</u>
>   [2] 9인승 승합자동차가 내리막길을 내려가다가 약 80도 정도 되는 우곡 지점에 이르게 되자 원심력의 작용으로 순간적으로 약 40센티미터 정도 가상의 중앙선을 침범하게 되었고 이로 인하여 마침 아래쪽에서 올라오던 트럭의 왼쪽 앞부분과 충돌하게 된 사고에서, 승합자동차의 뒷자리에 타고 있던 피해자들이 운전자와 직장 동료, 친구의 관계에 있고 동승목적이 함께 놀러가기 위한 것이었다고 하더라도 그 사고경위에 비추어 단순한 동승자에 불과한 피해자들에게 운전자로 하여금 안전운행을 촉구할 주의의무가 있다고 볼 수 없다는 이유로, 피해자 과실을 50% 상계한 원심판결을 파기한 사례

제3절 권리

1. 권리의 종류(효력에 의한 분류)

가. 지배권: 권리의 객체를 직접 지배할 수 있는 권리로 청구권과 구별(예 물권, 인격권 등)

나. 청구권: 특정인이 다른 특정인에 대하여 일정한 행위를 청구할 수 있는 권리(예 부동산 매도인의 매수인에 대한 대금지급청구권 등)

다. 항변권: 청구권의 행사에 대하여 급부하기를 일시적 또는 영구적으로 저지할 수 있는 권리. 항변권의 행사는 권리자에 의하여 행사되어야 함. 소송에서 권리자의 원용이 없으면 법관이 직권으로 고려할 수 없음(변론주의[4])
  - 연기적 항변권: 상대방의 청구권의 효력을 일시적으로 저지(예 민법 제536조 동시이행의 항변권, 민법 제437조 보증인의 최고·검색의 항변권)
  - 영구적 항변권: 상대방의 권리행사를 영구적으로 저지(예 민법 제1028조 상속인의 한정승인의 항변권)

라. 형성권: 권리자의 일방적인 의사표시에 의하여 법률관계의 변동(권리 발생·변경·소멸)을 일어나게 하는 권리. 사적자치에 반할 소지가 있으므로 반드시 법적 근거 있어야 함
  - 권리자의 일방적 의사표시만으로 효과가 발생하는 것(대부분): 행위무능력자 법정대리인의 동의권, 착오·사기·강박 등 취소권, 취소할 수 있는 행위의 추인권, 계약의 해제, 해지권, 상계권, 상속포기권 등
  - 법원의 확정판결이 있어야 법률효과가 발생하는 형성권[5]: 채권자 취소권(재산법 상 거의 유일), 재판상 이혼권, 입양취소권, 재판상 파양권 등
  - 청구권이라고 불리나 형성권인 권리들 있음(예 민법 제285조 지상권자의 지상물매수청구권[6], 민법 제316조 부속물매수청구권 등)

2. 권리의 경합

가. 의의
  - 수개의 법규의 요건을 충족하여 각기 다른 청구권이 발생된 경우 두 청구권 사이에 우열이 없이 병존하는 경우에는 선택적 청구 가능
    - 대표적으로 채무불이행 책임과 불법행위 책임의 관계(청구권경합설: 판례의 태도. 따라서 권리자가 선택적으로 청구할 수 있음, 예 운송계약 상 안전의무 위반으로 사고 시 계약상 책임과 불법행위 책임)
    - 경합이 가능하다고 하여 중첩적으로 청구할 수 있는 것은 아님(예 1억 원의 손해를 입은 경우 청구원인으로 채무불이행책임과 불법행위 책임을 경합하여 주장할 수 있지만 그럼에도 청구금액은 1억 원임. 중첩적으로 2억 원을 청구할 수 있는 것이 아님)

나. 비교 개념: 법조경합 – 특수관계로 인정하여 한 가지 권리의 성립만 인정되는 것

---

[4] 주요사실에 대한 사실과 증거의 수집·제출의 책임이 당사자에게 있다는 원칙, 주요사실의 주장책임, 증거제출책임 등(법원의 직권조사사항 등이 아닌 한 당사자의 주장이 없으면 법원은 판단하여서는 안 됨. 예 소멸시효 완성과 같은 항변 직접하지 않으면 법원이 판단하지 않음)
[5] 권리행사가 제3자에게 중대한 영향
[6] 주의: 지상권자, 토지임차권자의 갱신청구권은 청구권이지 형성권이 아님

3. 권리의 순위와 충돌

- 물권: 물권은 배타성이 있어 소유권 등과 같은 성질, 범위가 같은 물권은 동시에 성립하지 못함. 소유권과 제한물권(저당권, 전세권 등)이 충돌하는 경우에는 제한물권이 우선, 동시 성립 가능한 물권끼리(저당권 등)은 성립 순서대로 우선
- 채권: 채권의 경우 우선순위가 없이 채권자평등의 원칙에 따라 채권액에 따른 안분배당을 받는 것이 원칙임, 예외적으로 등기된 부동산임차권이나 대항요건 갖춘 주택임차권, 상가임차권 등은 채권보다 우선하는 경우 있음
- 물권과 채권이 충돌하는 경우 물권이 우선함이 원칙, 예외적으로 등기된 부동산임차권이나 대항요건 갖춘 주택임차권, 상가임차권 등은 물권과 성립 순위대로 우선순위 인정됨. 주택임대차보호법상 최우선순위의 소액임대차의 경우에는 일정금액은 물권에 우선하는 경우도 있음

4. 신의성실의 원칙

가. 의의 및 기능

> 제2조【신의성실】① 권리의 행사와 의무의 이행은 신의에 좇아 성실히 하여야 한다.
> ② 권리는 남용하지 못한다.

- 민법 전영역에 적용되는 최후의 항변
- 최후에 비상수단으로 인정되는 것이기에 제한적으로만 적용하여야 한다는 한계 있음. 모든 문제를 신의칙으로 해결하게 되면 법적 안정성을 해하고 일반조항으로 도피하는 결과가 됨
- 민법 제2조 제1항은 신의성실이라는 극히 추상적인 용어를 사용하고 있을 뿐이고, 일반적인 민법규정과는 달리 구체적인 요건이나 법률효과를 규정하고 있지 않다. 따라서 민법 제2조는 민법 제103조와 함께 대표적인 일반조항으로 신의칙의 구체적인 내용은 실제의 재판에 의하여 형성되어 간다.

> **판례**
>
> 1. 사적자치의 영역을 넘어 공공질서를 위하여 공익적 요구를 선행시켜야 할 경우 합법성의 원칙은 신의성실의 원칙보다 우월한 것이므로, 신의성실의 원칙은 합법성의 원칙을 희생하여서라도 구체적 신뢰보호의 필요성이 인정되는 경우에 한하여 예외적으로 적용된다(대판 2014.5.29. 2012다44518).
> 2. 약정금(신의칙 및 형평의 관념에 의한 약정 변호사보수 감액 여부가 문제된 사건)
>   [대법원 2018. 5. 17. 선고, 2016다35833, 전원합의체 판결]
>   변호사의 소송위임 사무처리 보수에 관하여 변호사와 의뢰인 사이에 약정이 있는 경우 위임사무를 완료한 변호사는 원칙적으로 약정 보수액 전부를 청구할 수 있다. 다만 의뢰인과의 평소 관계, 사건 수임 경위, 사건처리 경과와 난이도, 노력의 정도, 소송물 가액, 의뢰인이 승소로 인하여 얻게 된 구체적 이익, 그 밖에 변론에 나타난 여러 사정을 고려하여, <u>약정 보수액이 부당하게 과다하여 신의성실의 원칙이나 형평의 관념에 반한다고 볼 만한 특별한 사정이 있는 경우에는 예외적으로 적당하다고 인정되는 범위 내의 보수액만을 청구할 수 있다.</u> 그런데 이러한 보수 청구의 제한은 어디까지나 계약자유의 원칙에 대한 예외를 인정하는 것이므로, 법원은 그에 관한 합리적인 근거를 명확히 밝혀야 한다. 이러한 법리는 대법원이 오랜 시간에 걸쳐 발전시켜 온 것으로서, 현재에도 여전히 그 타당성을 인정할 수 있다.
> 3. 유효하게 성립한 계약상의 책임을 공평의 이념 또는 신의칙과 같은 일반원칙에 의하여 제한하는 것은 사적 자치의 원칙이나 법적 안정성에 대한 중대한 위협이 될 수 있으므로, 채권자가 유효하게 성립한 계약에 따른 급부의 이행을 청구하는 때에 법원이 급부의 일부를 감축하는 것은 원칙적으로 허용되지 않는다 [대법원 2016. 12. 1. 선고 2016다240543 판결].

나. 적용범위

신의칙은 재산법뿐만 아니라, 가족법, 강제집행법(경매), 소송법(소권이나 항소권에도 실효의 원칙 인정), 행정법규 등 공법 영역, 노동법 등에도 포괄적으로 적용된다.

다. 직권조사사항

신의성실의 원칙에 반하는 것 또는 권리남용은 강행규정에 위배되는 것이므로 당사자의 주장이 없더라도 법원은 직권으로 판단할 수 있다(94다42129).

라. 중요판례

1) 신의칙에 반하지 않는다는 판례

> **중요판례**
>
> [스스로 행한 강행법규 위반행위의 무효를 주장하는 것: 금반언의 원칙에 반할 소지가 있으나 강행법규의 실효성 확보를 위해 신의칙의 적용에 소극적인 것이 판례의 태도]
>
> 1. 특별한 사정이 없는 한, 법령에 위반되어 무효임을 알고서도 그 법률행위를 한 자가 강행법규 위반을 이유로 무효를 주장한다 하여 신의칙 또는 금반언의 원칙에 반하거나 권리남용에 해당한다고 볼 수는 없다[대법원 2001. 5. 15. 선고, 99다53490, 판결].
>
> 2. 국토이용관리법상 토지허가거래절차를 스스로 회피하여 거래계약이 무효가 된 경우, 그자가 스스로 무효를 주장하는 것도 신의칙상 금반언의 원칙에 위배되지 않는다[대법원 1993. 12. 24. 선고, 93다44319, 판결].
>
> 3. 투자신탁회사가 고객유치를 위하여 강행법규인 증권거래법상 금지된 수익보장을 권유하여 고객과 수익보장약정을 체결한 투자신탁회사가 새삼 스스로 그 수익보장 약정의 무효를 주장하는 것도 신의칙상 금반언의 원칙에 위배되지 않는다[대법원 1999. 3. 23. 선고, 99다4405, 판결].
>
> 4. 학교법인이 학교교육에 직접 사용되는 학교법인의 재산 중 교지, 교사 등은 이를 매도하거나 담보에 제공할 수 없다고 규정한 사립학교법 제28조 제2항을 위반하여 교지 등을 매도한 자가 스스로 그 무효를 주장한다 하더라도 특별한 사정이 없는 한, 권리남용에 해당하거나 신의칙에 반한다고 할 수 없다[대법원 1997. 3. 14. 선고, 96다55693, 판결]. 단, 명목상으로만 학교법인에 직접 사용되는 재산으로 되어 있을 뿐 실제로는 학교교육에 직접 사용되는 시설·설비 및 교재·교구 등이 아니거나 학교 자체가 형해화되어 사실상 교육시설로 볼 수 없는 경우와 같은 특별한 사정이 있다면 매도나 담보제공을 무효라고 주장하는 것은 법규정의 취지에 반하는 것이므로 신의성실 원칙에 반하거나 권리남용이라고 볼 것[대법원 2000. 6. 9. 선고, 99다70860 판결]
>
> 5. 미성년자의 법률행위에 법정대리인의 동의를 요하도록 하는 것은 강행규정인데, 위 규정에 반하여 이루어진 신용구매계약을 미성년자 스스로 취소하는 것을 신의칙 위반을 이유로 배척한다면, 이는 오히려 위 규정에 의해 배제하려는 결과를 실현시키는 셈이 되어 미성년자 제도의 입법 취지를 몰각시킬 우려가 있으므로, 법정대리인의 동의 없이 신용구매계약을 체결한 미성년자가 사후에 법정대리인의 동의 없음을 사유로 들어 이를 취소하는 것이 신의칙에 위배된 것이라고 할 수 없다[대법원 2007. 11. 16, 선고, 2005다71659, 판결].
>
> 6. 상법 제731조 제1항이 타인의 사망을 보험사고로 하는 보험계약의 체결시 그 타인의 서면동의를 얻도록 규정한 것은 동의의 시기와 방식을 명확히 함으로써 분쟁의 소지를 없애려는 데 취지가 있는 강행규정으로서, 이 조항을 위반하여 피보험자의 서면동의 없이 타인의 사망을 보험사고로 하는 보험계약을 체결한 자 스스로가 무효를 주장함이 신의성실의 원칙 또는 금반언의 원칙에 위배되는 권리 행사라는 이유로 이를 배척한다면, 그와 같은 입법취지를 완전히 몰각시키는 결과가 초래되므로, 특단의 사정이 없는 한 그러한 주장이 신의성실 또는 금반언의 원칙에 반한다고 볼 수 없다. 따라서 피보험자의 서면동의 없이 체결된 타인의 사망을 보험사고로 하는 생명보험계약의 보험자가 수년간 보험료를 수령하거나 종전에 그

생명보험계약에 따라 입원급여금을 지급한 적이 있다고 하더라도 위 생명보험계약의 무효를 주장하면서 보험금의 지급을 거절한다고 하여 신의성실 또는 금반언의 원칙에 반한다고 할 수 없다(대판 2006.9.22. 2004다56677).

[기타 신의칙에 반하지 않는다는 판례]

1. 유류분을 포함한 상속의 포기는 상속이 개시된 후 일정한 기간 내에만 가능하고 가정법원에 신고하는 등 일정한 절차와 방식을 따라야만 그 효력이 있으므로, 상속인이 상속개시 전인 피상속인의 생존시에 피상속인에 대하여 상속을 포기하기로 약정하였다고 하더라도, 상속개시 후에 자신의 상속권을 주장하는 것은 정당한 권리행사로서 신의칙에 반하지 않는다[대법원 1998. 7. 24, 선고, 98다9021, 판결].
2. 채권자가 주채무자인 회사의 다른 주주들이나 임원들에 대하여는 회사의 채무에 대하여 연대보증을 요구하지 아니하였고, 오로지 대표이사의 처이고 회사의 감사라는 지위에 있었다는 이유만으로 그 회사의 주주도 아닌 자에게만 연대보증을 요구하여 그가 연대보증을 하게 되었다 하더라도, 그 연대보증계약을 들어 신의성실의 원칙 내지 헌법상의 재산권 및 평등의 원칙 또는 경제와 형평의 원칙 등에 위반된다고 볼 수는 없다[대법원 2002. 4. 12, 선고, 2000다43352, 판결].

2) 신의칙 위반 인정한 판례

중요판례

1. 건물의 소유지분권을 매도한 사람은 그 매매의 이행으로서 매수인에 대하여 그 매도부분에 관한 점유이전의 의무를 지므로 특단의 사정이 없는 한 매도인이 매수인에 대하여 그 매매부분(매수인이 매도인으로부터 점유를 이전받아 사용 중인 부분)을 명도하라고 청구하는 것은 신의성실의 원칙에 위배된다(98다43953).
2. 농지의 명의 수탁자가 농민이 아니면서 적극적으로 농가이거나 자경의사가 있는 것처럼 하여 소재지 관서의 증명을 받아 그 명의로 소유권이전등기를 마치고 있다가, 그 등기로 인하여 증여세가 부과되자 자신은 농민이 아니고 자경의사도 없었음을 들어 위 등기는 농지개혁법에 위반하는 무효의 등기라고 주장하는 것은 신의성실의 원칙이나 금반언의 원칙에 위배되는 행위로서 법률상 용납할 수 없다(89누8224).
3. 매수인은 농지를 자경할 의사로 매수한 것이나 매도인이 농지매매증명이 없이 매도한 사안에서, 농지를 매매증명 없이 매도한 것은 무효라고 할 것이지만 매수인이 그 농지를 자경할 의사로 매수한 것이라면 매도인이 이제 와서 농지매매증명이 없었다는 이유로 농지 매매계약의 무효를 주장하는 것은 신의칙에 반한다(84다75, 강행법규에 반하는 것이지만 구체적인 타당성을 고려하여 예외적으로 신의칙 위반을 인정한 사안).
4. 자신의 친딸로 하여금 그 소유의 대지상에 건물을 신축하도록 승낙한 자가 위 건물이 친딸의 채권자에 의한 강제경매신청에 따라 경락되자, 경락인에 대하여 그 철거를 구하는데 대하여 건물소유목적의 토지임대차는 건물등기를 하면 임차권으로 제3자에 대항할 수 있다는 점 등을 참작할 때 원고의 건물 철거청구는 신의칙에 반한다(91다9299).
5. 근저당권자가 담보로 제공된 건물에 대한 담보가치를 조사할 당시 대항력을 갖춘 임차인이 그 임대차 사실을 부인하고 임차보증금에 대한 권리주장을 않겠다는 내용의 확인서를 작성해 준 경우, 그 후 그 건물에 대한 경매절차에서 이를 번복하여 대항력 있는 임대차의 존재를 주장함과 아울러 근저당권자보다 우선적 지위를 가지는 확정일자부 임차인임을 주장하여 그 임차보증금반환채권에 대한 배당요구를 하는 것은 특별한 사정이 없는 한 금반언 및 신의칙에 위반되어 허용될 수 없다(97다12111).

6. 임대인이 자기소유의 건물을 담보로 은행융자를 받음에 있어 임차인이 임대인으로 하여금 건물의 담보가치를 높게 평가받도록 하기 위하여 은행직원에게 아무런 임료도 지급함이 없이 무상으로 거주하고 있다는 거짓 내용의 확인서를 작성하여 주어, 경매절차가 끝날 때까지 은행이 임대차 사실을 알지 못하게 된 경우, 경매절차가 끝날 때에 이르러 은행이 그 임차인에게 건물의 명도를 청구하자 태도를 번복하여 임대차 관계에 있음을 주장하여 임차보증금의 반환을 받을 때까지 건물을 명도해 줄 수 없다고 하는 것은 금반언 및 신의칙에 반한다(87다카1738).

7. 무권대리인이 본인의 지위를 상속받아 승계한 경우 상속인의 지위에서 추인을 거절하여 무권대리 행위의 무효를 주장하는 것은 무권대리인의 이행의무를 정한 민법 제135조 제1항에 비추어 금반언의 원칙 또는 신의칙에 반한다(94다20617).

8. 취득시효가 완성된 사실을 모르고 권리주장을 하지 않기로 약정하였다 하더라도 후에 시효주장을 하는 것은 신의칙에 반한다(96다24101, 본래 시효이익의 포기는 시효완성 사실을 알고서 하여야 하는 것이므로 시효완성 사실을 알지 못한 상태에서 권리주장을 하지 않기로 약정한 것은 시효이익의 포기는 아니다. 따라서 판례는 이를 시효이익의 포기로 구성하지 않고 신의칙에 근거하여 시효주장을 배척하는 이론구성을 하고 있다).

9. 명의수탁자와 제3자 사이의 인락조서에 의해 명의신탁된 토지의 소유권이 제3자에게 이전되었으나 인락조서의 성립이 명의수탁자의 불법행위에 기한 것이고 제3자가 불법행위에 적극 가담하였다면 제3자가 토지의 소유자임을 전제로 명의신탁자에게 토지의 점유·사용으로 인한 부당이득반환청구를 하는 것은 권리남용에 해당한다(2000다43284).

10. 甲이 하여야 할 연대보증을 甲의 부탁으로 乙이 대신한 경우, 甲이 그 연대보증 채무를 대위변제하였다는 이유로 乙에 대하여 구상권을 행사하는 것은 신의칙에 반한다(99다38293).

11. 채권자가 채권을 확보하기 위하여 제3자의 부동산을 채무자에게 명의신탁하도록 한 다음 동 부동산에 대하여 강제집행을 하는 따위의 행위는 신의칙에 비추어 허용할 수 없다(80다2064).

12. **[대법원 2013. 12. 18. 선고 2012다89399 전원합의체 판결] (근로기준법은 강행규정이지만 구체적 타당성 고려하여 예외적으로 강행규정에 위반되어 무효라는 주장 신의칙 위반 인정한 판례)**
    [다수의견]
    [1] 단체협약 등 노사합의의 내용이 근로기준법의 강행규정을 위반하여 무효인 경우에, 무효를 주장하는 것이 신의칙에 위배되는 권리의 행사라는 이유로 이를 배척한다면 강행규정으로 정한 입법 취지를 몰각시키는 결과가 될 것이므로, 그러한 주장이 신의칙에 위배된다고 볼 수 없음이 원칙이다. 그러나 노사합의의 내용이 근로기준법의 강행규정을 위반한다고 하여 노사합의의 무효 주장에 대하여 예외 없이 신의칙의 적용이 배제되는 것은 아니다. 신의칙을 적용하기 위한 일반적인 요건을 갖춤은 물론 근로기준법의 강행규정성에도 불구하고 신의칙을 우선하여 적용하는 것을 수긍할 만한 특별한 사정이 있는 예외적인 경우에 한하여 노사합의의 무효를 주장하는 것은 신의칙에 위배되어 허용될 수 없다.
    [2] 노사가 자율적으로 임금협상을 할 때에는 기업의 한정된 수익을 기초로 하여 상호 적정하다고 합의가 이루어진 범위 안에서 임금을 정하게 되는데, 우리나라의 실태는 임금협상 시 임금 총액을 기준으로 임금 인상 폭을 정하되, 그 임금 총액 속에 기본급은 물론, 일정한 대상기간에 제공되는 근로에 대응하여 1개월을 초과하는 일정 기간마다 지급되는 상여금(이하 '정기상여금'이라고 한다), 각종 수당, 그리고 통상임금을 기초로 산정되는 연장·야간·휴일 근로 수당 등의 법정수당까지도 그 규모를 예측하여 포함시키는 것이 일반적이다. 이러한 방식의 임금협상에 따르면, 기본급, 정기상여금, 각종 수당 등과 통상임금에 기초하여 산정되는 각종 법정수당은 임금 총액과 무관하게 별개 독립적으로 결정되는 것이 아니라 노사 간에 합의된 임금 총액의 범위 안에서 그 취지에 맞도록 각 임금 항목에 금액이 할당되고, 각각의 지급형태 및 지급시기 등이 결정된다는 의미에서 상호 견련

관계가 있는 것이다. 그런데 우리나라 대부분의 기업에서는 정기상여금은 그 자체로 통상임금에 해당하지 아니한다는 전제 아래에서, 임금협상 시 노사가 정기상여금을 통상임금에서 제외하기로 합의하는 실무가 장기간 계속되어 왔고, 이러한 노사합의는 일반화되어 이미 관행으로 정착된 것으로 보인다.

[3] 앞서 본 바와 같은 방식의 임금협상 과정을 거쳐 이루어진 노사합의에서 정기상여금은 그 자체로 통상임금에 해당하지 아니한다고 오인한 나머지 정기상여금을 통상임금 산정 기준에서 제외하기로 합의하고 이를 전제로 임금수준을 정한 경우, 근로자 측이 앞서 본 임금협상의 방법과 경위, 실질적인 목표와 결과 등은 도외시한 채 임금협상 당시 전혀 생각하지 못한 사유를 들어 정기상여금을 통상임금에 가산하고 이를 토대로 추가적인 법정수당의 지급을 구함으로써, 노사가 합의한 임금수준을 훨씬 초과하는 예상외의 이익을 추구하고 그로 말미암아 사용자에게 예측하지 못한 새로운 재정적 부담을 지워 중대한 경영상의 어려움을 초래하거나 기업의 존립을 위태롭게 한다면, 이는 종국적으로 근로자 측에까지 피해가 미치게 되어 노사 어느 쪽에도 도움이 되지 않는 결과를 가져오므로 정의와 형평 관념에 비추어 신의에 현저히 반하고 도저히 용인될 수 없음이 분명하다. 그러므로 이와 같은 경우 근로자 측의 추가 법정수당 청구는 신의칙에 위배되어 받아들일 수 없다.

3) 기타 신의칙상 고지의무 관련 판례

> **판례**
>
> 1. 부동산 거래에 있어 거래 상대방이 일정한 사정에 관한 고지를 받았더라면 그 거래를 하지 않았을 것임이 경험칙상 명백한 경우에는 신의성실의 원칙상 사전에 상대방에게 그와 같은 사정을 고지할 의무가 있으며, 그와 같은 고지의무의 대상이 되는 것은 직접적인 법령의 규정뿐 아니라 널리 계약상, 관습상 또는 조리상의 일반원칙에 의하여도 인정될 수 있다. 같은 취지에서 원심이 그 판시와 같은 사정을 종합하여 이 사건 아파트 단지 인근에 이 사건 쓰레기 매립장이 건설예정인 사실이 신의칙상 피고가 분양계약자들에게 고지하여야 할 대상이라고 본 것은 정당하다(2004다48515).
>
> 2. [1] 부동산 거래에 있어 거래 상대방이 일정한 사정에 관한 고지를 받았더라면 그 거래를 하지 않았을 것임이 경험칙상 명백한 경우에는 신의성실의 원칙상 사전에 상대방에게 그와 같은 사정을 고지할 의무가 있으며, 그와 같은 고지의무의 대상이 되는 것은 직접적인 법령의 규정뿐 아니라 널리 계약상, 관습상 또는 조리상의 일반원칙에 의하여도 인정될 수 있고, 일단 고지의무의 대상이 되는 사실이라고 판단되는 경우 이미 알고 있는 자에 대하여는 고지할 의무가 별도로 인정될 여지가 없지만, 상대방에게 스스로 확인할 의무가 인정되거나 거래관행상 상대방이 당연히 알고 있을 것으로 예상되는 예외적인 경우가 아닌 한, 실제 그 대상이 되는 사실을 알지 못하였던 상대방에 대하여는 비록 알 수 있었음에도 알지 못한 과실이 있다 하더라도 그 점을 들어 추후 책임을 일부 제한할 여지가 있음은 별론으로 하고 고지할 의무 자체를 면하게 된다고 할 수는 없다.
>
>   [2] 우리 사회의 통념상으로는 공동묘지가 주거환경과 친한 시설이 아니어서 분양계약의 체결 여부 및 가격에 상당한 영향을 미치는 요인일 뿐만 아니라 대규모 공동묘지를 가까이에서 조망할 수 있는 곳에 아파트단지가 들어선다는 것은 통상 예상하기 어렵다는 점 등을 감안할 때 아파트 분양자는 아파트단지 인근에 공동묘지가 조성되어 있는 사실을 수분양자에게 고지할 신의칙상의 의무를 부담한다고 한 사례[대법원 2007. 6. 1. 선고, 2005다5812, 2005다5836, 2005다5829 판결].
>
> 3. 보증인은 주채무자의 자력에 대하여 조사한 후 보증계약을 체결할 것인지의 여부를 스스로 결정하여야 하는 것이므로, 채권자가 보증인에게 주채무자의 신용상태를 고지할 신의칙상의 의무는 존재하지 아니한다[대법원 1998. 7. 24. 선고, 97다35276 판결].

4. 물상보증인은 채권자가 아니라 채무자를 위해 자기 소유의 부동산을 담보로 제공하는 사람이다. 물상보증인은 담보권의 실행으로 담보물의 소유권을 잃게 되면 채무자에 대한 구상권을 행사할 수 있다. 보증제도는 본질적으로 주채무자의 무자력에 따른 채권자의 위험을 인수하는 것이다. 이러한 사정을 고려하면 물상보증인이 주채무자의 자력에 대하여 조사한 다음 계약을 체결할 것인지 여부를 스스로 결정해야 하고, 채권자가 물상보증인에게 주채무자의 신용 상태를 고지할 신의칙상 의무는 존재하지 않는다[대법원 2020. 10. 15. 선고, 2017다254051 판결].

4) 신의칙상 보호의무 인정 판례

> **판례**
>
> 1. 공중접객업인 숙박업을 경영하는 자가 투숙객과 체결하는 숙박계약은 숙박업자가 고객에게 숙박을 할 수 있는 객실을 제공하여 고객으로 하여금 이를 사용할 수 있도록 하고 고객으로부터 그 대가를 받는 일종의 일시 사용을 위한 임대차계약으로서 객실 및 관련 시설은 오로지 숙박업자의 지배 아래 놓여 있는 것이므로 숙박업자는 통상의 임대차와 같이 단순히 여관 등의 객실 및 관련 시설을 제공하여 고객으로 하여금 이를 사용·수익하게 할 의무를 부담하는 것에서 한 걸음 더 나아가 고객에게 위험이 없는 안전하고 편안한 객실 및 관련 시설을 제공함으로써 고객의 안전을 배려하여야 할 보호의무를 부담하며 이러한 의무는 숙박계약의 특수성을 고려하여 신의칙상 인정되는 부수적인 의무로서 숙박업자가 이를 위반하여 고객의 생명·신체를 침해하여 투숙객에게 손해를 입힌 경우 불완전이행으로 인한 채무불이행책임을 부담한다(대판 2000.11.24. 2000다38718).
>
> 2. 환자가 병원에 입원하여 치료를 받는 경우에 있어서, 병원은 진료뿐만 아니라 환자에 대한 숙식의 제공을 비롯하여 간호, 보호 등 입원에 따른 포괄적 채무를 지는 것인 만큼, 병원은 병실에의 출입자를 통제·감독하든가 그것이 불가능하다면 최소한 입원환자에게 휴대품을 안전하게 보관할 수 있는 시정장치가 있는 사물함을 제공하는 등으로 입원환자의 휴대품 등의 도난을 방지함에 필요한 적절한 조치를 강구하여 줄 신의칙상의 보호의무가 있다고 할 것이고, 이를 소홀히 하여 입원환자와는 아무런 관련이 없는 자가 입원환자의 병실에 무단출입하여 입원환자의 휴대품 등을 절취하였다면 병원은 그로 인한 손해배상책임을 면하지 못한다(대판 2003.4.11. 2002다63275).
>
> 3. 기획여행업자는 통상 여행 일반은 물론 목적지의 자연적·사회적 조건에 관하여 전문적 지식을 가진 자로서 우월적 지위에서 행선지나 여행시설 이용 등에 관한 계약 내용을 일방적으로 결정하는 반면, 여행자는 안전성을 신뢰하고 기획여행업자가 제시하는 조건에 따라 여행계약을 체결하는 것이 일반적이다. 이러한 점을 감안할 때, 기획여행업자는 여행자의 생명·신체·재산 등의 안전을 확보하기 위하여 여행목적지·여행일정·여행행정·여행서비스기관의 선택 등에 관하여 미리 충분히 조사·검토하여 여행계약 내용의 실시 도중에 여행자가 부딪칠지 모르는 위험을 미리 제거할 수단을 강구하거나, 여행자에게 그 뜻을 고지함으로써 여행자 스스로 위험을 수용할지에 관하여 선택할 기회를 주는 등 합리적 조치를 취할 신의칙상 안전배려의무를 부담한다(대판 2014.9.25. 2014다213387).

마. 파생원칙

파생원칙으로 사정변경의 원칙, 모순행위 금지의 원칙, 실효의 원칙, 권리남용 금지의 원칙

1) 사정변경의 원칙

- 사정변경의 원칙은 법률행위의 기초가 된 사정의 현저한 변화로, 처음의 법률효과를 그대로 유지하는 것이 형평에 어긋나 법률행위의 내용을 변경하거나 계약을 해제 또는 해지할 수 있다는 원칙
- 판례는 종전에는 계속적 보증관계에서만 사정변경에 따른 계약해지를 인정했었다가(2002다1673 판결 등 다수), 최근 계속적 보증이 아닌 사례에서도 사정변경에 따라 계약 해제, 해지가 가능하다고 명시함 (2016다249557 판결 등)

판례

[계속적 보증관계에서 사정변경에 따른 계약해지 인정]

회사의 이사의 지위에서 부득이 회사와 제3자 사이의 계속적 거래로 인한 회사의 채무에 대하여 보증인이 된 자가 그 후 퇴사하여 이사의 지위를 떠난 때에는 보증계약 성립 당시의 사정에 현저한 변경이 생긴 경우에 해당하므로 이를 이유로 보증계약을 해지할 수 있는 것이고, 한편 계속적 보증계약의 보증인이 장차 그 보증계약에 기한 보증채무를 이행할 경우 피보증인이 계속적 보증계약의 보증인에게 부담하게 될 불확정한 구상금채무를 보증한 자에게도 사정변경이라는 해지권의 인정 근거에 비추어 마찬가지로 해지권을 인정하여야 할 것이나, 이와 같은 경우에도 보증계약이 해지되기 전에 계속적 거래가 종료되거나 그 밖의 사유로 주채무 내지 구상금채무가 확정된 경우라면 보증인으로서는 더 이상 사정변경을 이유로 보증계약을 해지할 수 없다[대법원 2002. 5. 31. 선고, 2002다1673 판결].

[확정채무는 해지 안 된다는 것이 원칙임]

대표이사가 은행과 체결한 한정근보증 계약이 그 계약 형식에 불구하고 채무와 변제기가 특정되어 있는 확정채무에 대한 보증이라는 이유로, 대표이사직을 사임한 후에도 사정변경을 들어 위 한정근보증 계약을 해지할 수 없다[대법원 2006. 7. 4. 선고, 2004다30675 판결].

[계속적 보증관계 아닌 사안에서 사정변경에 따른 계약 해제, 해지 법리 인정]

1. 계약 성립의 기초가 된 사정이 현저히 변경되고 당사자가 계약의 성립 당시 이를 예견할 수 없었으며, 그로 인하여 계약을 그대로 유지하는 것이 당사자의 이해에 중대한 불균형을 초래하거나 계약을 체결한 목적을 달성할 수 없는 경우에는 계약준수 원칙의 예외로서 사정변경을 이유로 계약을 해제하거나 해지할 수 있다. 여기에서 말하는 사정이란 당사자들에게 계약 성립의 기초가 된 사정을 가리키고, 당사자들이 계약의 기초로 삼지 않은 사정이나 어느 일방당사자가 변경에 따른 불이익이나 위험을 떠안기로 한 사정은 포함되지 않는다.
경제상황 등의 변동으로 당사자에게 손해가 생기더라도 합리적인 사람의 입장에서 사정변경을 예견할 수 있었다면 사정변경을 이유로 계약을 해제할 수 없다. 특히 계속적 계약에서는 계약의 체결 시와 이행 시 사이에 간극이 크기 때문에 당사자들이 예상할 수 없었던 사정변경이 발생할 가능성이 높지만, 이러한 경우에도 위 계약을 해지하려면 경제적 상황의 변화로 당사자에게 불이익이 발생했다는 것만으로는 부족하고 위에서 본 요건을 충족하여야 한다[대법원 2017. 6. 8. 선고, 2016다249557 판결].

2. 이른바 사정변경으로 인한 계약해제는, 계약성립 당시 당사자가 예견할 수 없었던 현저한 사정의 변경이 발생하였고 그러한 사정의 변경이 해제권을 취득하는 당사자에게 책임 없는 사유로 생긴 것으로서, 계약 내용대로의 구속력을 인정한다면 신의칙에 현저히 반하는 결과가 생기는 경우에 계약준수 원칙의 예외로서 인정되는 것이고, 여기에서 말하는 사정이라 함은 계약의 기초가 되었던 객관적인 사정으로서, 일방당사자의 주관적 또는 개인적인 사정을 의미하는 것은 아니다. 또한, 계약의 성립에 기초가 되지 아니한 사정이 그 후 변경되어 일방당사자가 계약 당시 의도한 계약목적을 달성할 수 없게 됨으로써 손해를 입게 되었다 하더라도 특별한 사정이 없는 한 그 계약내용의 효력을 그대로 유지하는 것이 신의칙에 반한다고 볼 수도 없다[대법원 2007. 3. 29. 선고, 2004다31302 판결].

3. 甲이 주택건설사업을 위한 견본주택 건설을 목적으로 임대인 乙과 토지에 관하여 임대차계약을 체결하면서 임대차계약서에 특약사항으로 위 목적을 명시하였는데, 지방자치단체장으로부터 가설건축물 축조신고 반려통보 등을 받고 위 토지에 견본주택을 건축할 수 없게 되자, 甲이 乙을 상대로 임대차계약의 해지 및 임차보증금 반환을 구한 사안에서, 견본주택 건축은 위 임대차계약 성립의 기초가 된 사정인데, 견본주택을 건축할 수 없어 甲이 임대차계약을 체결한 목적을 달성할 수 없게 되었고, 위 임대차계약을 그대로 유지하는 것은 甲과 乙 사이에 중대한 불균형을 초래하는 경우에 해당하므로, 위 임대차계약은 甲의 해지통보로 적법하게 해지되었고, 乙이 甲에게 임대차보증금을 반환할 의무가 있다[대법원 2020. 12. 10. 선고, 2020다254846 판결].

2) 모순행위 금지의 원칙

어떤 행위를 한 자가 후에 그와 모순되는 행위를 한 경우에 그 모순되는 행위의 효력을 인정하지 않는 원칙

> **판례**
>
> 1. 이른바 도급제 방식의 근로계약을 체결한 택시운전근로자들이 최저임금법 특례 조항에 따른 <u>최저임금의 지급을 구한 사건</u>[대법원 2018. 7. 11. 선고, 2016다9261, 9278 판결]
>
>   신의성실의 원칙(이하 '신의칙'이라고 한다)은, 법률관계의 당사자는 상대방의 이익을 배려하여 형평에 어긋나거나 신뢰를 저버리는 내용 또는 방법으로 권리를 행사하거나 의무를 이행하여서는 아니 된다는 추상적 규범을 말하는 것으로서, 신의칙에 위배된다는 이유로 권리행사를 부정하기 위해서는 상대방에게 신의를 공여하였거나 객관적으로 보아 상대방이 신의를 가지는 것이 정당한 상태에 이르러야 하고 이와 같은 상대방의 신의에 반하여 권리를 행사하는 것이 정의관념에 비추어 용인될 수 없는 정도의 상태에 이르러야 한다. 단체협약 등 노사합의의 내용이 근로기준법 등의 강행규정을 위반하여 무효인 경우에, 그 무효를 주장하는 것이 신의칙에 위배되는 권리의 행사라는 이유로 이를 배척한다면 강행규정으로 정한 입법 취지를 몰각시키는 결과가 되므로, <u>신의칙을 적용하기 위한 일반적인 요건을 갖춤은 물론 강행규정성에도 불구하고 신의칙을 우선하여 적용하는 것을 수긍할 만한 특별한 사정이 있는 예외적인 경우에 해당하지 않는 한 그러한 주장이 신의칙에 위배된다고 볼 수 없다.</u>
>
>   **비교판례** 단체협약 등 노사합의의 내용이 근로기준법의 강행규정을 위반하여 무효인 경우에, 그 무효를 주장하는 것이 신의성실의 원칙(이하 '신의칙'이라 한다)에 위배되는 권리의 행사라는 이유로 이를 배척한다면, 강행규정으로 정한 입법 취지를 몰각시키는 결과가 되므로, 그러한 주장은 신의칙에 위배된다고 볼 수 없음이 원칙이다. 그러나 노사합의의 내용이 근로기준법의 강행규정을 위반한다는 이유로 노사합의의 무효 주장에 대하여 예외 없이 신의칙의 적용이 배제되는 것은 아니다. 신의칙을 적용하기 위한 일반적인 요건을 갖춤은 물론 근로기준법의 강행규정성에도 불구하고 신의칙을 우선하여 적용할 만한 특별한 사정이 있는 예외적인 경우에 한하여 그 노사합의의 무효를 주장하는 것이 신의칙에 위배되어 허용될 수 없다[대법원 2021. 12. 16. 선고, 2016다7975 판결].
>
> 2. 주식회사가 주주의 이익에 중대한 영향을 미치는 계약을 체결할 때에는 주주총회의 특별결의를 얻도록 하여 그 결정에 주주의 의사를 반영하도록 함으로써 주주의 이익을 보호하려는 강행법규이므로, 주식회사가 영업의 전부 또는 중요한 일부를 양도한 후 주주총회의 특별결의가 없었다는 이유를 들어 스스로 그 약정의 무효를 주장하더라도 주주 전원이 그와 같은 약정에 동의한 것으로 볼 수 있는 등 특별한 사정이 인정되지 않는다면 위와 같은 무효 주장이 신의성실 원칙에 반한다고 할 수는 없다[대법원 2018. 4. 26. 선고, 2017다288757 판결].
>
> 3. 회사가 해고한 근로자에게 지급할 퇴직금과 갑근세반환금 등을 청산하여 변제공탁하고 근로자가 그 공탁을 조건없이 수락하고 출급청구를 하여 수령하였다면 그 근로자는 그때에 회사의 해고처분을 유효한 것으로 인정하였다고 볼 수밖에 없으므로 그후 8개월 가까이 지나 제기한 해고무효확인청구는 금반언의 원칙에 위배되어 위법하다[대법원 1989. 9. 29. 선고, 88다카19804 판결].

3) 실효의 원칙
- 권리자가 그의 권리를 장기간 행사하지 아니하여 그 의무자인 상대방이 더 이상 권리자가 권리를 행사하지 아니할 것으로 신뢰할 만한 정당한 기대를 가지게 된 경우, 그 후에 권리자가 그 권리를 행사하는 것은 허용되지 않는다는 원칙
- 사법상 권리뿐 아니라 공법상 권리(행정법 영역), 근로관계법 상 권리(해고무효확인), 소송법상 권리(소권, 항소권) 등에 있어서도 적용될 수 있다.

- 실효의 법리는 원칙적으로 청구권, 형성권, 항변권뿐만 아니라 물권, 친권, 상속권에도 적용되는 것이지만, 소유권이나 친권과 같이 배타적·항구적 권리는 그 권리의 본질과 배치되지 아니하는 범위 내에서만 인정된다(인지청구권은 본인의 일신전속적인 신분관계상의 권리로서 포기할 수도 없으며 포기하였더라도 그 효력이 발생할 수 없는 것이고, 이와 같이 인지청구권의 포기가 허용되지 않는 이상 거기에 실효의 법리가 적용될 여지도 없다. 2001므1353).

> **판례**
>
> 1. 해제권의 실효를 인정한 판례(94다12234)
>   매도인에게 해제권이 발생했음에도 불구하고 오랫동안 행사하지 않고 있어서 매수인으로서는 더 이상 매도인이 해제권을 행사하지 않을 것이라는 신뢰를 갖게 된 경우 매도인의 해제권은 실효의 원칙에 따라 소멸하는 것이고, 이제 와서 매매계약을 해제하기 위하여는 다시 이행제공을 하면서 최고를 하여야 한다(새로운 해제권을 취득하여야 한다는 의미).
> 2. 근로관계에서는 실효의 원칙이 더욱 적극적으로 적용된다는 것이 판례(91다30118)
>   근로관계에서 파생된 법률관계(해고의 효력을 다투는 경우 등)는 사용자 입장에서는 물론 근로자의 입장에서도 그 특성상 신속하게 해결되는 것이 바람직하므로 다른 법률관계에 비해 실효의 원칙이 적용될 여지가 크므로 더욱 적극적으로 적용될 필요가 있다.
> 3. 권리자가 장기간에 걸쳐 그 권리를 행사하지 아니하여 새삼스럽게 그 권리를 행사하는 것이 신의성실의 원칙에 위반되어 허용되지 아니한다고 하려면, 의무자인 상대방이 더 이상 권리자가 그 권리를 행사하지 아니할 것으로 믿을 만한 정당한 사유가 있어야 하는 것이므로, 토지소유자가 그 점유자에 대하여 부당이득반환 청구권을 장기간 적극적으로 행사하지 아니하였다는 사정만으로는 부당이득반환 청구권이 이른바 실효의 원칙에 따라 소멸하였다고 볼 수 없다[대법원 2002. 1. 8. 선고, 2001다60019 판결].
> 4. 실효의 원칙이라 함은 권리자가 장기간에 걸쳐 그 권리를 행사하지 아니함에 따라 그 의무자인 상대방이 더 이상 권리자가 그 권리를 행사하지 아니할 것으로 신뢰할 만한 정당한 기대를 가지게 되는 경우에 새삼스럽게 권리자가 그 권리를 행사하는 것은 법질서 전체를 지배하는 신의성실의 원칙에 위반되어 허용되지 않는다는 것을 의미하는 것이므로, 종전 토지 소유자가 자신의 권리를 행사하지 않았다는 사정은 그 토지의 소유권을 적법하게 취득한 새로운 권리자에게 실효의 원칙을 적용함에 있어서 고려하여야 할 것은 아니다[대법원 1995. 8. 25. 선고, 94다27069 판결].

4) 권리남용금지의 원칙

- 권리를 행사하는 것이 정의관념에 비추어 용인될 수 없는 정도의 상태(추상적이므로 구체적 사안마다 판단), 주로 물권법 영역에서 문제됨
- 주관적 요건(가해의사, 오로지 고통이나 손해를 주기 위한 것)이 필요한지 여부에 대해 주류적인 판례는 주관적 요건이 필요한 것으로 보고 있다. 다만, 구체적으로는 주관적 요건과 객관적 요건을 선택적인 것으로 본 판례도 있고, 객관적 요건만을 강조한 판례도 있다. - 소유권을 권리남용으로 권리행사를 제한하는데 있어서는 주관적 요건을 요하는 것이 대부분의 판례. 다만 상표권, 상계권, 동시이행항변권 등 소유권이 아닌 권리행사제한의 경우에는 객관적 요건만 있어도 판례는 권리남용을 인정한 것으로 이해하면 족함
- 주의: 기초가 되는 지위 자체가 소멸되는 것은 아니기 때문에 권리남용으로 물권적 청구권의 행사는 부정된다 하더라도 소유자의 소유권이 소멸되는 것은 아니다. 즉, 권리가 박탈되는 것은 아니다(예외: 친권상실선고 민법 제924조). 따라서 경제적 이해관계의 조절이 필요하고 이해관계의 조절은 부당이득이나 불법행위로 해결한다[예] 옆 건물이 자기 토지의 극히 일부분의 경계를 침범한 경우, 건물의 철거청구(물권적 방해제거청구권)가 권리남용으로 허용되지 않는 경우라 하더라도, 침해된 부분의 소유

권은 여전히 자신에게 있으므로 침해된 부분만큼의 사용대가를 부당이득으로 반환을 구하거나 불법침해를 원인으로 손해배상을 구할 수 있다].

> **중요판례**
>
> **[주관적 요건을 객관적 요건으로부터 추인할 수 있다고 본 판례]**
>
> 권리의 행사가 주관적으로 오직 상대방에게 고통을 주고 손해를 입히려는 데 있을 뿐 이를 행사하는 사람에게는 아무런 이익이 없고 객관적으로 사회질서에 위반된다고 볼 수 있으면 그 권리의 행사는 권리남용으로서 허용되지 아니한다고 할 것이고, 권리의 행사가 상대방에게 고통이나 손해를 주기 위한 것이라는 주관적 요건은 권리자의 정당한 이익을 결여한 권리행사로 보여지는 객관적인 사정에 의하여 추인할 수 있다[93다4366].

> **중요판례** 송전선 관련 판례
>
> **[권리남용을 인정하지 아니한 판례]**
>
> 1. 송전선이 토지 위를 통과하고 있다는 점을 알고서 토지를 취득하였다거나 10여 년간 송전선 설치에 관하여 이의를 제기하지 않았다고 하여 그 취득자가 그 소유 토지에 대한 소유권의 행사가 제한된 상태를 용인하였다고 할 수는 없으므로, 그 취득자의 송전선 철거청구나 부당이득반환청구 등의 권리가 실효되었다거나 그 권리행사가 신의성실의 원칙에 반한다고 할 수 없다[대법원 94다27069, 94다31914 판결 등. 94다83410 판결은 송전탑의 송전선이 서울-부산을 연결하는 중요한 송전선이고 그 이전에 막대한 시간과 비용이 소요되는 등의 사정이 있다 하더라도 토지소유자의 송전탑 철거청구가 권리남용이라고 볼 수는 없다고 판시할 정도로, 판례는 토지소유자의 권리행사를 권리남용으로 보는 데 소극적임].
> 2. 토지소유자가 토지 상공에 송전선이 설치되어 있는 사정을 알면서 그 토지를 취득한 후 13년이 경과하여 그 송전선의 철거를 구한 사안에서, '한국전력공사가 그 토지 상공에 당초에 그 송전선을 설치함에 있어서 적법하게 그 상공의 공간사용권을 취득하거나 그에 따른 손실을 보상하지 아니하여 그 송전선의 설치는 설치 당시부터 불법 점유라고 볼 수 있으며, <u>토지소유자의 송전선 철거청구는 권리남용에 해당하지 않고</u>, 토지소유자가 송전선이 설치된 토지를 농지로만 이용하여 왔다고 하더라도, 그 소유권을 행사함에 있어 아무런 장애를 받지 않았다고 할 수 없고 그 송전선의 가설로 인하여 그 토지 상공에 대한·구분지상권에 상응하는 임료 상당의 손해를 입었다고 할 것이다'라고 판시[대법원 1996. 5. 14. 94다54283]
> 3. 구 전기사업법 제57조 제1항은 타인의 토지의 공간을 사용하는 전선로 등의 설치에 관한 규정일 뿐, 그 토지의 지상을 사용하는 송전탑을 설치할 수 있는 근거규정이 될 수 없으므로 이 규정에 의하여 토지의 지상을 사용하는 고압송전탑이나 전신주의 부지에 관한 점유·사용권을 취득할 여지는 없어 고압송전탑, 고압송전선 및 전신주 등의 철거요구가 권리남용에 해당하지 않는다[대법원 2001. 2. 23. 2000다65246].
>
> **[권리남용을 인정한 판례]**
>
> 한국전력공사가 '정당한 권원'에 의하여 토지를 수용하고 그 지상에 변전소를 건설하였으나, 토지 소유자에게 그 수용에 따른 손실보상금을 공탁함에 있어서 착오로 부적법한 공탁이 되어 수용재결이 실효됨으로써 결과적으로 그 토지에 대한 점유권원을 상실하게 된 경우, 그 변전소가 철거되면 61,750가구에 대하여 전력공급이 불가능하고, 그 토지의 시가는 약 6억 원인데 비하여 위 변전소를 철거하고 같은 규모의 변전소를 신축하는 데에는 약 164억 원이 소요될 것으로 추산되며, 그 토지 소유자는 그 토지가 개발제한구역 내에 위치하고 있어서 토지를 인도받더라도 도시계획법상 이를 더 이상 개발·이용하기가 어려운데도 그 토지를 시가의 120%에 상당하는 금액으로 매수하겠다는 한국전력공사의 제의를 거절하고 그 변전소의 철거와 토지의 인도만을 요구하고 있는 점에 비추어, 토지소유자가 그 변전소의 철거와 토지의 인도를 청구하는 것은 토지 소유자에게는 별다른 이익이 없는 반면 한국전력공사에게는 그 피해가 극심하여 이러한 권리행사는

주관적으로는 그 목적이 오직 상대방에게 고통을 주고 손해를 입히려는 데 있고, 객관적으로는 사회질서에 위반된 것이어서 권리남용에 해당한다[대법원 1999. 9. 7. 선고 99다27613 판결].

[주관적 요건 요하지 않는다고 한 판례]
1. 일반적으로 동시이행의 관계가 인정되는 경우에는 그러한 항변권을 행사하는 자의 상대방이 그 동시이행의 의무를 이행하기 위하여 과다한 비용이 소요되거나 또는 그 의무의 이행이 실제적으로 어려운 반면 그 의무의 이행으로 인하여 항변권자가 얻는 이득은 별달리 크지 아니하여 동시이행의 항변권의 행사가 주로 자기 채무의 이행만을 회피하기 위한 수단이라고 보여지는 경우에는 그 항변권의 행사는 권리남용으로서 배척되어야 한다[대법원 1992. 4. 28. 선고, 91다29972, 판결].
2. 당사자가 상계의 대상이 되는 채권이나 채무를 취득하게 된 목적과 경위, 상계권을 행사함에 이른 구체적·개별적 사정에 비추어, 그것이 위와 같은 상계 제도의 목적이나 기능을 일탈하고, 법적으로 보호받을 만한 가치가 없는 경우에는, 그 상계권의 행사는 신의칙에 반하거나 상계에 관한 권리를 남용하는 것으로서 허용되지 않는다고 함이 상당하고, 상계권 행사를 제한하는 위와 같은 근거에 비추어 볼 때 일반적인 권리 남용의 경우에 요구되는 주관적 요건을 필요로 하는 것은 아니다[대법원 2003. 4. 11. 선고, 2002다59481, 판결].
3. 상표권자가 당해 상표를 출원·등록하게 된 목적과 경위, 상표권을 행사하기에 이른 구체적·개별적 사정 등에 비추어, 상대방에 대한 상표권의 행사가 상표사용자의 업무상의 신용유지와 수요자의 이익보호를 목적으로 하는 상표제도의 목적이나 기능을 일탈하여 공정한 경쟁질서와 상거래질서를 어지럽히고 수요자 사이에 혼동을 초래하거나 상대방에 대한 관계에서 신의성실의 원칙에 위배되는 등 법적으로 보호받을 만한 가치가 없다고 인정되는 때에는, 그 상표권의 행사는 비록 권리행사의 외형을 갖추었다 하더라도 등록상표에 관한 권리를 남용하는 것으로서 허용될 수 없고, 이 경우 상표권의 행사를 제한하는 위와 같은 근거에 비추어 볼 때 상표권 행사의 목적이 오직 상대방에게 고통을 주고 손해를 입히려는 데 있을 뿐 이를 행사하는 사람에게는 아무런 이익이 없어야 한다는 주관적 요건을 반드시 필요로 하는 것은 아니다[대법원 2008. 7. 24. 선고, 2006다40461, 40478, 판결].

[기타 판례]
1. 외국에 이민을 가 있어 주택에 입주하지 않으면 안될 급박한 사정이 없는 딸이 고령과 지병으로 고통을 겪고 있는 상태에서 달리 마땅한 거처도 없는 아버지와 그를 부양하면서 동거하고 있는 남동생을 상대로 자기 소유주택의 명도 및 퇴거를 청구하는 행위가 인륜에 반하는 행위로서 권리남용에 해당한다[대법원 1998. 6. 12. 선고, 96다52670, 판결].
2. 확정판결에 의한 권리라 하더라도 신의에 쫓아 성실히 행사되어야 하고 그 판결에 기한 집행이 권리남용이 되는 경우에는 허용되지 않으므로 집행채무자는 청구이의의 소에 의하여 그 집행의 배제를 구할 수 있다. 즉, 채권자가 연대보증인 중 1인에 대한 소송에서 그 변론종결 전 보증채무액의 일부가 변제되었는데도 전부의 지급을 명한 판결을 받고 그후 나머지 채무도 변제되었으나 확정판결에 기한 강제집행을 신청한 경우, 이는 권리남용에 해당된다[대법원 1997. 9. 12. 선고, 96다4862, 판결].
3. 채무자의 소멸시효에 기한 항변권 행사도 우리 민법의 대원칙인 신의성실 원칙과 권리남용금지 원칙의 지배를 받는 것이어서, 채무자가 시효완성 전에 채권자의 권리행사나 시효중단을 불가능 또는 현저히 곤란하게 하였거나, 그러한 조치가 불필요하다고 믿게 하는 행동을 하였거나, 객관적으로 채권자가 권리를 행사할 수 없는 장애사유가 있었거나, 또는 일단 시효완성 후에 채무자가 시효를 원용하지 아니할 것 같은 태도를 보여 권리자로 하여금 그와 같이 신뢰하게 하였거나, 채권자 보호의 필요성이 크고, 같은 조건의 다른 채권자가 채무의 변제를 수령하는 등의 사정이 있어 채무이행의 거절을 인정함이 현저히 부당하거나 불공평하게 되는 등의 특별한 사정이 있는 경우에는 채무자가 소멸시효 완성을 주장하는 것이 신의성실 원칙에 반하여 권리남용으로서 허용될 수 없다[대법원 2011. 10. 13. 선고 2011다36091 판결].

4. 국가에게 국민을 보호할 의무가 있다는 사유만으로 국가가 소멸시효의 완성을 주장하는 것 자체가 신의 성실의 원칙에 반하여 권리남용에 해당한다고 할 수는 없으므로, 국가의 소멸시효 완성 주장이 신의칙에 반하고 권리남용에 해당한다고 하려면 앞서 본 바와 같은 특별한 사정이 인정되어야 할 것이고, 또한 위와 같은 일반적 원칙을 적용하여 법이 두고 있는 구체적인 제도의 운용을 배제하는 것은 법해석에 있어 또 하나의 대원칙인 법적 안정성을 해할 위험이 있으므로 그 적용에는 신중을 기하여야 할 것이다[대법원 2005. 5. 13. 선고 2004다71881 판결].

5. 공무원의 직무상 불법행위로 손해를 입은 피해자가 국가배상청구를 하였을 때, 비록 그 소멸시효 기간이 경과하였다고 하더라도 국가가 소멸시효의 완성 전에 피해자의 권리행사나 시효중단을 불가능 또는 현저히 곤란하게 하였거나 객관적으로 피해자가 권리를 행사할 수 없는 장애사유가 있었다는 등의 사정이 있어 국가에게 채무이행의 거절을 인정하는 것이 현저히 부당하거나 불공평하게 되는 등 특별한 사정이 있는 경우에는, 국가가 소멸시효 완성을 주장하는 것은 신의성실 원칙에 반하여 권리남용으로서 허용될 수 없다.

공무원의 불법행위로 손해를 입은 피해자의 국가배상청구권의 소멸시효 기간이 지났으나 국가가 소멸시효 완성을 주장하는 것이 신의성실의 원칙에 반하는 권리남용으로 허용될 수 없어 배상책임을 이행한 경우에는, 소멸시효 완성 주장이 권리남용에 해당하게 된 원인행위와 관련하여 공무원이 원인이 되는 행위를 적극적으로 주도하였다는 등의 특별한 사정이 없는 한, 국가가 공무원에게 구상권을 행사하는 것은 신의칙상 허용되지 않는다[대법원 2016. 6. 10. 선고 2015다217843 판결].

6. 매매계약 후 부동산의 시가가 등귀하였고, 매수인이 잔대금 지급기일을 경과한 지금까지 매매대금 중 7분의 6을 지급하지 아니한 채 매매계약 후 19년이 지난 후에 소유권이전등기청구의 소를 제기하였다는 사유만으로 그 청구가 신의칙에 반하고 권리남용에 해당한다고 볼 수 없다[대법원 1992. 6. 12. 선고 92다12384, 92다912391].

7. 확정판결에 기한 집행이 현저히 부당하고 상대방으로 하여금 그 집행을 수인하도록 하는 것이 정의에 반함이 명백하여 사회생활상 용인할 수 없다고 인정되는 경우에는 그 집행은 권리남용으로서 허용되지 않는다[대법원 2001. 11. 13. 선고 99다32899].

관련판례 1) 확정판결에 기한 강제집행이 권리남용에 해당한다는 이유로 그로 인하여 취득한 채권을 부당이득이라고 할 수 있는지 여부(소극)

소송당사자가 허위의 주장으로 법원을 기망하고 상대방의 권리를 해할 의사로 상대방의 소송관여를 방해하는 등 부정한 방법으로 실체의 권리관계와 다른 내용의 확정판결을 취득하여 그 판결에 기하여 강제집행을 하는 것은 정의에 반하고 사회생활상 도저히 용인될 수 없는 것이어서 권리남용에 해당한다고 할 것이지만, 위 확정판결에 대한 재심의 소가 각하되어 확정되는 등으로 위 확정판결이 취소되지 아니한 이상 위 확정판결에 기한 강제집행으로 취득한 채권을 법률상 원인 없는 이득이라고 하여 반환을 구하는 것은 위 확정판결의 기판력에 저촉되어 허용될 수 없다[대법원 2001. 11. 13. 선고 99다32905 판결].

관련판례 2) 확정판결에 기한 강제집행이 불법행위가 되기 위한 요건

판결이 확정되면 기판력에 의하여 대상이 된 청구권의 존재가 확정되고 그 내용에 따라 집행력이 발생하는 것이므로, 그에 따른 집행이 불법행위를 구성하기 위하여는 소송당사자가 상대방의 권리를 해할 의사로 상대방의 소송 관여를 방해하거나 허위의 주장으로 법원을 기망하는 등 부정한 방법으로 실체의 권리관계와 다른 내용의 확정판결을 취득하여 집행을 하는 것과 같은 특별한 사정이 있어야 하고, 그와 같은 사정이 없이 확정판결의 내용이 단순히 실체적 권리관계에 배치되어 부당하고 또한 확정판결에 기한 집행 채권자가 이를 알고 있었다는 것만으로는 그 집행행위가 불법행위를 구성한다고 할 수 없는바, 편취된 판결에 기한 강제집행이 불법행위로 되는 경우가 있다고 하더라도 당사자의 법적 안정성을 위해 확정판결에 기판력을 인정한 취지나 확정판결의 효력을 배제하기 위하여는 그 확정판결에 재심사유가 존재하는 경우에 재심의 소에 의하여 그 취소를 구하는 것이 원칙적인 방법인 점에 비추어 볼 때 불법행위의 성립을 쉽게 인정하여서는 아니되고, 확정판결에 기한 강제집행이 불법행위로 되는 것은 당사자의 절차적 기본권이 근본적으로 침해된 상태에서 판결이 선고되었거나 확정판결에 재심사유가 존재하는 등 확정판결의 효력을 존중하는 것이 정의에 반함이 명백하여 이를 묵과할 수 없는 경우로 한정하여야 한다[대법원 2001. 11. 13. 선고 99다32899 판결].

관련판례 3) 확정판결에 기한 집행이 권리남용에 해당하여 청구이의의 소에 의하여 집행의 배제를 구할 수 있는 정도의 경우라면 그러한 판결금 채권에 기초한 다른 권리의 행사, 예를 들어 판결금 채권을 피보전채권으로 하여 채권자취소권을 행사하는 것 등도 허용될 수 없다고 보아야 한다[대법원 2014. 2. 21. 선고 2013다75717 판결].

제2장 권리의 주체

제1절 권리의 주체(1) - 자연인

1. 민법상 능력

민법상의 능력에 관한 규정은 강행규정이다. 따라서 당사자들의 의사로 그 적용을 배제하는 것은 허용되지 않는다(예 권리능력, 행위능력 포기 등은 허용되지 않는다).

가. 권리능력
- 권리와 의무의 주체가 될 수 있는 능력
- 사람은 생존한 동안 평등하게 권리능력을 갖는 것이 원칙(획일적)
- 사람의 시기(태아의 권리능력)와 종기(사망 시)에 대한 논의

나. 의사능력
- 자신의 행위의 의미나 결과를 정상적인 인식력과 예기력을 바탕으로 합리적으로 판단할 수 있는 정신적 능력 내지 지능
- 의사능력은 법률행위 시 구체적, 개별적으로 판단(입증이 어려움)
- 의사무능력자(예 치매 환자, 4살짜리 아이)가 한 법률행위는 무효

> **판례** | [대법원 2006. 9. 22. 선고, 2006다29358 판결]
>
> [1] 의사능력이란 자신의 행위의 의미나 결과를 정상적인 인식력과 예기력을 바탕으로 합리적으로 판단할 수 있는 정신적 능력 내지는 지능을 말하는바, 특히 어떤 법률행위가 그 일상적인 의미만을 이해하여서는 알기 어려운 특별한 법률적인 의미나 효과가 부여되어 있는 경우 의사능력이 인정되기 위하여는 그 행위의 일상적인 의미뿐만 아니라 법률적인 의미나 효과에 대하여도 이해할 수 있을 것을 요한다고 보아야 하고, 의사능력의 유무는 구체적인 법률행위와 관련하여 개별적으로 판단되어야 할 것이다.
> [2] 지능지수가 58로서 경도의 정신지체 수준에 해당하는 38세의 정신지체 3급 장애인이 2,000만 원이 넘는 채무에 대하여 연대보증계약을 체결한 사안에서, 연대보증계약 당시 그 계약의 법률적 의미와 효과를 이해할 수 있는 의사능력이 없었다고 본 사례

- 의사무능력자의 반환범위: 현존이익 한도(의사무능력자 보호를 위해 제한능력자의 반환범위에 관한 규정을 유추적용함)

> **판례**
>
> 무능력자의 책임을 제한하는 민법 제141조 단서는 부당이득에 있어 수익자의 반환범위를 정한 민법 제748조의 특칙으로서 무능력자의 보호를 위해 그 선의·악의를 묻지 아니하고 반환범위를 현존 이익에 한정시키려는 데 그 취지가 있으므로, 의사능력의 흠결을 이유로 법률행위가 무효가 되는 경우에도 유추적용되어야 할 것이나, 법률상 원인 없이 타인의 재산 또는 노무로 인하여 이익을 얻고 그로 인하여 타인에게 손해를 가한

경우에 그 취득한 것이 금전상의 이득인 때에는 그 금전은 이를 취득한 자가 소비하였는가의 여부를 불문하고 현존하는 것으로 추정되므로, 위 이익이 현존하지 아니함은 이를 주장하는 자, 즉 의사무능력자 측에 입증책임이 있다[대법원 2009. 1. 15. 선고 2008다58367 판결].

다. 행위능력
- 단독으로 법률행위를 할 수 있는 능력
- 법정하여 획일적으로 객관화 - 제한능력자제도(미성년자, 피성년후견인, 피한정후견인)
- 행위무능력은 법률행위 취소사유
- 의사무능력으로 인한 무효와 제한능력을 이유로 한 취소 경합 가능: 의사무능력은 입증 어려우므로 이중효 인정됨. 따라서 무효 또는 취소 선택적 주장 가능(예 치매환자가 피성년후견인으로 등록된 경우 피성년후견임을 이유로 법률행위취소를 주장함과 동시에 의사무능력을 주장하여 법률행위의 무효를 주장할 수도 있음)

라. 책임능력
- 자기의 행위의 결과를 인식할 수 있는 판단능력, 즉 불법행위책임을 변별할 수 있는 능력
- 구체적, 개별적으로 판단하는 것이 원칙(보통 초등학교 고학년 기준으로 하는 듯)
- 민법상 책임무능력자: 미성년자 중 책임인식지능이 없는 자(민법 제753조), 심신상실자(제754조)

마. 당사자능력, 소송능력(민사소송법 제51조)
- 당사자능력은 소송의 주체(원고, 피고)가 될 수 있는 소송상의 권리능력(민사소송법 제51조 참조). 민법상 권리능력과 같은 개념
- 소송능력은 소송의 당사자로서 유효하게 소송행위를 할 수 있는 소송상의 행위능력

2. 권리능력(태아의 권리능력)

제3조【권리능력의 존속기간】사람은 생존한 동안 권리와 의무의 주체가 된다.

가. 출생으로 인한 권리능력 취득
- 권리능력은 출생이라는 사실에 의하여 취득되는 것이지 그 신고나 가족관계등록부에의 기재에 의하여 취득되는 것은 아니다(출생신고는 출생을 보고하는 보고적 신고일 뿐 출생신고로써 어떠한 효과가 창설되는 창설적 신고가 아님).

1) 입법주의
- 태아의 이익을 위하여 모든 법률관계에 있어서 이미 출생한 것으로 보아 권리능력을 일반적으로 인정하는 일반적 보호주의와 중요한 법률관계에 관하여만 개별적으로 출생한 것으로 보아 그 범위에서 권리능력을 인정하는 개별적 보호주의가 있다.
- 우리 민법은 개별주의를 취하고 있다(개별적인 몇 가지 사항에 한하여 예외적으로 태아의 권리능력 인정).

2) 우리 민법 상 태아의 권리능력
   가) 명문으로 인정되는 것
   - 불법행위에 기한 손해배상청구권
   - 재산상속, 대습상속, 유류분권, 유증
   - 인지받는 것(부가 태아를 인지하는 것은 가능)

나) 부정되는 것

- 태아가 인지청구를 하는 것(견해대립 있으나 부정하는 것이 통설)
- 계약할 수 있는 능력이나 의사표시 능력도 원칙적으로 부정된다(**예** 청약·승낙, 손해 배상의 합의, 화해계약 등). 모(母)를 대리인으로 해서도 할 수 없음
- 채무불이행에 기한 손해배상청구권
- 계약할 수 있는 능력이나 의사표시 능력도 원칙적으로 부정된다(청약·승낙, 손해 배상의 합의, 화해계약 등). 그러나 사인증여에 있어 수증능력이 예외적으로 인정될지에 대해서는 견해 대립 있으나 판례는 부정(아래 참조)
- 사인증여(증여)의 수증능력
  - 긍정설: 사인증여에는 유증 규정이 준용. 태아보호. 법정대리를 통해 가능(해제조건설로 연결)
  - 부정설: 유증의 성질상(단독행위, 요식행위) 모든 규정이 사인증여에 준용될 수는 없다. 사인증여에 유증규정이 준용되나 방식 등에 관한 규정은 준용되지 않음

> **판례**
>
> 민법 제562조는 사인증여에 관하여는 유증에 관한 규정을 준용하도록 규정하고 있지만, 유증의 방식에 관한 민법 제1065조 내지 제1072조는 그것이 단독행위임을 전제로 하는 것이어서 계약인 사인증여에는 적용되지 아니한다[대법원 1996. 4. 12. 선고, 94다37714, 37721 판결].

> **판례 | 태아의 수증능력 부정**
>
> 의용 민법이나 구관습하에 태아에게는 일반적으로 권리능력이 인정되지 아니하고 손해배상청구권 또는 상속 등 특별한 경우에 한하여 제한된 권리능력을 인정하였을 따름이므로 증여에 관하여는 태아의 수증능력이 인정되지 아니하였고, 또 태아인 동안에는 법정대리인이 있을 수 없으므로 법정대리인에 의한 수증행위도 할 수 없다[대법원 1982. 2. 9. 선고 81다534 판결].

다) 태아의 권리능력 취득시기

(1) 정지조건설(판례): 살아서 출생할 것을 정지조건으로 사건 발생시로 소급하여 권리능력 인정. 즉, 태아인 동안에는 권리능력이 발생하지 않다가 "살아서 출생하면" 사건시로 소급하여 권리능력을 인정하는 견해

- 거래의 안전을 우선시 하는 입장

(2) 해제조건설(다수설): 사산을 해제조건으로 사건 발생 시 곧바로 권리능력 인정. 즉, 태아인 동안에 먼저 권리능력을 인정하고 "사산되면" 소급해서 권리능력이 없었던 것으로 하는 견해

- 태아 보호를 우선시 하는 입장
- 사산율이 낮다는 점 고려

(3) 양 학설의 공통점

- 사산한 경우는 결론이 같다(권리능력을 취득하지 못한다는 것은 동일).
- 권리능력 취득시기는 결론에 있어서 같다(문제가 된 사건 발생 시).

> **판례**
>
> 1. 태아도 불법행위에 기한 손해배상 청구권에 관하여는 이미 출생한 것으로 보는 바, 부가 교통사고로 상해를 입을 당시 태아가 출생하지 아니하였다고 하더라도 그 뒤에 살아서 출생한 이상 부의 상해로 인하여 입게 될 정신적 고통에 대한 위자료를 청구할 수 있다(93다4663).
> 2. 교통사고의 충격으로 태아가 조산되고(살아서 출생), 또 그로 인하여 제대로 성장하지 못하였고 결국 사망하였다면, 위 불법행위는 한편으로 산모에 대한 불법행위인 동시에 한편으로는 태아 자신에 대한 불법행위라고 볼 수 있으므로 따라서(살아서 출생하였다가) 죽은 아이는 생명침해로 인한 재산상 손해배상청구권이 있다(67다2869)(이 청구권은 결국 부모가 상속하여 부모가 행사하게 될 것임).
> 3. 태아가 특정한 권리에 있어서 이미 태어난 것으로 본다는 것은 살아서 출생한 때에 출생시기가 문제의 사건의 시기까지 소급하여 그 때에 태아가 출생한 것과 같이 법률상 보아준다고 해석하여야 상당하므로 그가 모체와 같이 사망하여 출생의 기회를 못 가진 이상 손해배상청구권을 논할 여지가 없다(76다1365).
> 4. 태아가 피해 당시 정신상 고통에 대한 감수성을 갖추고 있지 않다 하더라도 장래 감수할 것임을 현재 합리적으로 기대할 수 있는 경우에 있어서는 즉시 그 청구를 할 수 있다[대법원 1962. 3. 15. 선고 4294민상903 판결].

나. 사망으로 인한 권리능력의 종기

1) 권리능력 상실
- 사람이 사망하면 권리능력을 상실한다.
- 사망으로 상속이 개시되고, 유언의 효력이 발생하며 혼인의 효력도 소멸하여 잔존 배우자는 재혼할 수 있다.

> **판례**
>
> 1. 채권자대위소송에 있어 피대위자가 1938년에 함경북도로 전적한 후 호적, 주민등록 등 생존을 입증할 증거가 없다 하더라도 그가 허무인이 아닌 실존인물임이 명백하고, 또한 오늘날에 있어서 사람이 95세까지 생존한다는 것이 매우 희귀한 예에 속한다고도 할 수 없는 것이어서, 특별한 사정이 없는 한 현재 생존하고 있는 것으로 추정된다 할 것이고, 오히려 그가 사망하였다는 점은 상대방이 이를 적극적으로 입증하여야 한다[대법원 1995. 7. 28. 선고 94다42679 판결].
> 2. 일반적으로 원고가 내세우는 피고나 피대위자 등이 실존인물임이 인정되고 그러한 연령의 사람이 생존한다는 것이 매우 이례적이라고 보여지는 고령에 해당되지 않는 이상 특별한 사정이 없는 한 그들은 생존한 것으로 추정함이 상당하므로, 채권자대위소송에서 원고가 내세우는 피대위자가 실존인물이고, 오늘날 그 나이가 될 때까지 생존한다는 것이 매우 희귀한 예에 속한다고도 할 수 없는 것이어서 생존하였을 가능성이 극히 희박하다고 할 정도는 아닌 것으로 인정되는 이상 특별한 사정이 없는 한 그 피대위자는 현재 생존하고 있는 것으로 추정되고, 오히려 그가 사망하였다는 점을 피고가 적극적으로 입증하여야 하겠지만, 사람이 110세까지 생존한다는 것은 매우 희귀한 예에 속하므로 위와 같은 사실에 제반 사정을 종합하여 피대위자 또는 피고가 소 제기 이전에 이미 사망하였을 것으로 쉽게 짐작되는 경우에는 그 사망 사실을 추인할 수 있다[대법원 2002. 4. 26. 선고 2002다5873 판결].

2) 사망사실 및 시기의 입증곤란 관련 제도
   가) 동시사망

> 제30조【동시사망】 2인 이상이 <u>동일한 위난</u>으로 사망한 경우에는 동시에 사망한 것으로 <u>추정</u>한다.

- 사망시기는 상속 등을 결정하는데 중대한 영향을 미친다. 그런데 이를 입증하기 곤란한 경우 동시사망을 추정함으로써 입증곤란을 구제하는 제도이다.
- 사망의 선후를 입증할 수 없는 경우 동시에 사망한 것으로 다루는 것이 결과에 있어 가장 공평하고 합리적이라는 데에 그 입법취지가 있다(대판 2001.3.9. 99다13157).
- 동일한 위난이어야 함(상이한 위난은 ×)
- 간주규정이 아닌 추정에 불과하므로 반증으로써 추정을 번복할 수 있다.

판례 | 동시사망추정을 번복하기 위한 입증책임의 내용 및 정도

민법 제30조에 의하면, 2인 이상이 동일한 위난으로 사망한 경우에는 동시에 사망한 것으로 추정하도록 규정하고 있는바, 이 추정은 법률상 추정으로서 이를 번복하기 위하여는 동일한 위난으로 사망하였다는 전제사실에 대하여 법원의 확신을 흔들리게 하는 반증을 제출하거나 또는 각자 다른 시각에 사망하였다는 점에 대하여 법원에 확신을 줄 수 있는 본증을 제출하여야 하는데, 이 경우 사망의 선후에 의하여 관계인들의 법적 지위에 중대한 영향을 미치는 점을 감안할 때 충분하고도 명백한 입증이 없는 한 위 추정은 깨어지지 아니한다고 보아야 한다(98다8974).

   나) 인정사망

> 가족관계의 등록 등에 관한 법률
> 제87조【재난 등으로 인한 사망】 수해, 화재나 그 밖의 재난으로 인하여 사망한 사람이 있는 경우에는 이를 조사한 관공서는 지체 없이 사망지의 시·읍·면의 장에게 통보하여야 한다. 다만, 외국에서 사망한 때에는 사망자의 등록기준지의 시·읍·면의 장 또는 재외국민 가족관계등록사무소의 가족관계등록관에게 통보하여야 한다.

- 인정사망은 수해, 화재나 그 밖의 재난으로 인하여 사망한 것이 거의 확실하지만 사체를 찾지 못한 경우에 이를 조사한 관공서의 사망통보에 의하여 그 사람의 가족관계등록부에 사망의 기재를 하는 제도이다.
- 가족관계등록부에 기재하면 그 기재된 사망일에 사망한 것으로 추정하는 효력. 간주규정이 아닌 추정에 불과하므로 반증으로써 추정을 번복할 수 있다.

판례 | 인정사망이나 실종선고에 의하지 아니하고 법원이 사망사실을 인정할 수 있는지 여부

[1] 갑판원이 시속 30노트 정도의 강풍이 불고 파도가 5-6미터 가량 높게 일고 있는 등 기상조건이 아주 험한 북태평양의 해상에서 어로작업 중 갑판위로 덮친 파도에 휩쓸려 찬 바다에 추락하여 행방불명이 되었다면 비록 시신이 확인되지 않았다 하더라도 그 사람은 그 무렵 사망한 것으로 확정함이 우리의 경험칙과 논리칙에 비추어 당연하다.

[2] 수난, 전란, 화재 기타 사변에 편승하여 타인의 불법행위로 사망한 경우에 있어서는 확정적인 증거의 포착이 손쉽지 않음을 예상하여 법은 인정사망, 위난실종선고 등의 제도와 그밖에도 보통실종선고제도도 마련해 놓고 있으나 그렇다고 하여 위와 같은 자료나 제도에 의함이 없는 사망사실의 인정을 수소법원이 절대로 할 수 없다는 법리는 없다(87다카2954 판결).

3. 제한능력자 제도

- 행위능력은 단독으로 유효한 법률행위를 할 수 있는 능력인데, 단독으로 유효한 법률행위를 할 수 없는 자가 제한능력자이다.
- 제한능력자 제도는 거래의 안전을 희생시키더라도 제한능력자를 보호하고자 하는 것이 근본적인 입법취지로, 이에 관한 민법의 규정은 강행규정이다.
- 행위능력의 유무는 획일적 기준(성년연령·법원의 선고)에 따라 정해진다.
- 민법 제5조 이하의 제한능력자제도는 '재산상 법률행위'에 한해 적용된다. 본인의 의사가 중요한 가족법상의 법률행위나 의사표시를 요소로 하지 않는 사실행위, 불법행위에 관하여는 제한능력자 제도가 적용되지 않는다.

가. 미성년자의 행위능력

> 제4조【성년】사람은 19세로 성년에 이르게 된다.
>
> 제5조【미성년자의 능력】① 미성년자가 법률행위를 함에는 법정대리인의 동의를 얻어야 한다. 그러나 권리만을 얻거나 의무만을 면하는 행위는 그러하지 아니하다(예 친권자에 대한 부양료청구권, 부담 없는 증여 수락, 채무면제 받는 계약).
> ② 전항의 규정에 위반한 행위는 취소할 수 있다.
>
> 제6조【처분을 허락한 재산】법정대리인이 범위를 정하여 처분을 허락한 재산은 미성년자가 임의로 처분할 수 있다.
>
> 제7조【동의와 허락의 취소】법정대리인은 미성년자가 아직 법률행위를 하기 전에는 전2조의 동의와 허락을 취소할 수 있다.
>
> 제8조【영업의 허락】① 미성년자가 법정대리인으로부터 허락을 얻은 특정한 영업에 관하여는 성년자와 동일한 행위능력이 있다.
> ② 법정대리인은 전항의 허락을 취소 또는 제한할 수 있다. 그러나 선의의 제삼자에게 대항하지 못한다.

1) 원칙

- 미성년자가 법률행위를 하려면 원칙적으로 법정대리인의 동의를 얻어야 한다. 법정대리인의 동의 없는 법률행위는 취소할 수 있다. 미성년자 스스로도 취소가능하다(미성년자는 추인할 능력은 없지만 스스로 취소는 가능).
- 미성년자를 보호하는 규정은 강행규정으로, 선의의 제3자에게도 대항할 수 있다(선의의 제3자 보호규정 없음).
- 법정대리인의 동의가 있었다는 입증책임은 그 동의가 있었음을 이유로 법률행위의 유효를 주장하는 자, 즉 상대방에게 있다(69다1568).

2) 예외 - 미성년자에게 단독으로 행위능력 인정되는 경우

가) 권리만을 얻거나 의무만 면하는 행위

- 친권자에 대한 부양료청구권(判)
- 부담 없는 증여수락
- 권리만을 얻는 제3자 위한 계약 수익의 의사표시
- 채무면제받는 계약행위
- 안 되는 것: 변제의 수령(통), 부담부 증여, 유리한 계약, 상속의 승인, 무상계약

나) **처분이 허락된 재산의 처분행위**
- 허락의 대상은 사용목적이 아니라 재산의 범위. 포괄적인 허락은 안 됨.
- 법정대리인이 특정 재산에 관한 처분을 허락하였더라도 그 재산에 관한 대리권을 상실하지 않는다.

다) **허락된 영업에 관한 행위**
- 영업은 특정되어야 한다. '특정한 영업'이라는 것은 영업의 종류가 특정되어 있는 영업을 의미하며, 하나의 단위가 되는 영업의 일부만을 허락하거나 또는 제한하여서는 안 된다(예 전자기기판매점에서 티비는 판매하지 못하도록 하는 것).
- 그 영업에 관한 행위에 대하여는 성년자와 동일한 행위능력(소송능력도 있음)을 갖는다. 따라서 그 영업에 관하여는 법정대리인의 동의권과 대리권이 모두 소멸한다.
  - 《비교》 법정대리인이 동의를 한 행위일지라도 법정대리인의 대리권이 소멸하는 것은 아니다(스스로 대리행위를 할 수도 있다는 의미임, 영업의 허락과 차이).

라) **대리행위**
- 제117조(대리인의 행위능력) 대리인은 행위능력자임을 요하지 아니한다.
- 대리인이 미성년자라는 이유로 법률행위를 취소할 수 없음.

마) **유언행위**
- 제1061조(유언적령) 만17세에 달하지 못한 자는 유언을 하지 못한다.
  - 《주의》 미성년자는 단독으로 유언할 수 있다. (×) → 17세 이상만 가능

바) **근로계약의 체결** - 제920조(미성년자 동의 얻을 것)와 근로기준법(대리금지)의 충돌
- 법정대리인의 동의를 얻어 미성년자가 스스로 체결(多)

사) **임금청구는 언제나 단독으로 가능(근로기준법)**

아) **혼인에 의한 성년의제**

> 제826조의2【성년의제】 미성년자가 혼인을 한 때에는 성년자로 본다.

- 미성년자가 혼인 후 이혼해도 성년의제는 유지됨.

3) 동의와 허락의 취소 또는 제한

> 제7조【동의와 허락의 취소】 법정대리인은 미성년자가 아직 법률행위를 하기 전에는 전2조의 동의와 허락을 취소할 수 있다.

- 법정대리인의 동의와 허락의 취소는 미성년자 법률행위를 하기 전에만 가능하므로 소급효가 없는 철회의 성질을 가진다.
- 동의나 허락의 취소는 미성년자 또는 그 상대방에 대하여 하여야 한다. 그런데 미성년자에게 한 경우 제3자가 선의자인 경우(상대방이 동의, 허락의 취소를 모를 것이므로) 그 보호가 문제된다. 통설은 미성년자에게만 동의나 허락을 취소한 경우 상대방이 선의인 경우에는 철회로 대항하지 못한다는 입장이다(거래안전, 영업허락의 취소에서는 선의의 제3자 보호규정을 두고 있고 이 경우에도 보호필요성이 있다는 점에서 유추적용).

4) 영업 허락의 취소 또는 제한

> 제8조【영업의 허락】② 법정대리인은 전항의 허락을 취소 또는 제한할 수 있다. 그러나 선의의 제삼자에게 대항하지 못한다.

- 영업허락의 취소 또는 제한도 장래에 향하여 허락이 없었던 것으로 한다는 뜻이므로 철회의 성질을 가진다.
- 선의의 제3자에게 대항하지 못한다.

5) 법정대리인

가) 법정대리인의 동의권
- 법정대리인은 미성년자의 법률행위에 대해 동의권 가짐(제5조 제1항 본문). 다만, 후견인은 일정한 사항(예 보증, 부동산 또는 중요한 재산에 관한 권리의 득실변경을 목적으로 하는 행위, 소송행위 등)에 관하여 후견감독인의 동의 필요(제950조).
- 법정대리인의 동의에 관한 입증책임은 미성년자에게 있는 것이 아니라 동의가 있었음을 주장하는 상대방에게 있다[대법원 1970. 2. 24. 선고 69다1568 판결]. 즉, 유효 주장하는 자에게 입증책임 있음

중요판례

법정대리인의 동의 없이 신용구매계약을 체결한 미성년자가 그 동의 없음을 이유로 위 계약을 취소하는 것이 신의칙에 위배되는지 여부[대법원 2007. 11. 16. 선고, 2005다71659, 71666, 71673, 판결]
[판결요지]
[1] 행위무능력자 제도는 사적자치의 원칙이라는 민법의 기본이념, 특히, 자기책임 원칙의 구현을 가능케 하는 도구로서 인정되는 것이고, 거래의 안전을 희생시키더라도 행위무능력자를 보호하고자 함에 근본적인 입법 취지가 있는바, 행위무능력자 제도의 이러한 성격과 입법 취지 등에 비추어 볼 때, 신용카드가맹점이 미성년자와 신용구매계약을 체결할 당시 향후 그 미성년자가 법정대리인의 동의가 없었음을 들어 스스로 위 계약을 취소하지는 않으리라고 신뢰하였다 하더라도 그 신뢰가 객관적으로 정당한 것이라고 할 수 있을지 의문일 뿐만 아니라, 그 미성년자가 가맹점의 이러한 신뢰에 반하여 취소권을 행사하는 것이 정의관념에 비추어 용인될 수 없는 정도의 상태라고 보기도 어려우며, 미성년자의 법률행위에 법정대리인의 동의를 요하도록 하는 것은 강행규정인데, 위 규정에 반하여 이루어진 신용구매계약을 미성년자 스스로 취소하는 것을 신의칙 위반을 이유로 배척한다면, 이는 오히려 위 규정에 의해 배제하려는 결과를 실현시키는 셈이 되어 미성년자 제도의 입법 취지를 몰각시킬 우려가 있으므로, 법정대리인의 동의 없이 신용구매계약을 체결한 미성년자가 사후에 법정대리인의 동의 없음을 사유로 들어 이를 취소하는 것이 신의칙에 위배된 것이라고 할 수 없다.
[2] 미성년자가 법률행위를 함에 있어서 요구되는 법정대리인의 동의는 언제나 명시적이어야 하는 것은 아니고 묵시적으로도 가능한 것이며, 미성년자의 행위가 위와 같이 법정대리인의 묵시적 동의가 인정되거나 처분허락이 있는 재산의 처분 등에 해당하는 경우라면, 미성년자로서는 더 이상 행위무능력을 이유로 그 법률행위를 취소할 수 없다.
(중략)
[4] 만 19세가 넘은 미성년자가 월 소득범위 내에서 신용구매계약을 체결한 사안에서, 스스로 얻고 있던 소득에 대하여는 법정대리인의 묵시적 처분허락이 있었다고 보아 위 신용구매계약은 처분허락을 받은 재산범위 내의 처분행위에 해당한다고 본 사례

나) 법정대리인의 대리권

> **판례**
> 법정대리인인 친권자의 대리행위가 객관적으로 볼 때 미성년자 본인에게는 경제적인 손실만을 초래하는 반면, 친권자나 제3자에게는 경제적인 이익을 가져오는 행위이고 행위의 상대방이 이러한 사실을 알았거나 알 수 있었을 때에는 민법 제107조 제1항 단서의 규정을 유추적용하여 행위의 효과가 자(子)에게는 미치지 않는다고 해석함이 타당하나, 그에 따라 외형상 형성된 법률관계를 기초로 하여 새로운 법률상 이해관계를 맺은 선의의 제3자에 대하여는 같은 조 제2항의 규정을 유추적용하여 누구도 그와 같은 사정을 들어 대항할 수 없으며, 제3자가 악의라는 사실에 관한 주장·증명책임은 무효를 주장하는 자에게 있다[대법원 2018. 4. 26. 선고 2016다3201 판결].

나. 후견 제도

1) 피성년후견, 피한정후견제도

- 종전에는 제한능력자를 행위무능력자로 표현하였고, 피성년후견인을 금치산자, 피한정후견인을 한정치산자로 각 칭했으나 부정적인 표현이라는 이유로 개정됨
- 제한능력은 객관적으로 획일화되어 있어 심신미약자, 낭비자, 심신상실자라 하더라도 피성년후견인, 피한정후견인 등 심판이 없는 이상 여기의 제한능력자 아니다(예를 들어 치매가 걸려 의사무능력자라 하더라도 피성년후견 개시되지 않으면 피성년후견인이 아님. 의사무능력을 개별적으로 입증하여 법률행위 효력 다퉈야 함).
- 피성년후견은 사무를 처리할 능력이 지속적으로 결여된 사람(예 치매환자), 피한정후견인 사무를 처리할 능력이 부족한 사람(사무처리 능력이 지속적으로 결여된 것은 아니나 낭비벽, 도박, 자선단체 기부 습벽 등으로 재산과 관련하여 사무처리 능력이 부족한 경우 재산을 임의로 처분하지 못하도록 그 부분에 대해서만 제한을 두는 것). 따라서 피한정후견인은 기본적으로는 단독으로 법률행위를 할 수 있음을 전제로 '한정후견인의 동의를 받아야 하는 행위'를 정하도록 하고 있는 것임(제13조 제1항)
- 피성년후견인은 후견인의 동의를 받더라도 단독으로 법률행위가 어렵기 때문에 후견인의 동의 여부 불문 취소할 수 있음이 원칙이다(제10조 제1항, 친족법 분야는 차이 있음 주의). 따라서 성년후견인은 동의권이 없음(피한정후견인과 차이)

제9조【성년후견개시의 심판】 ① 가정법원은 질병, 장애, 노령, 그 밖의 사유로 인한 정신적 제약으로 사무를 처리할 능력이 **지속적으로 결여**된 사람에 대하여 **본인**, 배우자, 4촌 이내의 친족, 미성년후견인, 미성년후견감독인, 한정후견인, 한정후견감독인, 특정후견인, 특정후견감독인, 검사 또는 지방자치단체의 장의 청구에 의하여 성년후견개시의 심판을 한다.
② 가정법원은 성년후견개시의 심판을 할 때 본인의 의사를 고려하여야 한다.

제10조【피성년후견인의 행위와 취소】 ① 피성년후견인의 법률행위는 취소할 수 있다.
② 제1항에도 불구하고 가정법원은 취소할 수 없는 피성년후견인의 법률행위의 범위를 정할 수 있다.
③ 가정법원은 본인, 배우자, 4촌 이내의 친족, 성년후견인, 성년후견감독인, 검사 또는 지방자치단체의 장의 청구에 의하여 제2항의 범위를 변경할 수 있다.
④ 제1항에도 불구하고 일용품의 구입 등 일상생활에 필요하고 그 대가가 과도하지 아니한 법률행위는 성년후견인이 취소할 수 없다.

제11조【성년후견종료의 심판】 성년후견개시의 원인이 소멸된 경우에는 가정법원은 본인, 배우자, 4촌 이내의 친족, 성년후견인, 성년후견감독인, 검사 또는 지방자치단체의 장의 청구에 의하여 성년후견종료의 심판을 한다.

제12조【한정후견개시의 심판】① 가정법원은 질병, 장애, 노령, 그 밖의 사유로 인한 정신적 제약으로 **사무를 처리할 능력이 부족한 사람**에 대하여 본인, 배우자, 4촌 이내의 친족, 미성년후견인, 미성년후견감독인, 성년후견인, 성년후견감독인, 특정후견인, 특정후견감독인, 검사 또는 지방자치단체의 장의 청구에 의하여 한정후견개시의 심판을 한다.
② 한정후견개시의 경우에 제9조 제2항을 준용한다.

제13조【피한정후견인의 행위와 동의】① 가정법원은 피한정후견인이 **한정후견인의 동의를 받아야 하는 행위의 범위를 정할 수 있다.**
② 가정법원은 본인, 배우자, 4촌 이내의 친족, 한정후견인, 한정후견감독인, 검사 또는 지방자치단체의 장의 청구에 의하여 제1항에 따른 한정후견인의 동의를 받아야만 할 수 있는 행위의 범위를 변경할 수 있다.
③ 한정후견인의 동의를 필요로 하는 행위에 대하여 한정후견인이 피한정후견인의 이익이 침해될 염려가 있음에도 그 동의를 하지 아니하는 때에는 가정법원은 피한정후견인의 청구에 의하여 한정후견인의 동의를 갈음하는 허가를 할 수 있다.
④ 한정후견인의 동의가 필요한 법률행위를 피한정후견인이 한정후견인의 동의 없이 하였을 때에는 그 법률행위를 취소할 수 있다. 다만, 일용품의 구입 등 일상생활에 필요하고 그 대가가 과도하지 아니한 법률행위에 대하여는 그러하지 아니하다.

제14조【한정후견종료의 심판】한정후견개시의 원인이 소멸된 경우에는 가정법원은 본인, 배우자, 4촌 이내의 친족, 한정후견인, 한정후견감독인, 검사 또는 지방자치단체의 장의 청구에 의하여 한정후견종료의 심판을 한다.

- 가정법원의 성년후견개시심판이 있는 경우에는 그 심판을 받은 사람의 성년후견을 두어야 한다(제929조).
- 성년후견인은 피성년후견인의 신상과 재산에 관한 모든 사정을 고려하여 여러 명을 둘 수 있고(제930조 제2항). 법인도 성년후견인이 될 수 있다(동조 제3항).
  - 《비교》 미성년후견인의 수는 한 명으로 한다(제930조 제1항). 법인은 미성년후견인이 될 수 없다.
- 피성년후견인은 자신의 신상에 관하여 그의 상태가 허락하는 범위에서 단독으로 결정한다(제947조의2 제1항).
- 성년후견, 한정후견 모두 종료 심판하여야 함

판례

성년후견이나 한정후견에 관한 심판 절차는 가사소송법 제2조 제1항 제2호 (가)목에서 정한 가사비송사건으로서, 가정법원이 당사자의 주장에 구애받지 않고 후견적 입장에서 합목적적으로 결정할 수 있다. 이때 성년후견이든 한정후견이든 본인의 의사를 고려하여 개시 여부를 결정한다는 점은 마찬가지이다(민법 제9조 제2항, 제12조 제2항).
위와 같은 규정 내용이나 입법 목적 등을 종합하면, 성년후견이나 한정후견 개시의 청구가 있는 경우 가정법원은 청구 취지와 원인, 본인의 의사, 성년후견 제도와 한정후견 제도의 목적 등을 고려하여 어느 쪽의 보호를 주는 것이 적절한지를 결정하고, 그에 따라 필요하다고 판단하는 절차를 결정해야 한다. 따라서 한정후견의 개시를 청구한 사건에서 의사의 감정 결과 등에 비추어 성년후견 개시의 요건을 충족하고 본인도 성년후견의 개시를 희망한다면 법원이 성년후견을 개시할 수 있고, 성년후견 개시를 청구하고 있더라도 필요하다면 한정후견을 개시할 수 있다고 보아야 한다[대법원 2021. 6. 10. 선고 2020스596 판결].

2) 피특정후견제도

> **제14조의2 【특정후견의 심판】** ① 가정법원은 질병, 장애, 노령, 그 밖의 사유로 인한 정신적 제약으로 일시적 후원 또는 특정한 사무에 관한 후원이 필요한 사람에 대하여 본인, 배우자, 4촌 이내의 친족, 미성년후견인, 미성년후견감독인, 검사 또는 지방자치단체의 장의 청구에 의하여 특정후견의 심판을 한다.
> ② 특정후견은 본인의 의사에 반하여 할 수 없다.
> ③ 특정후견의 심판을 하는 경우에는 특정후견의 기간 또는 사무의 범위를 정하여야 한다.
>
> **제14조의3 【심판 사이의 관계】** ① 가정법원이 피한정후견인 또는 피특정후견인에 대하여 성년후견개시의 심판을 할 때에는 종전의 한정후견 또는 특정후견의 종료 심판을 한다.
> ② 가정법원이 피성년후견인 또는 피특정후견인에 대하여 한정후견개시의 심판을 할 때에는 종전의 성년후견 또는 특정후견의 종료 심판을 한다.

- 견해대립은 있으나 피특정후견인은 제한능력자는 아님. 따라서 제한능력자의 행위에 관한 취소 규정이 별도로 없음
- 특정후견이 진행 중 성년후견, 한정후견 개시를 하는 경우에는 특정후견 종료심판을 하지만, 그렇지 않을 경우에는 특정 사무 종료, 기간 종료로 당연히 특정후견이 종료되므로 별도 종료 심판을 하지는 않음

다. 제한능력자 상대방 보호 제도

1) 법정추인제도, 취소권의 단기소멸

> **제145조 【법정추인】** 취소할 수 있는 법률행위에 관하여 전조의 규정에 의하여 추인할 수 있는 후에 다음 각 호의 사유가 있으면 추인한 것으로 본다. 그러나 이의를 보류한 때에는 그러하지 아니하다.
> 1. 전부나 일부의 이행
> 2. 이행의 청구
> 3. 경개
> 4. 담보의 제공
> 5. 취소할 수 있는 행위로 취득한 권리의 전부나 일부의 양도
> 6. 강제집행
>
> **제146조 【취소권의 소멸】** 취소권은 추인할 수 있는 날로부터 3년내에 법률행위를 한 날로부터 10년내에 행사하여야 한다.

2) 상대방의 최고권

> **제15조 【제한능력자의 상대방의 확답을 촉구할 권리】** ① 제한능력자의 상대방은 제한능력자가 능력자가 된 후에 그에게 **1개월 이상**의 기간을 정하여 그 취소할 수 있는 행위를 추인할 것인지 여부의 확답을 촉구할 수 있다. 능력자로 된 사람이 **그 기간 내에 확답을 발송하지 아니하면 그 행위를 추인한 것으로 본다.**
> 《주의》 이때 발신주의라는 것은 확답이고, 최고에 대한 적극적 의사표시인 추인이나 승낙 등은 의사표시이므로 일반원칙에 따라 도달주의이다.
> ② 제한능력자가 아직 능력자가 되지 못한 경우에는 그의 법정대리인에게 제1항의 촉구를 할 수 있고, 법정대리인이 그 정하여진 기간 내에 확답을 발송하지 아니한 경우에는 그 행위를 추인한 것으로 본다.
> ③ 특별한 절차가 필요한 행위는 그 정하여진 기간 내에 그 절차를 밟은 확답을 발송하지 아니하면 취소한 것으로 본다.

- 상대방이 제한능력자측에 대하여 취소할 수 있는 행위를 취소하겠느냐 혹은 추인하겠느냐의 확답을 촉구하는 것
- 상대방에게 물어보는 것이므로 선, 악 불문 최고권은 행사 가능

- 추인의 확답을 하기 위해서는 추인할 수 있는 능력자(또는 법정대리인)에게만 행사 가능(제한능력자에 대한 최고는 효력×)
- 선, 악 불문. 능력자(또는 법정대리인)에게만 가능
- 능력자로 된 사람이 그 기간 내에 확답을 발송하지 아니하면 그 행위를 추인한 것으로 본다(발신주의). 단, 특별한 절차가 필요한 행위는 그 정하여진 기간 내에 그 절차를 밟은 확답을 발송하지 아니하면 취소한 것으로 본다. 최고의 법적 성질은 법률의 규정에 의하여 일정한 효과가 발생하는 의사의 통지로서의 준법률행위이다.

3) 상대방의 철회권과 거절권

> 제16조【제한능력자의 상대방의 철회권과 거절권】① 제한능력자가 맺은 계약은 추인이 있을 때까지 상대방이 그 의사표시를 철회할 수 있다. 다만, 상대방이 계약 당시에 제한능력자임을 알았을 경우에는 그러하지 아니하다.
> ② 제한능력자의 단독행위는 추인이 있을 때까지 상대방이 거절할 수 있다.
> ③ 제1항의 철회나 제2항의 거절의 의사표시는 제한능력자에게도 할 수 있다.

- 철회권(계약): 제한능력자임을 모르고 법률행위를 한 선의자만 철회가 가능하다. 추인 여부를 묻는 것이 아니므로 무능력자에게도 행사 가능하다.
- 거절권(단독행위): 선, 악 불문(단독행위는 제한능력자의 의사표시만 있고 상대방은 이를 수령하는 데 지나지 않으므로 악의의 상대방도 거절 가능). 제한능력자에게도(결국, 거절권의 범위가 가장 넓다)

4) 사술에 의한 취소권의 배제

> 제17조【제한능력자의 속임수】① 제한능력자가 속임수로써 자기를 능력자로 믿게 한 경우에는 그 행위를 취소할 수 없다.
> ② 미성년자나 피한정후견인이 속임수로써 법정대리인의 동의가 있는 것으로 믿게 한 경우에도 제1항과 같다.

- 제17조는 속임수를 쓴 제한능력자를 보호할 필요가 없으므로 속임수를 쓴 제한능력자측의 취소권을 배제하는 규정으로, 상대방이 처음에 의도한 대로 법률효과를 발생케 하여 거래안전을 도모하고 있다.
- 적극적 사술이어야 한다(예 주민등록증 위조).
- 피성년후견인은 후견인의 동의가 있어도 단독으로 법률행위하지 못하므로, 피성년후견인이 동의를 받은 것처럼 속였다 하더라도 취소권이 배제되지 않음을 주의. 즉, 피성년후견인은 동의받은 것으로 속였어도 여전히 법률행위 취소 가능(제17조 3항에 미성년자와 피한정후견인만 규정된 이유)

> **판례 |** [대법원 1971. 12. 14. 선고, 71다2045 판결]
> [1] 미성년자와 계약을 체결한 상대방이 미성년자의 취소권을 배제하기 위하여 민법 제17조 소정의 미성년자가 사술을 썼다고 주장하는 때에는 그 주장자인 상대방 측에 그에 대한 입증책임이 있다.
> [2] 민법 제17조에 이른바 "무능력자가 사술로써 능력자로 믿게 한 때"에 있어서의 사술을 쓴 것이라 함은 적극적으로 사기수단을 쓴 것을 말하는 것이고 단순히 자기가 능력자라 사언함은 사술을 쓴 것이라고 할 수 없다.

4. 주소

> 제18조 【주소】 ① 생활의 근거되는 곳을 주소로 한다.
> ② 주소는 동시에 두 곳 이상 있을 수 있다.

가. 주소에 관한 우리나라 입법주의

1) 실질주의
생활의 실질적 관계에 기하여 주소를 정하는 주의. 우리 민법은 생활의 근거되는 곳을 주소로 규정함으로써 실질주의를 채택함

2) 객관주의
객관주의는 정주의 사실을 요건으로 주소를 결정하는 주의이고, 의사주의는 정주의 사실 외에도 정주의 의사도 필요로 하는 주의이다. 우리 민법에는 정주의 의사를 요하는 규정은 없어 객관주의라고 해석된다.

3) 복수주의
주소는 동시에 두 곳 이상 있을 수 있다고 규정함

나. 거소

> 제19조 【거소】 주소를 알 수 없으면 거소를 주소로 본다.
> 제20조 【거소】 국내에 주소 없는 자에 대하여는 국내에 있는 거소를 주소로 본다

- 주소를 알 수 없거나 국내에 주소가 없을 때 거소를 주소로 본다.
- 추정이 아니라 간주이다.
- 주소가 전혀 없는 경우도 포함한다.

다. 가주소: 특정거래에 한해서만이므로 그 거래 끝나면 종료(지속적 ×)

> 제21조 【가주소】 어느 행위에 있어서 가주소를 정한 때에는 그 행위에 관하여는 이를 주소로 본다.

라. 주소의 효과
- 민법상: 부재와 실종의 표준, 상속과 변제의 장소
- 기타 법률상: 어음행위 장소, 재판관할의 표준지, 민사소송법상의 부가기간, 일반 귀화와 국적회복의 요건

5. 부재와 실종

가. 부재와 실종제도의 취지 및 특징
- 거래의 안전을 보호하기 위한 제도가 아니다. 1차적으로는 이해관계인(상속인, 배우자 등)을 보호하고 2차적으로 부재자 등의 재산보호를 위한 제도이다.
- 부재자는 성질상 자연인에 한하며 법인에게는 부재자의 개념을 인정할 수 없다(대결 1965.2.9. 64스9).
- 선임, 청구, 취소 등은 언제나 가정법원의 판단과 선고가 있어야 하는 형식적인 것(즉, 실종자가 돌아온 것만으로는 실종선고가 무효가 되지 않고 가정법원의 실종선고 취소가 있어야 한다)
- 선임 등 청구에는 본인이 안 들어가지만, 취소 청구에는 본인이 들어간다.

나. 부재자의 재산관리

- 부재자란 종래의 주소나 거소를 떠나서 당분간 돌아올 가망이 없어서, 그의 재산이 관리되지 않고 방치된 상태에 있는 자를 말한다.

1) 재산관리에 관하여 필요한 처분

> **제22조【부재자의 재산의 관리】** ① 종래의 주소나 거소를 떠난 자가 <u>재산관리인을 정하지 아니한 때에는</u> 법원은 이해관계인이나 검사의 청구에 의하여 재산관리에 관하여 필요한 처분을 명하여야 한다. 본인의 부재 중 재산관리인의 권한이 소멸한 때에도 같다.
> ② 본인이 그 후에 재산관리인을 정한 때에는 법원은 본인, 재산관리인, 이해관계인 또는 검사의 청구에 의하여 전항의 명령을 취소하여야 한다.
>
> **제23조【관리인의 개임】** 부재자가 재산관리인을 정한 경우에 부재자의 생사가 분명하지 아니한 때에는 법원은 재산관리인, 이해관계인 또는 검사의 청구에 의하여 재산관리인을 개임할 수 있다.

가) 아래 세 가지 경우를 동일하게 취급한다(법원의 관여).

- 부재자가 선임한 재산관리인이 없는 경우(이것이 원칙적인 경우이지만 아래의 두 가지 경우에도 동일하게 규율)
- 부재자가 선임한 재산관리인이 있더라도 그 권한이 소멸 시
- 부재자가 선임한 재산관리인이 있더라도 부재자의 생사불명 시

2) 청구권자의 청구

- 이해관계인이 청구 가능. 이해관계인이란 부재자의 재산의 보존에 법률상 이해관계를 가지는 자로서 상속인, 배우자, 부양청구권을 갖는 친족, 채권자, 수유자, 연대채무자, 보증인 등이 이에 해당한다. 사실상의 이해관계인은 청구할 수 없다.
- 부재자 재산관리제도는 공익과도 관련이 있으므로 검사도 공익의 대표자로 청구권자에 포함된다.

3) 부재자 재산관리인

- 법원에 의해 선임된 재산관리인은 부재자 본인의 의사에 의하여 선임되는 것이 아니므로 일종의 법정대리인이며, 언제든지 사임할 수 있고 또 법원도 언제든지 개임할 수 있다.

가) 직무(권리와 의무)

> **제24조【관리인의 직무】** ① 법원이 선임한 재산관리인은 관리할 재산목록을 작성하여야 한다.
> ② 법원은 그 선임한 재산관리인에 대하여 부재자의 재산을 보존하기 위하여 필요한 처분을 명할 수 있다.
> ③ 부재자의 생사가 분명하지 아니한 경우에 이해관계인이나 검사의 청구가 있는 때에는 법원은 부재자가 정한 재산관리인에게 전2항의 처분을 명할 수 있다.
> ④ 전3항의 경우에 그 비용은 부재자의 재산으로써 지급한다.
>
> **제26조【관리인의 담보제공, 보수】** ① 법원은 그 선임한 재산관리인으로 하여금 재산의 관리 및 반환에 관하여 상당한 담보를 제공하게 할 수 있다.
> ② 법원은 그 선임한 재산관리인에 대하여 부재자의 재산으로 상당한 보수를 지급할 수 있다.
> ③ 전2항의 규정은 부재자의 생사가 분명하지 아니한 경우에 부재자가 정한 재산관리인에 준용한다.

- 재산관리인은 법정대리인이지만 성질상 위임과 유사한 의무를 부담한다. 따라서 재산관리인은 선량한 관리자의 주의로 직무를 처리하여야 하며(제681조), 부재자가 사망한 경우에도 일정기간까지는 그 직무를 수행해야 한다(제691조). 또한 관리할 재산의 목록작성(제24조 제1항), 가정법원에서 명하는 처분의수행(제24조 제2항), 담보의 제공(제26조 제1항) 등의 의무가 있다.
- 재산관리인은 보수청구권을 갖는다(제26조 제2항). 그리고 재산관리를 위하여 지출한 필요비와 그 이자의 반환 및 과실 없이 받은 손해의 배상 등을 청구할 수 있다(제688조, 제24조 제4항).

나) 부재자 재산관리인의 권한 범위

> **제25조【관리인의 권한】** 법원이 선임한 재산관리인이 제118조에 규정한 권한을 넘는 행위를 함에는 법원의 허가를 얻어야 한다. 부재자의 생사가 분명하지 아니한 경우에 부재자가 정한 재산관리인이 권한을 넘는 행위를 할 때에도 같다.

- 보존행위, 관리행위(이용행위, 개량행위)는 단독으로 자유롭게 할 수 있다.
- 처분행위는 가정법원의 허가를 얻어야 한다(처분행위 불가능이 아니다). 허가를 얻지 아니한 처분행위는 무효이다. 가정법원의 허가는 사전뿐만 아니라 사후에도 가능하다는 것이 판례(80다1872. 추인의 성격을 갖는다)
- 재산관리인은 선관주의의무가 있으므로 법원의 허가를 얻은 처분행위라 할지라도 부재자를 위하는 것이 아니라면 효력이 없다.

판례 | [77다1159, 75마551]

[1] 부재자 재산관리인은 법률에 규정된 자의 청구에 따라 법원에 의하여 선임되는 일종의 법정대리인으로서 법정위임관계에 있다고 할 것이므로, 선량한 관리자의 주의의무로서 재산 관리 등의 직무를 수행해야 하며, 그 관리행위는 부재자를 위하여 재산을 보존하거나 이용, 개량하는 범위에 한정된다고 할 것이고, 위 범위를 넘는 법원의 허가를 얻은 처분행위에 있어서도 그 행위는 부재자를 위한 범위에 한정된다고 할 것이다.

[2] 근저당권설정행위가 부재자에게는 아무런 이익이 없이 부재자와는 아무런 관계도 없는 자의 채무만을 담보하는 것인 경우에는, 부재자 재산관리인의 적법한 권한 내의 행위라고 할 수 없고, 또한 가사 채권자가 근저당권을 설정할 적법한 권이 있다고 믿었다 하더라도 거기에 과실이 없었다고 할 수 없으므로 그 근저당권설정행위는 무효이다.

판례 | 재산관리인이 법원의 허가를 얻지 않아도 되는 경우

1. 부재자의 소유이던 부동산에 관한 소유권이전등기의 말소등기청구나 그 토지의 인도청구는 보존행위에 불과한 것이므로 법원에 의하여 선임된 부재자재산관리인은 법원의 허가없이 이를 할 수 있다(64다108).

2. 부재자 재산관리인이 부재자를 위한 소송비용 때문에 피고로부터 돈을 차용하고, 그 돈을 임대보증금으로 하여 골프장을 하는 피고에게 본건 임야를 임대하는 행위는 성질을 변화시키지 않는 이용 또는 개량행위이다(79다2164).

3. 부재자의 권리 보전에 전적으로 이익이 되는 내용의 화해(62다582)

4. [1] 부재자 재산관리인의 부재자 소유 부동산에 대한 매매계약에 관하여 부재자 재산관리인이 권한을 초과하여서 체결한 것으로 법원의 허가를 받지 아니하여 무효라는 이유로 소유권이전등기절차의 이행 청구가 기각되어 확정되었다고 하더라도, 패소판결의 확정 후에 위 권한초과행위에 대하여 법원의 허가를 받게 되면 다시 위 매매계약에 기한 소유권이전등기청구의 소를 제기할 수 있다.

   [2] 법원의 선임에 의한 부재자 재산관리인이 권한을 초과하여서 체결한 부동산 매매계약에 관하여 허가신청절차를 이행할 것을 약정하는 것은 관리권한행위에 해당한다고 할 것이고, 이러한 약정을 이행하지 아니하는 경우 매수인으로서는 재산관리인을 상대로 하여 그 이행을 소구할 수 있다(2001다41971 판결).

5. 부재자 재산관리인이 매각을 허가받은 재산을 매도담보 또는 대물변제로 공하거나 이에 저당권을 설정함에는 다시 법원의 허가를 받을 필요가 없다(4289민상677).

다) 부재자 재산관리의 종료
- 보존행위 부재자가 그 후에 재산관리인을 둔 경우(제22조 제2항), 부재자의 사망이 확실하거나 실종선고가 있은 경우에는 법원은 본인 또는 재산관리인·이해관계인·검사의 청구에 의해 종전의 처분명령을 취소하여야 한다(제22조 제2항). 이 처분명령의 취소는 소급효가 없으므로 그 취소 전의 재산관리인이 행한 행위에는 영향이 없다.

> **판례 | 선임결정 취소가 있기 전까지 재산관리인의 행위는 유효함**
> 1. 법원에 의하여 일단 부재자의 재산관리인 선임결정이 있었던 이상, 가령 부재자가 그 이전에 사망하였음이 위 결정 후에 확실하여졌다 하더라도 법에 정하여진 절차에 의하여 결정이 취소되지 않는 한 선임된 부재자재산관리인의 권한이 당연히는 소멸되지 아니한다(69다719 판결, 형식적으로 판단한다는 의미, 반드시 법원에 의한 취소가 있어야).
> 2. 선임결정의 취소는 소급효가 없으므로 취소 전 재산관리인의 행위는 그대로 유효하다(72다1405).
> 3. 선임결정이 취소되기 전에 이 권한에 의해 이루어진 행위는 부재자에 대한 실종기간이 만료된 후에 이루어졌다 하더라도 유효하므로 재산상속인에게 그 효과가 미친다(80다2268).

다. 실종선고제도

1) 요건

가) 실질적 요건

> **제27조 【실종의 선고】** ① 부재자의 생사가 5년간 분명하지 아니한 때에는 법원은 이해관계인이나 검사의 청구에 의하여 실종선고를 하여야 한다.
> ② 전지에 임한 자, 침몰한 선박 중에 있던 자, 추락한 항공기 중에 있던 자 기타 사망의 원인이 될 위난을 당한 자의 생사가 전쟁종지 후 또는 선박의 침몰, 항공기의 추락 기타 위난이 종료한 후 1년간 분명하지 아니한 때에도 제1항과 같다.

- 부재자의 생사불명 상태: 생사불명이라 함은 생존의 증명도 사망의 증명도 할 수 없는 상태를 말한다. 따라서 가족관계등록부(구 호적)상 이미 사망한 것으로 기재되어 있는 자는 사망기재의 추정력을 뒤집을 수 있는 자료가 없는 한 그 생사가 불분명한 자라고 볼 수 없어 실종선고를 할 수 없다.
- 보통실종: 최후 소식 시로부터 5년
- 특별실종: 기간은 1년, 각 기산점은 전쟁의 종료 시, 선박 침몰 시, 항공기 추락 시, 위난 종료 시

> **판례 | [대법원 2011. 1. 31. 선고 2010스165 판결]**
> [1] 민법 제27조의 문언이나 규정의 체계 및 취지 등에 비추어, 그 제2항에서 정하는 "사망의 원인이 될 위난"이라고 함은 화재·홍수·지진·화산 폭발 등과 같이 일반적·객관적으로 사람의 생명에 명백한 위험을 야기하여 사망의 결과를 발생시킬 가능성이 현저히 높은 외부적 사태 또는 상황을 가리킨다.
> [2] 갑이 잠수장비를 착용한 채 바다에 입수하였다가 부상하지 아니한 채 행방불명되었다 하더라도, 이는 "사망의 원인이 될 위난"이라고 할 수 없다는 원심판단이 정당하다고 한 사례

- 실종선고를 내리기 전 공시최고의 절차 거쳐야 한다(가사소송규칙 제53조 이하). 6개월 이상 공고하여야 한다.

나) **형식적 요건**: 이해관계인이나 검사(공익의 대표자)의 청구에 따라 가정법원이 선고하여야 한다.
- 이해관계인은 법률상 이해관계인을 의미하고, 사실상 이해관계인은 포함되지 않는다(80스27).
- 배우자, 상속인, 채권자, 법정대리인, 재산관리인 등. 사실혼 배우자는 포함되지 않는다.
- 제1순위 상속인이 있는 경우 후순위상속권자는 포함되지 않는다(판례).

2) 실종선고의 효과

> **제28조【실종선고의 효과】** 실종선고를 받은 자는 전조의 기간이 만료한 때에 사망한 것으로 본다.

- 실종기간 만료 시 사망간주(사망한 것으로 본다). 간주규정이므로 실종선고는 가정법원의 형식적인 취소 선고가 있어야 취소된다(취소원인이 있다는 것만으로 당연히 취소되지는 않는다. 즉, 생존 기타의 반증을 들어서 선고의 효과를 다투지 못한다). 청구권자에 실종자 본인도 있다.

판례

실종선고를 받은 자는 실종기간이 만료한 때에 사망한 것으로 간주되는 것이므로, 실종선고로 인하여 실종기간 만료시를 기준으로 하여 상속이 개시된 이상 설사 이후 실종선고가 취소되어야 할 사유가 생겼다고 하더라도 실제로 실종선고가 취소되지 아니하는 한, 임의로 실종기간이 만료하여 사망한 때로 간주되는 시점과는 달리 사망시점을 정하여 이미 개시된 상속을 부정하고 이와 다른 상속관계를 인정할 수는 없다(94다21542).

- 종래 주소를 중심으로 하는 사법상 법률관계만을 종료시키고 그 범위에서만 권리능력을 상실하는 것이지 실종자의 완전한 권리능력 박탈이나, 공법상 권리의 종료의 효과는 없다. 따라서 "실종선고 받은 자가 생존해 있더라도 실종선고의 취소가 없다면 그에게는 권리능력이 없다.(×)"
- 실종선고가 있으면 사망 간주 시점까지 생존한 것으로 의제되고, 실종선고가 없으면 일응은 생존하고 있는 것으로 추정된다.
- 사망간주시기는 실종기간만료시이다.

판례 | [대법원 1992. 7. 14. 선고 92다2455 판결]

실종선고의 효력이 발생하기 전에는 실종기간이 만료된 실종자라 하여도 소송상 당사자능력을 상실하는 것은 아니므로 실종선고 확정 전에는 실종기간이 만료된 실종자를 상대로 하여 제기된 소도 적법하고 실종자를 당사자로 하여 선고된 판결도 유효하며 그 판결이 확정되면 기판력도 발생한다고 할 것이고, 이처럼 판결이 유효하게 확정되어 기판력이 발생한 경우에는 그 판결이 해제조건부로 선고되었다는 등의 특별한 사정이 없는 한 그 효력이 유지되어 당사자로서는 그 판결이 재심이나 추완항소 등에 의하여 취소되지 않는 한 그 기판력에 반하는 주장을 할 수 없는 것이 원칙이라 할 것이며, 비록 실종자를 당사자로 한 판결이 확정된 후에 실종선고가 확정되어 그 사망간주의 시점이 소 제기 전으로 소급하는 경우에도 위 판결 자체가 소급하여 당사자능력이 없는 사망한 사람을 상대로 한 판결로서 무효가 된다고는 볼 수 없다.

3) 실종선고의 취소

> **제29조【실종선고의 취소】** ① 실종자의 생존한 사실 또는 전조의 규정과 상이한 때에 사망한 사실의 증명이 있으면 법원은 본인, 이해관계인 또는 검사의 청구에 의하여 실종선고를 취소하여야 한다. 그러나 실종선고후 그 취소전에 선의로 한 행위의 효력에 영향을 미치지 아니한다.
> ② 실종선고의 취소가 있을 때에 실종의 선고를 직접원인으로 하여 재산을 취득한 자가 선의인 경우에는 그 받은 이익이 현존하는 한도에서 반환할 의무가 있고 악의인 경우에는 그 받은 이익에 이자를 붙여서 반환하고 손해가 있으면 이를 배상하여야 한다.

가) 핵심 정리

- 실종선고 취소의 효과는 소급효가 있는 것이 원칙이다(부재자 재산관리 취소와 다르다). 단, 실종선고 취소는 실종선고 후 그 취소 전에 선의로 한 행위에는 영향을 미치지 아니한다(제29조 제1항 단서).
- 그러나 실종선고를 직접 원인으로 재산을 취득한 자는 선·악의에 관계없이 언제나 반환의무가 있으며, 그의 선·악의는 반환의 범위만을 결정한다(제29조 제2항). 이는 부당이득반환(법률상 원인인 상속이 없어졌으므로)의 문제로서 동조는 부당이득반환에 관한 제748조에 대한 특별규정이다.
- 실종선고가 있기 전의 행위는 실종으로 간주되는 시점(실종기간 만료 시) 이후에 한 선의행위라 할지라도 언제나 실종선고 취소의 소급효를 받는다. 즉, 제29조 제1항 단서에 의하여 보호받지 못한다.
- 권리를 취득한 자에게 표현대리, 선의취득, 취득시효, 첨부 등의 사유가 있다면 실종선고 취소와 무관하게 (취소에 영향을 받지 않고) 권리를 취득할 수 있다.
- 실종 선고 시는 생사 확인을 위해 공시최고절차 거치나, 실종선고를 취소하는 경우 공시최고 거칠 필요 없음. 취소요건 구비되면 법원은 반드시 취소해야 한다.

나) 실종선고 취소의 구체적 효과

(1) 원칙: 처음부터 실종선고가 없었던 것으로 되어, 실종선고로 인해 생긴 법률관계는 소급적으로 무효가 된다. 그 구체적인 효과는 취소 사유에 따라 차이가 있다.
- 실종자의 생존을 이유로 취소된 경우에는 그의 재산관계와 신분관계가 선고 전의 상태로 회복된다(상속은 개시되지 않은 것으로 되어 상속재산의 소유권이 원칙상 실종자에게 당연히 복귀되고 혼인관계는 존속하는 것으로 된다).
- 실종기간이 만료된 때와 다른 때에 사망한 것으로 밝혀져 취소된 경우에는, 그 밝혀진 실제 사망일을 기준으로 사망의 효과가 발생하게 되어 상속인들이 달라지게 될 수가 있다.
- 실종기간의 기산점 이후의 어떤 시기에 생존하고 있었음을 원인으로 취소된 경우에는, 역시 실종선고 전의 법률관계로 돌아간다. 다만, 그 후 다시 실종선고를 청구하여 실종선고를 할 수 있고 그렇게 되면 그 새로운 실종기간 만료 시를 기준으로 사망에 따른 효과가 발생한다.

(2) 예외: 소급효를 관철할 경우 실종선고를 신뢰한 자들이 불측의 손해를 입을 염려가 있으므로 민법은 예외를 인정한다(단, 실종선고 전의 행위에 대해서는 적용이 없다는 점을 주의).
  ① 제29조 제1항의 선의자의 범위: 실종선고 후 그 취소 전에 선의로 한 행위에는 실종선고 취소가 영향을 미치지 않는 것으로 규정하고 있어(제29조 제1항 단서) 종전의 법률관계는 회복되지 않는다.
  - 재산상 계약의 경우
    - 쌍방선의설: 양 당사자가 모두 선의인 경우에만 계약이 유효해 실종선고 취소가 영향이 미치지 않는다(다수설)

- 가족법상 문제: 잔존배우자가 재혼한 경우 전혼과 후혼의 관계
  - 쌍방선의설: 제29조 제1항 단서의 행위에는 신분행위도 포함된다는 것을 전제로, 당사자 쌍방이 선의인 경우에만 보호받는다는 것이 통설이다. 따라서 후혼의 당사자 쌍방이 선의이면 전혼은 부활하지 않고 후혼만 완전히 유효한 것으로 남게 되나, 일방 또는 쌍방이 악의이면 전혼이 부활해서 후혼은 중혼이 되어 혼인에 취소사유가 있게 되고 전혼에는 이혼사유가 있게 된다.

② 제29조 제1항 실종선고 후 직접 재산을 취득한 자의 반환의무(제29조 제2항)
- 실종선고를 직접원인으로 하여 재산을 취득한 자(예 상속인, 수증자, 생명보험수익자)는 선·악의를 불문하고 반환할 의무가 있고, 다만 선의인 경우에는 이익이 현존하는 한도에서 반환할 의무가 있고, 악의인 경우에는 그 받은 이익에 이자를 붙여서 반환하고 손해가 있으면 이를 배상하여야 한다.

제2절 권리의 주체(2) – 법인

1. 민법상 법인

가. 민법상 법인

민법상 법인은 비영리법인임. 영리법인은 상법으로 규율된다.

나. 비영리 사단법인, 재단법인

- 사단법인: 일정한 공동목적의 달성을 위하여 결합한 단체(영리사단법인에는 민사회사와 상사회사가 있고 이에는 상법이 적용된다)
- 재단법인: 설립자가 일정한 목적을 달성하기 위해 출연한 재산(재단법인은 언제나 비영리재단법인밖에 없다)

2. 법인의 성립

가. 법인성립 일반

> 제31조 【법인성립의 준칙】 법인은 법률의 규정에 의함이 아니면 성립하지 못한다.
> 제32조 【비영리법인의 설립과 허가】 학술, 종교, 자신, 기예, 사교 기타 영리 아닌 사업을 목적으로 하는 사단 또는 재단은 주무관청의 허가를 얻어 이를 법인으로 할 수 있다.
> 제33조 【법인설립의 등기】 법인은 그 주된 사무소의 소재지에서 설립등기를 함으로써 성립한다.
> 제36조 【법인의 주소】 법인의 주소는 그 주된 사무소의 소재지에 있는 것으로 한다.

- 법인이 성립되면 사난 또는 재난에 법인격이 부여됨(단체구성원과 독립하여 단체 자체가 권리 주체, 법률관계 간편, 책임의 분리)
- 법정주의(제31조), 허가주의(제32조)

나. 비영리 사단법인의 설립

1) 목적의 비영리성
- 학술, 종교, 자선, 기예, 사교 기타 영리 아닌 사업을 목적으로 하는 사단이어야 한다.
- 목적달성을 위한 부수적인 영리행위는 허용된다.

2) 설립행위-정관작성(2인 이상의 설립자가 작성하고 기명날인)

　가) 사단법인 설립행위의 법적 성질
- 합동행위설(多)과 단체적 성질을 갖는 계약설(少)이 대립하고 있다.
- 합동행위설을 취하는 실익은 설립행위에 통정허위표시 규정(제108조)과 자기계약 쌍방대리금지 규정(제124조)의 적용을 배제시킨다는 점
- 사단법인의 설립행위는 서면으로 정관을 작성하여야 하는 요식행위이다.

　나) 필요적 기재사항(제40조)
- 재단법인과 공통인 것: 목적, 명칭, 사무소의 소재지, 자산에 관한 규정, 이사의 임면규정
- 사단법인에만 있는 것: 사원자격의 득실에 관한 규정, 존립시기나 해산사유를 정한 때 그 시기나 사유

> **판례** | 사단법인의 정관의 법적 성질(=자치법규) 및 정관의 규범적인 의미 내용과는 다른 해석이 사원총회의 결의에 의하여 표명된 경우, 그 결의에 의한 해석이 구속력을 갖는지 여부(소극)
>
> 사단법인의 정관은 이를 작성한 사원뿐만 아니라 그 후에 가입한 사원이나 사단법인의 기관 등도 구속하는 점에 비추어 보면 그 법적 성질은 계약이 아니라 자치법규로 보는 것이 타당하므로, 이는 어디까지나 객관적인 기준에 따라 그 규범적인 의미 내용을 확정하는 법규해석의 방법으로 해석되어야 하는 것이지, 작성자의 주관이나 해석 당시의 사원의 다수결에 의한 방법으로 자의적으로 해석될 수는 없다 할 것이어서, 어느 시점의 사단법인의 사원들이 정관의 규범적인 의미 내용과 다른 해석을 사원총회의 결의라는 방법으로 표명하였다 하더라도 그 결의에 의한 해석은 그 사단법인의 구성원인 사원들이나 법원을 구속하는 효력이 없다(99다12437).

3) 주무관청의 허가와 설립등기
- 비영리법인의 특징으로서 주무관청의 허가가 필요하고 주무관청은 사후에 허가를 취소하여 법인을 소멸시킬 수 있다. 이러한 허가 취소는 소급효가 없다.

> **제49조【법인의 등기사항】** ① 법인설립의 허가가 있는 때에는 3주간 내에 주된 사무소 소재지에서 설립등기를 하여야 한다.
> ② 전항의 등기사항은 다음과 같다.
> 1. 목적
> 2. 명칭
> 3. 사무소
> 4. 설립허가의 연월일
> 5. 존립시기나 해산사유를 정한 때에는 그 시기 또는 사유
> 6. 자산의 총액
> 7. 출자의 방법을 정한 때에는 그 방법
> 8. 이사의 성명, 주소
> 9. 이사의 대표권을 제한한 때에는 그 제한
>
> **제54조【설립등기 이외의 등기의 효력과 등기사항의 공고】** ① 설립등기 이외의 본절의 등기사항은 그 등기 후가 아니면 제3자에게 대항하지 못한다.
> ② 등기한 사항은 법원이 지체 없이 공고하여야 한다.

- 법인의 기타 등기는 대부분 대항요건인데, 설립등기는 법인의 성립요건으로 법인에서 유일한 창설적 등기(제33조, 성립요건으로서의 등기)
- 법인의 설립등기사항에 변경이 있는 때에 하는 변경등기는 효력발생요건이 아니고 제3자에 대한 대항요건이다(대판 1967.2.21. 66다1347). 따라서 퇴임한 이사에 관한 등기가 말소되지 않은 경우에도 퇴임의 효력이 발생하나, 법인은 그 이사가 종전의 직무에 관하여 한 행위의 무효를 제3자에게 대항할 수는 없게 된다.

다. 비영리 재단법인의 설립

1) 목적의 비영리성
재단법인은 비영리법인만 인정된다.

2) 설립행위: 재산출연 + 정관작성

가) 필요적 기재사항(제43조)
- 목적, 명칭, 사무소의 소재지, 자산에 관한 규정, 이사의 임면규정

나) 재단법인의 정관보충(제44조)

> **제44조【재단법인의 정관의 보충】** 재단법인의 설립자가 그 명칭, 사무소 소재지 또는 이사 임면의 방법을 정하지 아니하고 사망한 때에는 이해관계인 또는 검사의 청구에 의하여 법원이 이를 정한다.

- 설립자가 필요적 기재사항 중 목적과 자산만 정하고 나머지는 정하지 아니한 채 사망한 때 인정되는 제도(목적과 자산은 정해진 상태이어야 한다)
- 사단법인에는 없는 제도
- 이해관계인과 검사의 청구에 의하여 '법원'이 나머지 사항 정해 법인을 성립시킨다.

다) 증여 및 유증에 관한 규정 준용(제47조)

> **제47조【증여, 유증에 관한 규정의 준용】** ① 생전처분으로 재단법인을 설립하는 때에는 증여에 관한 규정을 준용한다.
> ② 유언으로 재단법인을 설립하는 때에는 유증에 관한 규정을 준용한다.

- 생전처분으로 재단법인 설립하는 경우는 증여에 관한 규정을, 유언으로 재단법인 설립 시에는 유증에 관한 규정 준용

> **⚖ 판례 | [대법원 1999. 7. 9. 선고 98다9045 판결]**
>
> [1] 민법 제47조 제1항에 의하여 생전처분으로 재단법인을 설립하는 때에 준용되는 민법 제555조는 "증여의 의사가 서면으로 표시되지 아니한 경우에는 각 당사자는 이를 해제할 수 있다."고 함으로써 서면에 의한 증여(출연)의 해제를 제한하고 있으나, 그 해제는 민법 총칙상의 취소와는 요건과 효과가 다르므로 서면에 의한 출연이더라도 민법 총칙규정에 따라 출연자가 착오에 기한 의사표시라는 이유로 출연의 의사표시를 취소할 수 있고, 상대방 없는 단독행위인 재단법인에 대한 출연행위라고 하여 달리 볼 것은 아니다.
>
> [2] 재단법인에 대한 출연자와 법인과의 관계에 있어서 그 출연행위에 터잡아 법인이 성립되면 그로써 출연재산은 민법 제48조에 의하여 법인 성립시에 법인에게 귀속되어 법인의 재산이 되는 것이고, 출연재산이 부동산인 경우에 있어서도 위 양당사자 간의 관계에 있어서는 법인의 성립 외에 등기를 필요로 하는 것은 아니라 할지라도, 재단법인의 출연자가 착오를 원인으로 취소를 한 경우에는 출연자는 재단법인의 성립 여부나 출연된 재산의 기본재산인 여부와 관계없이 그 의사표시를 취소할 수 있다.

3) 재단법인 출연재산의 귀속시기

> **제48조 【출연재산의 귀속시기】** ① 생전처분으로 재단법인을 설립하는 때에는 출연재산은 법인이 성립된 때로부터 법인의 재산이 된다.
> ② 유언으로 재단법인을 설립하는 때에는 출연재산은 유언의 효력이 발생한 때로부터 법인에 귀속한 것으로 본다.
> **제186조 【부동산물권변동의 효력】** 부동산에 관한 법률행위로 인한 물권의 득실변경은 등기하여야 그 효력이 생긴다.

가) 쟁점

우리 민법은 법률행위로 인한 물권변동은 공시방법(등기 등)이 갖추어졌을 때 효력이 생기는 성립요건주의를 취하고 있는데, 제48조가 이와 충돌하므로 부동산 등을 출연한 경우 소유권 등 제48조가 우선적용되는지, 제186조 등 원칙이 적용되는지가 문제됨

나) 학설

(1) 제48조 적용설(다수설)
- 제48조가 정한 시기에 권리귀속이 된다는 견해, 법인보호 우선
- 제48조는 제187조의 '기타 법률의 규정'에 해당

(2) 제186조 적용설(소수설)
- 각 권리변동의 원칙대로 공시방법 등을 갖춘 때 권리 귀속된다는 견해
- 거래의 안전 우선, 제48조는 '기타 법률의 규정'이 아니다.
- 부동산은 등기 시, 동산은 인도 시, 지시채권은 배서·교부 시(제508조), 무기명채권은 교부 시(제523조)(지명채권은 공시가 성립요건 아니므로 견해대립 없이 제48조에 따라 귀속시기 정해짐)

다) 판례

대내관계(제3자 없는 경우)에서는 제48조가 정한 시기에 법인에 권리가 귀속되나, 제3자가 있는 경우, 즉 대외관계에서는 제3자에 대한 대항요건으로 등기나 인도 등이 필요하다는 입장임. 즉, 등기 등 공시방법을 갖춘 쪽이 권리취득

> **판례 | 재단법인의 설립에 있어서 출연재산의 귀속시기**
>
> 재단법인의 설립함에 있어서 출연재산은 그 법인이 설립된 때로부터 법인에 귀속된다는 민법 제48조의 규정은 출연자와 법인과의 관계를 상대적으로 결정하는 기준에 불과하여 출연재산이 부동산인 경우에도 <u>출연자와 법인 사이에는 법인의 성립 외에 등기를 필요로 하는 것은 아니지만, 제3자에 대한 관계에 있어서</u>, 출연행위는 법률행위이므로 출연재산의 법인에의 귀속에는 부동산의 권리에 관한 것일 경우 <u>등기를 필요로 한다</u>[대법원 1979. 12. 11. 선고 78다481 전원합의체 판결].

3. 법인의 능력

> 제34조【법인의 권리능력】법인은 법률의 규정에 좇아 정관으로 정한 목적의 범위 내에서 권리와 의무의 주체가 된다.

가. 권리능력

법인은 법률의 규정과 정관으로 정한 목적 범위 내에서 권리와 의무의 주체가 된다. 그러나 법률상, 성질상, 정관 등에 의한 제한이 있다.

1) 법률에 의한 제한
- 일반적으로 제한하는 법률은 없고 특별법 규정 있는 경우 이로써는 제한 가능
- 민법상 제한: 민법 제81조(청산법인은 청산사무에만 권리능력이 있다는 것)

2) 성질상 제한
- 생명권, 친권, 부양청구권, 상속권 등 성질상 자연인에게만 인정되는 것은 법인에게는 인정되지 않음
- 단, 명예권, 성명권, 유증을 받을 수 있는 지위 등은 인정된다. 특히 명예권은 법인뿐 아니라 권리능력 없는 사단, 재단 등에게도 당연히 인정되고, 이를 침해하였을 경우 불법행위에 기한 손해배상청구(명예회복에 적당한 처분 등도 적용)나 방해배제청구 등을 할 수 있다는 것이 판례의 태도

3) 정관에 의한 제한: 정관에서 정한 목적범위 내
- 목적달성에 필요한 범위 내라는 견해와 목적에 위반하지 않는 범위 내라는 견해가 대립
- 판례는 목적달성에 필요한 범위 내라고 판시하나, 직접적인 필요에 한정하지 않고 간접적으로 필요한 행위도 포함하며, 필요한지 여부도 객관적 성질에 따라 추상적으로 판단해야 한다고 하여 범위를 넓히고 있다.

> **판례**
> 1. 회사의 권리능력은 회사의 설립근거가 된 법률과 회사의 정관상의 목적에 의하여 제한되나 그 목적범위 내의 행위라 함은 정관에 명시된 목적 자체에 국한되는 것이 아니라 그 목적을 수행하는 데 있어 직접, 간접으로 필요한 행위는 모두 포함되고 목적수행에 필요한지의 여부는 행위의 객관적 성질에 따라 판단할 것이고 행위자의 주관적, 구체적 의사에 따라 판단할 것은 아니다(86다카1384).
> 2. 민법 제34조는 비법인사단에 유추적용된다(2006다2109).

나. 법인의 행위능력

민법은 법인의 행위능력에 대하여 명문의 규정을 두고 있지 않으나 권리능력의 범위 내에서 행위능력을 갖는다. 대표기관의 행위가 법인의 행위로 인정된다.

다. 법인의 불법행위 능력

> 제35조【법인의 불법행위능력】① 법인은 이사 기타 대표자가 **그 직무에 관하여** 타인에게 가한 손해를 배상할 책임이 있다. 이사 기타 대표자는 이로 인하여 자기의 손해배상책임을 면하지 못한다.
> ② 법인의 목적범위외의 행위로 인하여 타인에게 손해를 가한 때에는 그 사항의 의결에 찬성하거나 그 의결을 집행한 사원, 이사 및 기타 대표자가 연대하여 배상하여야 한다.

1) 법인의 불법행위 성립요건

가) 대표기관의 행위일 것
- 이사, 임시이사, 특별대리인, 청산인은 대표기관이다.
- 감사, 이사회, 총회, 지배인, 이사의 임의대리인(通) 등은 대표기관이 아니므로, 이들의 불법행위에 관해서는 법인이 제756조 사용자배상책임[7]을 질 수 있을 뿐이다(사용자배상책임에 있어서는 제35조 책임과는 달리 법인에게 면책가능성이 있다는 점이 실익).

> **⚖️ 판례**
>
> 1. 대표권이 없는 이사의 행위에 대하여도 법인의 불법행위책임이 성립하는지 여부(소극)
>   민법 제35조에서 말하는 '이사 기타 대표자'는 법인의 대표기관을 의미하는 것이고 대표권이 없는 이사는 법인의 기관이기는 하지만 대표기관은 아니기 때문에 그들의 행위로 인하여 법인의 불법행위가 성립하지 않는다(2003다30159).
> 2. 민법 제35조 제1항에서 정한 '법인의 대표자'에 당해 법인을 실질적으로 운영하면서 법인을 사실상 대표하여 법인의 사무를 집행하는 사람도 포함되는지 여부(적극) 및 그러한 사람에 해당하는지 여부의 판단 기준
>   [1] 여기서 '법인의 대표자'에는 그 명칭이나 직위 여하, 또는 대표자로 등기되었는지 여부를 불문하고 당해 법인을 실질적으로 운영하면서 법인을 사실상 대표하여 법인의 사무를 집행하는 사람을 포함한다고 해석함이 상당하다. 구체적인 사안에서 이러한 사람에 해당하는지는 법인과의 관계에서 그 지위와 역할, 법인의 사무 집행 절차와 방법, 대내적·대외적 명칭을 비롯하여 법인 내부자와 거래 상대방에게 법인의 대표행위로 인식되는지 여부, 공부상 대표자와의 관계 및 공부상 대표자가 법인의 사무를 집행하는지 여부 등 제반 사정을 종합적으로 고려하여 판단하여야 한다. 그리고 이러한 법리는 주택조합과 같은 비법인사단에도 마찬가지로 적용된다.
>   [2] 甲 주택조합의 대표자가 乙에게 대표자의 모든 권한을 포괄적으로 위임하여 乙이 그 조합의 사무를 집행하던 중 불법행위로 타인에게 손해를 발생시킨 데 대하여 불법행위 피해자가 甲 주택조합을 상대로 민법 제35조에서 정한 법인의 불법행위책임에 따른 손해배상청구를 한 사안에서, 甲 주택조합의 등기부상 대표자는 조합 설립 시부터 乙에게 대표자로서의 모든 권한을 일임하여 乙이 조합의 도장, 대표자의 신분증 등을 소지하면서 조합 대표자로서 사무를 집행한 점, 甲 주택조합의 등기부상 대표자는 乙로부터 월급을 받는 직원에 지나지 아니하여 乙의 사무집행에 관여할 지위에 있지 않았고, 실제로도 일절 대표자로서의 사무를 집행하지 않은 점 등 여러 사정에 비추어 볼 때, 乙은 甲 주택조합을 실질적으로 운영하면서 법인을 사실상 대표하여 법인의 사무를 집행하는 사람으로서 민법 제35조에서 정한 '대표자'에 해당한다(2008다15438).
> 3. 법인에 있어서 그 대표자가 직무에 관하여 불법행위를 한 경우에는 민법 제35조 제1항에 의하여, 법인의 피용자가 사무집행에 관하여 불법행위를 한 경우에는 민법 제756조 제1항에 의하여 각기 손해배상책임을 부담한다(2009다57033).

---

[7] 제756조【사용자의 배상책임】① 타인을 사용하여 어느 사무에 종사하게 한 자는 피용자가 그 사무집행에 관하여 제삼자에게 가한 손해를 배상할 책임이 있다. 그러나 사용자가 피용자의 선임 및 그 사무감독에 상당한 주의를 한 때 또는 상당한 주의를 하여도 손해가 있을 경우에는 그러하지 아니하다.

나) 직무상 행위일 것
- 외형이론에 따라서 판단됨: 행위의 외형상 대표기관의 직무행위라고 인정할 수 있는 것이면 족하다는 것으로서, 사용자배상책임의 경우와 동일하게 보면 무난함. 따라서 사용자배상책임에 관한 판례법리인 '상대방이 피용자의 행위가 직무관련성이 없다는 점에 대하여 알았거나(고의) 중대한 과실로 알지 못하였다면(중과실) 외형이론이 적용될 수 없다'는 것 역시 제35조 책임에서도 동일하게 적용된다.
- 외형이론의 적용범위가 중요: 특히 대표기관의 주관적 의사는 불문한다는 것과 대표기관의 행위가 법령에 위배되더라도 제35조 책임이 긍정된다는 판례가 중요. 대표권 초과행위, 대표권 남용행위를 불문하고 외형이론에 포섭되므로 제35조 책임이 인정된다.

> **판례**
>
> 1. 법인의 불법행위책임에 관한 민법 제35조 제1항 소정의 '직무에 관하여'의 의미
>   법인이 그 대표자의 불법행위로 인하여 손해배상의무를 지는 것은 그 대표자의 직무에 관한 행위로 인하여 손해가 발생한 것임을 요한다 할 것이나, 그 직무에 관한 것이라는 의미는 행위의 외형상 법인의 대표자의 직무행위라고 인정할 수 있는 것이라면 설사 그것이 대표자 개인의 사리를 도모하기 위한 것이었거나 혹은 법령의 규정에 위배된 것이었다 하더라도 위의 직무에 관한 행위에 해당한다고 보아야 한다(2003다15280).
>
> 2. 대표자의 행위가 직무에 관한 행위에 해당하지 아니함을 피해자가 알았거나 또는 중대한 과실로 알지 못한 경우, 법인의 손해배상책임 유무(소극) 및 '중대한 과실'의 의미
>   법인의 대표자의 행위가 직무에 관한 행위에 해당하지 아니함을 피해자 자신이 알았거나 또는 중대한 과실로 인하여 알지 못한 경우에는 법인에게 손해배상책임을 물을 수 없다고 할 것이고, 여기서 중대한 과실이라 함은 거래의 상대방이 조금만 주의를 기울였더라면 대표자의 행위가 그 직무권한 내에서 적법하게 행하여진 것이 아니라는 사정을 알 수 있었음에도 만연히 이를 직무권한 내의 행위라고 믿음으로써 일반인에게 요구되는 주의의무에 현저히 위반하는 것으로 거의 고의에 가까운 정도의 주의를 결여하고, 공평의 관점에서 상대방을 구태여 보호할 필요가 없다고 봄이 상당하다고 인정되는 상태를 말한다(2003다34045).

다) 대표기관의 행위가 일반불법행위 요건 갖출 것
- 제750조의 일반불법행위 요건 갖추어야 함

> **판례** | 법인대표기관의 고의적인 불법행위에 대하여 피해자들에게 과실이 있는 경우, 과실상계법리의 적용 여부(적극)
>
> 신용금고의 대표이사가 고객들로부터 예탁금조로 교부받은 금원을 임의로 횡령한 경우에 있어 위 대표이사의 행위가 대표기관의 고의적인 불법행위라 하더라도 법인자체의 불법행위책임을 묻고 있는 피해자들에게 그 불법행위 내지 손해발생에 과실이 있다면 법원은 과실상계의 법리에 좇아 손해배상의 책임 및 그 금액을 정함에 있어 이를 참작하여야 한다[대법원 1987. 11. 24. 선고 86다카1834 판결].

2) 효과
　가) 제35조 제1항
　　• 제35조 제1항 책임은 법인 자신의 고유한 책임임
　　• 법인의 배상책임이 인정된다고 하여 대표기관이 자기의 손해배상책임을 면하지 못한다(제35조 제1항 후문).
　　• 대표기관과는 부진정연대책임
　　• 법인이 피해자에게 배상을 한 경우 법인은 대표기관에게 구상권을 행사할 수 있고, 그 구상권의 근거는 제61조, 제65조[8]이다.
　나) 제35조 제2항
　　• 법인에게 불법행위 책임이 귀속되지 않을 때만 성립한다.
　　• 의결을 집행한 사원, 이사 및 기타 대표자가 연대하여 배상할 책임이 있음

라. 대표기관의 행위에 대한 법인의 책임관계
1) 주의사항
　• 법인의 책임 문제를 검토할 때 법인의 계약상 책임과 불법행위 책임을 나누어서 이해할 필요가 있음
　• 표현대리의 법리는 법인의 계약상 책임의 범위를 확대시키고, 외형이론의 법리는 법인의 불법행위 책임의 범위를 확대시키는 기능을 한다.

2) 대표기관이 법인의 권리능력 밖의 행위를 한 경우
　• 법인의 권리능력은 법률에 의한 제한, 성질에 의한 제한, 목적에 의한 제한을 받는다. 법인의 권리능력의 범위를 초과하는 대표자의 행위는 어떠한 이유로도 법인의 행위가 되지 않는다.
　• 즉, 계약상 책임 영역에서 표현대리가 성립할 여지 없으며(권리 귀속을 받지 못하므로), 그것이 불법행위가 되더라도 원칙적으로 법인의 불법행위가 되지 않고 대표자 개인의 책임이 문제될 뿐이다(불법행위 책임에 있어서 논리적으로는 외형이론에 따라 책임이 귀속될 여지가 있다고도 볼 수는 있으나, 권리능력 범위를 벗어난 행위가 외형상이나마 직무관련성이 있다고 보기는 어렵다고 해야 할 것이다).

3) 대표권 남용의 경우
　• 대표기관이 법인의 권리능력 내에서, 대표권의 범위 내의 행위를 하였지만, 그것이 자기 또는 제3자의 사리를 도모하기 위한 것인 경우가 대표권 남용이다.
　• 대표권 범위 내의 행위이므로 원칙적으로 당연히 유효한 법인의 행위가 될 수 있고(계약상 책임), 제35조의 요건을 갖추면 법인의 불법행위가 성립할 수 있다(불법행위 책임).
　• 대표권 범위 내의 행위이므로 원칙적으로 당연히 유효한 법인의 행위가 될 수 있다(계약상 책임). 대표권 범위 내의 행위이므로 원칙적으로는 법인에게 효과가 귀속되지만, 상대방이 대표권 남용임을 알았거나 알 수 있는 등 보호의 필요성이 없을 때 법인이 계약상 책임을 지지 않는다. 견해대립이 있으나 판례는 아래 두 가지 논리 모두 존재한다고 알면 족함
　(1) 비진의표시설: 대표자의 진의가 사익의 도모에 있다는 것을 상대방이 알았거나 알 수 있었을 경우에는 제107조 제1항 단서를 유추하여 그 법률행위를 무효로 보는 견해
　(2) 권리남용설: 상대방이 악의이더라도 행위 자체는 유효하지만, 상대방이 대표권의 남용사실을 알고서도 취득한 권리를 행사하는 것은 신의칙에 반하거나 권리남용으로서 허용되지 않는다는 견해

---

[8] 제61조【이사의 주의의무】이사는 선량한 관리자의 주의로 그 직무를 행하여야 한다.
　제65조【이사의 임무해태】이사가 그 임무를 해태한 때에는 그 이사는 법인에 대하여 연대하여 손해배상의 책임이 있다.

(3) 판례: 주류는 비진의표시설이지만, 권리남용설의 입장을 보인 것도 있다.

> **판례**
>
> 1. 비진의표시설
>   대표이사가 회사의 권리능력 범위 내에서 대표권한을 초과하여 행한 행위의 제3자에 대한 효력 및 대표권의 범위 내에서 개인적인 이익을 위하여 그 권한을 남용한 행위의 효력
>   대표이사의 대표권한 범위를 벗어난 행위라 하더라도 그것이 회사의 권리능력의 범위 내에 속한 행위이기만 하면 대표권의 제한을 알지 못하는 제3자가 그 행위를 회사의 대표행위라고 믿은 신뢰는 보호되어야 하고, 대표이사가 대표권의 범위 내에서 한 행위는 설사 대표이사가 회사의 영리목적과 관계없이 자기 또는 제3자의 이익을 도모할 목적으로 그 권한을 남용한 것이라 할지라도 일단 회사의 행위로서 유효하고, 다만 그 행위의 상대방이 대표이사의 진의를 알았거나 알 수 있었을 때에는 회사에 대하여 무효가 되는 것이며, 이는 민법상 법인의 대표자가 대표권한을 남용한 경우에도 마찬가지이다(2003다34045).
> 2. 권리남용설
>   주식회사 대표이사의 대표권 남용행위가 회사의 행위로서 유효한지 여부(원칙적 적극) 및 이때 행위의 상대방이 악의인 경우, 회사는 신의칙을 근거로 행위의 효과를 부인할 수 있는지 여부(적극)
>   주식회사의 대표이사가 대표권의 범위 내에서 한 행위는 설사 대표이사가 회사의 영리 목적과 관계없이 자기 또는 제3자의 이익을 도모할 목적으로 권한을 남용한 것이라도 일응 회사의 행위로서 유효하다. 그러나 행위의 상대방이 그와 같은 정을 알았던 경우에는 그로 인하여 취득한 권리를 회사에 대하여 주장하는 것이 신의칙에 반하므로 회사는 상대방의 악의를 입증하여 행위의 효과를 부인할 수 있다(2016다222453).

4) 대표권의 제한에 반하여 한 대표행위(대표권의 유월)
- 대표기관이 법인의 권리능력 범위 내에서, 자신의 대표권의 범위를 초과한 행위를 한 경우
- 정관에 의한 이사의 대표권 제한을 초과(공동대표위반행위도 포함)하거나, 법령에 의하여 대표권이 제한되어 있는 경우(관청의 허가)에 이를 초과한 행위는 원칙적으로 법인에게 그 법률효과가 귀속될 수 없어 상대방이 법인에 대해 계약상 효력을 주장할 수 없다.
- 그러나 이러한 경우에도 제35조 불법행위 책임은 인정 가능하다.

> **판례**
>
> 학교법인을 대표하는 이사장이라 하더라도 이사회의 심의·결정을 거쳐야 하는 이와 같은 재산의 처분 등에 관하여는 법률상 그 권한이 제한되어 이사회의 심의·결정없이는 이를 대리하여 결정할 권한이 없는 것이라 할 것이므로 이사장이 한 학교법인의 기본재산 처분행위에 관하여는 민법 제126조의 표현대리에 관한 규정이 준용되지 아니한다(83다548).

4. 법인의 기관

가. 필요기관 · 상설기관

이사만 모든 법인의 필요상설기관[제57조 감사와 이사회는 민법상 필요기관도 상설기관도 아니다(단, 상법상 필요상설기관)]. 사원총회는 사단법인에 있어서만 필요기관이다(상설은 아니다).

나. 이사

> **제57조【이사】** 법인은 이사를 두어야 한다.
>
> **제59조【이사의 대표권】** ① 이사는 법인의 사무에 관하여 각자 법인을 대표한다. 그러나 정관에 규정한 취지에 위반할 수 없고, 특히 사단법인은 총회의 의결에 의하여야 한다.
> ② 법인의 대표에 관하여는 대리에 관한 규정을 준용한다.

1) 이사의 지위
- 이사는 정관에 임면 방법을 기재하여야 하고 성명과 주소는 등기사항이다.
- 법인은 이사가 될 수 없다. 단, 법인도 주주가 될 수는 있다.
- 이사와 법인 간의 관계에 대해서는 위임규정이 된다는 것이 판례의 태도이다(81다614. 따라서 제691조9)가 적용될 수 있어 임기가 만료된 이사라도 급박한 사정이 있다면 직무수행을 계속할 수 있다).

> **판례**
>
> 1. 민법상 법인과 그 기관인 이사와의 관계는 위임자와 수임자의 법률관계와 같은 것으로서 이사의 임기가 만료되면 일단 그 위임관계는 종료되는 것이 원칙이나, 그 후임이사 선임시까지 이사가 존재하지 않는다면 기관에 의하여 행위를 할 수밖에 없는 법인으로서는 당장 정상적인 활동을 중단하지 않을 수 없는 상태에 처하게 되고, 이는 민법 제691조에 규정된 급박한 사정이 있는 때와 같이 볼 수 있으므로 임기 만료된 이사라고 할지라도 그 임무를 수행함이 부적당하다고 인정할 만한 특별한 사정이 없는 한 이사의 직무를 계속 수행할 수 있다고 보는 것이다(81다614).
> 2. 법인과 이사의 법률관계는 신뢰를 기초로 한 위임 유사의 관계이므로, 이사는 민법 제689조 제1항이 규정한 바에 따라 언제든지 사임할 수 있고, 법인의 이사를 사임하는 행위는 상대방 있는 단독행위이므로 그 의사표시가 상대방에게 도달함과 동시에 그 효력을 발생하고, 그 의사표시가 효력을 발생한 후에는 마음대로 이를 철회할 수 없음이 원칙이다. 그러나 법인이 정관에서 이사의 사임절차나 사임의 의사표시의 효력발생시기 등에 관하여 특별한 규정을 둔 경우에는 그에 따라야 하는바, 위와 같은 경우에는 이사의 사임의 의사표시가 법인의 대표자에게 도달하였다고 하더라도 그와 같은 사정만으로 곧바로 사임의 효력이 발생하는 것은 아니고 정관에서 정한 바에 따라 사임의 효력이 발생하는 것이므로, 이사가 사임의 의사표시를 하였더라도 정관에 따라 사임의 효력이 발생하기 전에는 그 사임의사를 자유롭게 철회할 수 있다[대법원 2008. 9. 25. 선고 2007다17109 판결].
> 3. 법인의 이사는 법인에 대한 일방적인 사임의 의사표시에 의하여 법률관계를 종료시킬 수 있고, 그 의사표시는 수령권한 있는 기관에 도달됨으로써 바로 효력을 발생하는 것이며, 그 효력발생을 위하여 이사회의 결의나 관할 관청의 승인이 있어야 하는 것은 아니다(대판 2013.7.25. 2011두22334).

---

9) **제691조【위임종료시의 긴급처리】** 위임종료의 경우에 급박한 사정이 있는 때에는 수임인, 그 상속인이나 법정대리인은 위임인, 그 상속인이나 법정대리인이 위임사무를 처리할 수 있을 때까지 그 사무의 처리를 계속하여야 한다. 이 경우에는 위임의 존속과 동일한 효력이 있다.

2) 이사는 선관주의의무를 부담하며, 대표의 방식에는 대리규정이 준용된다. 따라서 무권대리, 표현대리 규정도 준용된다.
3) 이사의 사무: 재산목록과 사원명부작성(제55조), 사원총회소집(제69조, 제70조), 총회의사록의 작성(제76조), 법인이 채무를 완제하지 못하게 된 때 파산신청(제79조), 청산인(제82조) 등
4) 이사의 임의대리인(제62조)

> **제62조【이사의 대리인 선임】** 이사는 정관 또는 총회의 결의로 금지하지 아니한 사항에 한하여 타인으로 하여금 특정한 행위를 대리하게 할 수 있다.

- 포괄적 대리권 부여는 허용되지 않는다. 구체적 범위를 정해서만 선임할 수 있다(특정한 행위, 이러한 법리는 비법인사단의 이사의 경우도 마찬가지라는 것이 판례).

> **판례** | 비법인사단의 대표자가 사단의 제반 업무처리를 타인에게 포괄적으로 위임할 수 있는지 여부(소극) 및 위 대표자가 타인에게 한 포괄적 위임과 그에 따른 포괄적 수임인의 대행행위가 비법인사단에 효력이 미치는지 여부(소극)
>
> 비법인사단에 대하여는 사단법인에 관한 민법 규정 가운데 법인격을 전제로 하는 것을 제외하고는 이를 유추적용하여야 하는데, 민법 제62조에 비추어 보면 비법인사단의 대표자는 정관 또는 총회의 결의로 금지하지 아니한 사항에 한하여 타인으로 하여금 특정한 행위를 대리하게 할 수 있을 뿐 비법인사단의 제반 업무처리를 포괄적으로 위임할 수는 없으므로 비법인사단 대표자가 행한 타인에 대한 업무의 포괄적 위임과 그에 따른 포괄적 수임인의 대행행위는 민법 제62조를 위반한 것이어서 비법인사단에 대하여 그 효력이 미치지 않는다(2008다15438).

- 임의대리인에 대해 이사는 선임 감독상의 책임을 부담한다.
- 임의대리인의 불법행위에 대해서는 제35조 제1항 책임이 아니라 법인이 사용자 배상책임을 부담한다는 것이 통설

5) 수인의 이사가 있는 경우

> **제58조【이사의 사무집행】** ② 이사가 수인인 경우에는 정관에 다른 규정이 없으면 법인의 사무집행은 이사의 과반수로써 결정한다.
>
> **제59조【이사의 대표권】** ① 이사는 법인의 사무에 관하여 각자 법인을 대표한다. 그러나 정관에 규정한 취지에 위반할 수 없고 특히 사단법인은 총회의 의결에 의하여야 한다.

- 각자 대표가 원칙임(제59조, 언제나 공동대표가 되는 것은 아니다)
- 공동대표로 정해진 경우에만 공동으로 대표, 이때 공동의 의미는 의사결정의 공동
- 공동대표라도 수동은 단독대표
- 공동인데 단독으로 하면 대표권 초과행위임(표현대리, 불법행위책임 등이 문제된다)
- 이사가 수인인 경우에는 정관에 다른 규정이 없으면 법인의 사무집행은 이사의 과반수로써 결정한다(제58조 제2항).

> **판례**
>
> 민법 제58조 제1항은 민법상 법인의 사무집행은 이사가 하도록 규정하고 있고, 같은 조 제2항은 이사가 수인인 경우에는 이사의 과반수로써 결정하되 정관에 다른 규정이 있으면 이에 따르도록 규정하고 있다. 그러므로 이사가 수인인 민법상 법인의 정관에 대표권 있는 이사만 이사회를 소집할 수 있다고 규정하고 있다고 하더라도 이는 과반수의 이사가 본래 할 수 있는 이사회 소집에 관한 행위를 대표권 있는 이사로 하여금 하게 한 것에 불과하다. 따라서 정관에 다른 이사가 요건을 갖추어 이사회 소집을 요구하면 대표권 있는 이사가 이에 응하도록 규정하고 있는데도 대표권 있는 이사가 다른 이사의 정당한 이사회 소집을 거절하였다면, 대표권 있는 이사만 이사회를 소집할 수 있는 규정은 적용될 수 없다. 이 경우 이사는 정관의 이사회 소집권한에 관한 규정 또는 민법에 기초하여 법인의 사무를 집행할 권한에 의하여 이사회를 소집할 수 있다(2017그661).

6) 이사의 대표권 제한

> 제41조【이사의 대표권에 대한 제한】이사의 대표권에 대한 제한은 이를 정관에 기재하지 아니하면 그 효력이 없다.
>
> 제60조【이사의 대표권에 대한 제한의 대항요건】이사의 대표권에 대한 제한은 등기하지 아니하면 제삼자에게 대항하지 못한다.

가) 정관에 의한 제한
- 대표권 제한에 관한 정관기재는 효력요건이고, 등기는 대항요건이다.
- 대표권 제한을 등기하지 않은 경우 상대방의 선·악의를 불문하고 상대방에게 대표권 제한을 대항할 수 없다는 것이 판례(91다24564. 조문대로 해석)

> **판례 | [대법원 1992. 2. 14. 선고, 91다24564 판결]**
>
> [1] 재단법인의 대표자가 그 법인의 채무를 부담하는 계약을 함에 있어서 이사회의 결의를 거쳐 노회와 설립자의 승인을 얻고 주무관청의 인가를 받도록 정관에 규정되어 있다면 그와 같은 규정은 법인 대표권의 제한에 관한 규정으로서 이러한 제한은 등기하지 아니하면 제3자에게 대항할 수 없다.
> [2] 법인의 정관에 법인 대표권의 제한에 관한 규정이 있으나 그와 같은 취지가 등기되어 있지 않다면 법인은 그와 같은 정관의 규정에 대하여 선의냐 악의냐 관계없이 제3자에 대하여 대항할 수 없다.

나) 사원총회 의결에 의한 제한(제59조 제1항)
- 이사는 법인의 사무에 관하여 각자 법인을 대표한다. 그러나 정관에 규정한 취지에 위반할 수 없고 특히 사단법인은 총회의 의결에 의하여야 한다.

다) 이익상반행위

> 제64조【특별대리인의 선임】법인과 이사의 이익이 상반하는 사항에 관하여는 이사는 대표권이 없다. 이 경우에는 전조의 규정에 의하여 특별대리인을 선임하여야 한다.

- 다만, 이사가 수인 있고 그중 일부의 이사와 법인의 이익이 상반하는 경우에는 다른 이사가 법인을 대표하고, 다른 이사가 없는 경우에만 특별대리인을 선임할 것이다(통설).

7) 이사의 해임

> **판례**
>
> 1. 법인 정관에 이사의 해임사유에 관한 규정이 있는 경우, 정관에서 정하지 아니한 사유로 이사를 해임할 수 있는지 여부(원칙적 소극)
>
>   법인과 이사의 법률관계는 신뢰를 기초로 한 위임 유사의 관계로 볼 수 있는데, 민법 제689조 제1항에서는 위임계약은 각 당사자가 언제든지 해지할 수 있다고 규정하고 있으므로, 법인은 원칙적으로 이사의 임기 만료 전에도 이사를 해임할 수 있지만, 이러한 민법의 규정은 임의규정에 불과하므로 법인이 자치법규인 정관으로 이사의 해임사유 및 절차 등에 관하여 별도의 규정을 두는 것도 가능하다. 그리고 이와 같이 법인이 정관에 이사의 해임사유 및 절차 등을 따로 정한 경우 그 규정은 법인과 이사와의 관계를 명확히 함은 물론 이사의 신분을 보장하는 의미도 아울러 가지고 있어 이를 단순히 주의적 규정으로 볼 수는 없다. 따라서 법인의 정관에 이사의 해임사유에 관한 규정이 있는 경우 법인으로서는 이사의 중대한 의무위반 또는 정상적인 사무집행 불능 등의 특별한 사정이 없는 이상, 정관에서 정하지 아니한 사유로 이사를 해임할 수 없다(2011다41741).
>
> 2. 법인이 정당한 이유 없이도 이사를 해임할 수 있는지 여부(적극) 및 그 경우 상대방에게 손해배상책임을 지는지 여부(한정 적극)
>
>   법인과 이사의 법률관계는 신뢰를 기초로 한 위임 유사의 관계[10]이고, 위임계약은 원래 해지의 자유가 인정되어 쌍방 누구나 정당한 이유 없이도 언제든지 해지할 수 있으며, 다만 불리한 시기에 부득이한 사유 없이 해지한 경우에 한하여 상대방에게 그로 인한 손해배상책임을 질 뿐이다(2013마1801).

8) 이사의 주의의무와 임무해태

> 제61조【이사의 주의의무】 이사는 선량한 관리자의 주의로 그 직무를 행하여야 한다.
>
> 제65조【이사의 임무해태】 이사가 그 임무를 해태한 때에는 그 이사는 법인에 대하여 연대하여 손해배상의 책임이 있다.

다. 임시이사, 특별대리인

> 제63조【임시이사의 선임】 이사가 없거나 결원이 있는 경우에 이로 인하여 손해가 생길 염려가 있는 때에는 법원은 이해관계인이나 검사의 청구에 의하여 임시이사를 선임하여야 한다.
>
> 제64조【특별대리인의 선임】 법인과 이사의 이익이 상반하는 사항에 관하여는 이사는 대표권이 없다. 이 경우에는 전조의 규정에 의하여 특별대리인을 선임하여야 한다.

- 임시이사는 이사가 임명될 때까지 이사와 동일한 권한 가지는 대표기관이다. 임시이사이므로 정식이사가 임명되면 권한은 당연히 소멸한다. 법원이 선임한다.
- 특별대리인도 이익상반하는 사항에 대해서 대표기관이다. 법원이 선임한다.
- 임시이사와 특별대리인은 둘 다 대표기관으로 법원이 선임하는 것은 공통되나, 권한범위 및 특별대리인은 이사가 아니라는 점(따라서 사원총회 소집권이 없다)에서 차이가 난다.

---

[10] 제689조【위임의 상호해지의 자유】 ① 위임계약은 각 당사자가 언제든지 해지할 수 있다.
　② 당사자 일방이 부득이한 사유없이 상대방의 불리한 시기에 계약을 해지한 때에는 그 손해를 배상하여야 한다.

라. 직무대행자

> **제52조의2 【직무집행정지 등 가처분의 등기】** 이사의 직무집행을 정지하거나 직무대행자를 선임하는 가처분을 하거나 그 가처분을 변경·취소하는 경우에는 주사무소와 분사무소가 있는 곳의 등기소에서 이를 등기하여야 한다.
>
> **제60조의2 【직무대행자의 권한】** ① 제52조의2의 직무대행자는 가처분명령에 다른 정함이 있는 경우 외에는 법인의 통상사무에 속하지 아니한 행위를 하지 못한다. 다만, 법원의 허가를 얻은 경우에는 그러하지 아니하다.
> ② 직무대행자가 제1항의 규정에 위반한 행위를 한 경우에도 법인은 선의의 제3자에 대하여 책임을 진다.

- 직무대행자도 대표기관이나, 법원의 허가가 없는 한 통상사무에 속하지 아니한 행위를 하지 못한다. 이를 위반할 경우 법인은 선의의 제3자에 대하여 책임을 진다.

> **판례**
> 1. 이사장등직무집행정지가처분에 의하여 선임된 사단법인의 이사장 직무대행자는 위 법인에 대하여 이사와 유사한 권리의무와 책임을 부담하므로, 위 법인과의 사이에 이익이 상반하는 사항에 관하여는 민법 제64조가 준용되고, 위 법인의 이사장 직무대행자가 개인의 입장에서 원고가 되어 법인을 상대로 소송을 하는 경우에는 민법 제64조가 규정하는 이익상반 사항에 해당함이 분명하다[대법원 2003. 5. 27. 선고 2002다69211 판결].
> 2. 가처분재판에 의하여 법인 등 대표자의 직무대행자가 선임된 상태에서 피대행자의 후임자가 적법하게 소집된 총회의 결의에 따라 새로 선출되었다 해도 그 직무대행자의 권한은 위 총회의 결의에 의하여 당연히 소멸하는 것은 아니므로 사정변경 등을 이유로 가처분결정이 취소되지 않는 한 직무대행자만이 적법하게 위 법인 등을 대표할 수 있고, 총회에서 선임된 후임자는 그 선임결의의 적법 여부에 관계없이 대표권을 가지지 못한다[대법원 2010. 2. 11. 선고 2009다70395 판결].
> 3. 법원의 직무집행정지 가처분결정에 의해 회사를 대표할 권한이 정지된 대표이사가 그 정지기간 중에 체결한 계약은 절대적으로 무효이고, 그 후 가처분신청의 취하에 의하여 보전집행이 취소되었다 하더라도 집행의 효력은 장래를 향하여 소멸할 뿐 소급적으로 소멸하는 것은 아니라 할 것이므로, 가처분신청이 취하되었다 하여 무효인 계약이 유효하게 되지는 않는다[대법원 2008. 5. 29. 선고 2008다4537 판결].

마. 사원총회

1) 사단법인의 최고 의사결정기관이다.
2) 필요기관이므로 정관으로 이를 폐지할 수 없다. 상설기관은 아니다.

> **제69조 【통상총회】** 사단법인의 이사는 매년 1회 이상 통상총회를 소집하여야 한다.

3) 총회의 소집
   가) 총회소집권자
   - 이사, 임시이사, 감사(감사는 이사의 업무집행에 관하여 부정이 있음을 발견한 때에 이를 보고하기 위하여 총회를 소집할 수 있다), 청산인, 소수사원(총 사원의 1/5 이상. 절차는 제70조 참고)

제70조【임시총회】① 사단법인의 이사는 필요하다고 인정한 때에는 임시총회를 소집할 수 있다.
② 총사원의 5분의 1 이상으로부터 회의의 목적사항을 제시하여 청구한 때에는 이사는 임시총회를 소집하여야 한다. 이 정수는 정관으로 증감할 수 있다.
③ 전항의 청구있는 후 2주간내에 이사가 총회소집의 절차를 밟지 아니한 때에는 청구한 사원은 법원의 허가를 얻어 이를 소집할 수 있다.

판례

1. 법원의 허가를 얻어 임시총회를 소집할 수 있도록 규정한 민법 제70조 제3항을 민법상 법인의 이사회 소집에 유추적용할 수 있는지 여부(소극)

    [1] 민법 제58조 제1항은 민법상 법인의 사무집행은 이사가 하도록 규정하고 있고, 같은 조 제2항은 이사가 수인인 경우에는 이사의 과반수로써 결정하되 정관에 다른 규정이 있으면 이에 따르도록 규정하고 있다. 그러므로 이사가 수인인 민법상 법인의 정관에 대표권 있는 이사만 이사회를 소집할 수 있다고 규정하고 있다고 하더라도 이는 과반수의 이사가 본래 할 수 있는 이사회 소집에 관한 행위를 대표권 있는 이사로 하여금 하게 한 것에 불과하다. 따라서 정관에 다른 이사가 요건을 갖추어 이사회 소집을 요구하면 대표권 있는 이사가 이에 응하도록 규정하고 있는데도 대표권 있는 이사가 다른 이사의 정당한 이사회 소집을 거절하였다면, 대표권 있는 이사만 이사회를 소집할 수 있는 규정은 적용될 수 없다. 이 경우 이사는 정관의 이사회 소집권한에 관한 규정 또는 민법에 기초하여 법인의 사무를 집행할 권한에 의하여 이사회를 소집할 수 있다.

    [2] 민법상 법인의 필수기관이 아닌 이사회는 이사가 사무집행권한에 의해 소집하는 것이므로, 과반수에 미치지 못하는 이사는 특별한 사정이 없는 한 민법 제58조 제2항에 반하여 이사회를 소집할 수 없다. 반면 과반수에 미치지 못하는 이사가 정관의 특별한 규정에 근거하여 이사회를 소집하거나 과반수의 이사가 민법 제58조 제2항에 근거하여 이사회를 소집하는 경우에는 법원의 허가를 받을 필요 없이 본래적 사무집행권에 기초하여 이사회를 소집할 수 있다. 법원은 민법상 법인의 이사회 소집을 허가할 법률상 근거가 없고, 다만 이사회 결의의 효력에 관하여 다툼이 발생하면 소집절차의 적법 여부를 판단할 수 있을 뿐이다.

    [3] 사단법인의 소수사원이 이사에게 요건을 갖추어 임시총회의 소집을 요구하였으나 2주간 내에 이사가 총회소집의 절차를 밟지 아니한 경우 법원의 허가를 얻어 임시총회를 소집할 수 있도록 규정한 민법 제70조 제3항은, 사단법인의 최고의결기관인 사원총회의 구성원들이 사원권에 기초하여 일정한 요건을 갖추어 최고의결기관의 의사를 결정하기 위한 회의의 개최를 요구하였는데도 집행기관인 이사가 절차를 밟지 아니하는 경우에 법원이 후견적 지위에서 소수사원의 임시총회 소집권을 인정한 법률의 취지를 실효성 있게 보장하기 위한 규정이다. 따라서 위 규정을 구성과 운영의 원리가 다르고 법원이 후견적 지위에서 관여하여야 할 필요성을 달리하는 민법상 법인의 집행기관인 이사회 소집에 유추적용할 수 없다(2017그661).

2. 소집권한 없는 자에 의한 총회소집이라 하더라도 소집권자가 소집에 동의하여 그로 하여금 소집하게 한 것이라면 그와 같은 총회소집을 권한 없는 자의 소집이라고 볼 수 없으나, 단지 소집권한 없는 자에 의한 총회에 소집권자가 참석하여 총회소집이나 대표자선임에 관하여 이의를 하지 아니하였다고 하여 이것만 가지고 총회가 소집권자의 동의에 의하여 소집된 것이라거나 그 총회의 소집절차상의 하자가 치유되어 적법하게 된다고 할 수 없다(2002다17036).

나) 소집절차

> 제71조【총회의 소집】총회의 소집은 1주간 전에 그 회의의 목적사항을 기재한 통지를 발하고 기타 정관에 정한 방법에 의하여야 한다.

- 1주일 전에 목적사항을 기재하여 소집통지를 발송해야 한다(발신주의. 관념의 통지로서 준법률행위).
- 1주일의 기간은 단축할 수는 없으나(총회 참석기회 보장), 정관에서 연장하는 것은 가능하다.

> **판례** | [대법원 2007. 4. 12. 선고 2006다77593 판결]
> [1] 법인이나 법인 아닌 사단의 총회에 있어서, 소집된 총회가 개최되기 전에 당초 그 총회의 소집이 필요하거나 가능하였던 기초 사정에 변경이 생겼을 경우에는, 특별한 사정이 없는 한 그 소집권자는 소집된 총회의 개최를 연기하거나 소집을 철회·취소할 수 있다.
> [2] 법인이나 법인 아닌 사단의 총회에 있어서 총회의 소집권자가 총회의 소집을 철회·취소하는 경우에는 반드시 총회의 소집과 동일한 방식으로 그 철회·취소를 총회 구성원들에게 통지하여야 할 필요는 없고, 총회 구성원들에게 소집의 철회·취소결정이 있었음이 알려질 수 있는 적절한 조치가 취하여지는 것으로써 충분히 그 소집 철회·취소의 효력이 발생한다.

4) 총회의 권한

> 제68조【총회의 권한】사단법인의 사무는 정관으로 이사 또는 기타 임원에게 위임한 사항외에는 총회의 결의에 의하여야 한다.

- 단, 정관변경(2/3)과 임의해산(3/4)은 총회의 전권사항으로서 정관에 의해 이를 박탈할 수 없다. 단, 정관으로 정족수를 달리 정할 수는 있다.
- 총회의 결의로 사원의 고유권을 박탈할 수는 없다.

5) 의결권

> 제72조【총회의 결의사항】총회는 전조의 규정에 의하여 통지한 사항에 관하여서만 결의할 수 있다. 그러나 정관에 다른 규정이 있는 때에는 그 규정에 의한다.
>
> 제73조【사원의 결의권】① 각 사원의 결의권은 평등으로 한다.
> ② 사원은 서면이나 대리인으로 결의권을 행사할 수 있다.
> ③ 전2항의 규정은 정관에 다른 규정이 있는 때에는 적용하지 아니한다.
>
> 제74조【사원이 결의권 없는 경우】사단법인과 어느 사원과의 관계사항을 의결하는 경우에는 그 사원은 결의권이 없다.
>
> 제75조【총회의 결의방법】① 총회의 결의는 본법 또는 정관에 다른 규정이 없으면 사원 과반수의 출석과 출석사원의 결의권의 과반수로써 한다.
> ② 제73조 제2항의 경우에는 당해 사원은 출석한 것으로 한다.
>
> 제76조【총회의 의사록】① 총회의 의사에 관하여는 의사록을 작성하여야 한다.
> ② 의사록에는 의사의 경과, 요령 및 결과를 기재하고 의장 및 출석한 이사가 기명날인하여야 한다.
> ③ 이사는 의사록을 주된 사무소에 비치하여야 한다.

- 의결권은 출자액에 비례하는 것이 아니라 각 사원에게 평등한 것이 원칙(비영리 법인의 특징). 다만, 의결권 평등의 원칙은 사원의 고유권을 박탈하지 않는 범위 내에서 정관으로 변경이 가능하다.

- 서면 결의, 대리인을 통한 결의도 가능하다. 서면 또는 대리인에 의하여 결의권을 행사하는 사원은 출석한 것으로 간주한다.
- 사단법인과 어느 사원과의 관계사항을 의결하는 경우에는 그 사원은 의결권이 없다(제74조).
- 결의 성립에 필요한 정족수는 정관에 다른 규정이 없으면 사원 과반수의 출석과 출석사원의 결의권의 과반수이나 정관변경은 총 사원의 2/3 이상, 임의해산은 3/4 이상을 요한다.

바. 사원권

> 제56조【사원권의 양도, 상속금지】 사단법인의 사원의 지위는 양도 또는 상속할 수 없다.

> **판례**
> 사단법인의 사원의 지위는 양도 또는 상속할 수 없다고 규정한 민법 제56조의 규정은 강행규정이라고 할 수 없으므로, 비법인사단에서도 사원의 지위는 규약이나 관행에 의하여 양도 또는 상속될 수 있다(95다6250).

사. 정관

- 정관변경의 허용 여부는 사단법인과 재단법인에 따라 다르다. 사원의 자주적인 의사결정에 따라 자율적으로 운영되는 사단법인에 있어서는 그 변경이 원칙으로 허용되지만, 설립자의 의사에 따라 타율적으로 운영되는 재단법인에 있어서는 그 변경에 제약이 따르는 것이다.

1) 정관 관련 주요 판례

> **판례**
> 1. 사단법인의 정관의 법적 성질(=자치법규) 및 정관의 규범적인 의미 내용과는 다른 해석이 사원총회의 결의에 의하여 표명된 경우, 그 결의에 의한 해석이 구속력을 갖는지 여부(소극)
>   사단법인의 정관은 이를 작성한 사원뿐만 아니라 그 후에 가입한 사원이나 사단법인의 기관 등도 구속하는 점에 비추어 보면 그 법적 성질은 계약이 아니라 자치법규로 보는 것이 타당하므로, 이는 어디까지나 객관적인 기준에 따라 그 규범적인 의미 내용을 확정하는 법규해석의 방법으로 해석되어야 하는 것이지, 작성자의 주관이나 해석 당시의 사원의 다수결에 의한 방법으로 자의적으로 해석될 수는 없다 할 것이어서, 어느 시점의 사단법인의 사원들이 정관의 규범적인 의미 내용과 다른 해석을 사원총회의 결의라는 방법으로 표명하였다 하더라도 그 결의에 의한 해석은 그 사단법인의 구성원인 사원들이나 법원을 구속하는 효력이 없다(99다12437).
> 2. 종원 일부만이 참석한 종중회합에서 종중원의 일부를 종원으로 취급하지도 않고 또 일부 종원에 대하여는 영원히 종원으로서의 자격을 박탈하는 것으로 규약을 개정한 것은 종중의 원래의 설립목적과 종중으로서의 본질에 반하는 것으로서 그 규약개정의 한계를 넘어 무효이다(78다1435).
> 3. 특정지역내에 거주하는 일부 종중원에 한하여 의결권을 주고 그밖의 지역에 거주하는 종중원에 대하여는 의결권을 주지 아니하는 방법으로 일부 종중원의 의결권을 박탈할 개연성이 많은 종중규약은 종중의 본질에 반하여 무효이다(80다516).

2) 정관 변경

가) 요건 등

- 사단법인, 재단법인 정관변경 모두 주무관청의 허가가 효력요건이다. 따라서 재단법인의 기본재산 처분은 정관의 변경을 초래하므로 기본재산 처분에 주무관청의 허가가 효력요건으로서 필요하다. 기본재산에 새로이 편입하는 경우도 마찬가지이다.
- 주무관청의 정관변경 허가의 법적 성격은 인가(95누4810 전원합의체)

> **판례**
> 민법 제45조와 제46조에서 말하는 재단법인의 정관변경 "허가"는 법률상의 표현이 허가로 되어 있기는 하나, 그 성질에 있어 법률행위의 효력을 보충해 주는 것이지 일반적 금지를 해제하는 것이 아니므로, 그 법적 성격은 인가라고 보아야 한다(95누4810).

나) 사단법인의 정관변경

> **제42조【사단법인의 정관의 변경】** ① 사단법인의 정관은 총사원 3분의 2 이상의 동의가 있는 때에 한하여 이를 변경할 수 있다. 그러나 정수에 관하여 정관에 다른 규정이 있는 때에는 그 규정에 의한다.
> ② 정관의 변경은 주무관청의 허가를 얻지 아니하면 그 효력이 없다.

- 사원의 자주적인 의사결정에 따라 자율적으로 운영되는 사단법인은 사원총회의 결의로 정관변경이 원칙적으로 허용된다.
- 사원총회의 전권사항이다. 따라서 이사회 결의로 할 수 있다는 등의 정관규정을 두었더라도 이는 무효이다.
- 주무관청의 허가가 효력요건이다. 따라서 총회의 결의와 주무관청의 허가만 있으면 정관변경의 효력이 생긴다(반드시 정관 서면 변경해야 하는 것은 아님). 다만, 정관변경내용이 등기사항이라면 등기해야 제3자 등에게 대항가능하다.
- 사단법인의 본질에 반하는 정관변경은 무효라는 것이 판례(일부 종중원을 영구히 자격 박탈). 비영리를 영리로 바꿀 수는 없다(통설).

다) 재단법인의 정관변경

> **제45조【재단법인의 정관변경】** ① 재단법인의 정관은 그 변경방법을 정관에 정한 때에 한하여 변경할 수 있다.
> ② 재단법인의 목적달성 또는 그 재산의 보전을 위하여 적당한 때에는 전항의 규정에 불구하고 명칭 또는 사무소의 소재지를 변경할 수 있다.
> ③ 제42조 제2항의 규정은 전2항의 경우에 준용한다.
>
> **제46조【재단법인의 목적 기타의 변경】** 재단법인의 목적을 달성할 수 없는 때에는 설립자나 이사는 주무관청의 허가를 얻어 설립의 취지를 참작하여 그 목적 기타 정관의 규정을 변경할 수 있다.

- 정관을 변경할 수 없는 것이 원칙이다(바꿀 수 없다 ×).
- 다만, 일정한 경우에 변경을 허용하는데(제45조, 제46조), 그 사유는 (a) 설립자가 정관에 그 변경방법을 규정한 때, (b) 재단법인의 목적달성 또는 재산보전을 위해서 적당한 때 사무소 소재지 등 본질적이지 않은 사항, (c) 목적달성 불가 시 목적 변경(목적변경은 정관변경을 수반하는데, 목적달성이 불가능할 때만 변경이 가능하다).

- 재단법인의 기본재산은 법인의 실체인 동시에 정관의 필요적 기재사항이다. 따라서 기존의 기본재산을 처분하는 행위는 물론 새로이 기본재산을 편입하는 행위도 주무부장관의 허가가 있어야만 유효하다.

> **판례**
>
> 1. **재단법인 기본재산인 채권에 대하여 압류 및 추심명령이 가능한지 여부**
>   사립학교법 제28조 제1항에서 정한 기본재산이 관할청의 허가 없이 양도된 경우에는 그것이 학교법인의 의사에 기한 것이든 강제집행절차에 의한 것이든 무효가 되는 것이므로, 관할청의 허가를 받을 수 없는 사정이 확실하다고 인정되거나 관할청의 불허가가 있는 경우에는, 사립학교법 제28조 제1항 소정의 기본재산인 채권에 대한 압류 및 추심명령을 할 수 없다(2002마22009결정).
>
> 2. **재단법인의 채권자가 재단법인을 상대로 기본재산에 대한 처분허가신청절차의 이행을 청구할 수 있는지 여부(소극)**
>   재단법인은 일정한 목적을 위하여 바쳐진 재산이라는 실체에 대하여 법인격을 부여한 것이므로 그 출연된 재산, 즉 재단법인의 기본재산은 바로 법인의 실체인 동시에 법인의 목적을 수행하기 위한 가장 기본적인 수단으로서 이를 처분한다는 것은 재단법인의 실체가 없어지는 것을 의미하므로 재단법인의 기본재산은 이를 함부로 처분할 수 없는 것이고, 재단법인이 정관의 변경을 초래하는 기본재산의 처분을 위하여 주무관청의 허가를 신청할 것인지 여부는 특별한 사정이 없는 한 재단법인의 의사에 맡겨져 있다고 할 것이므로, 채무자인 재단법인에 다른 재산이 없어 기본재산을 처분하지 않고는 채무의 변제가 불가능하다고 하더라도, 재단법인으로부터 기본재산을 양수한 자도 아니고 금전채권자들에 불과한 자에게는 강제이행청구권의 실질적인 실현을 위하여 필요하다는 사유만으로 기본재산의 처분을 희망하지도 않는 재단법인을 상대로 주무관청에 대하여 기본재산에 대한 처분허가신청절차를 이행할 것을 청구할 권한이 없다(98다19202).
>
> 3. **재단법인의 기본재산에 편입한 명의신탁부동산의 반환을 위한 이전등기를 함에 있어 주무장관의 허가를 요하는지 여부(적극)**
>   재단법인의 기본재산에 관한 사항은 정관의 기재사항으로서 기본재산의 변경은 정관의 변경을 초래하기 때문에 주무장관의 허가를 받아야 하고, 따라서 기존의 기본재산을 처분하는 행위는 물론 새로이 기본재산으로 편입하는 행위도 주무장관의 허가가 있어야 유효하고, 또 일단 주무장관의 허가를 얻어 기본재산에 편입하여 정관 기재사항의 일부가 된 경우에는 비록 그것이 명의신탁관계에 있었던 것이라 하더라도 이것을 처분(반환)하는 것은 정관의 변경을 초래하는 점에 있어서는 다를 바 없으므로 주무장관의 허가 없이 이를 이전등기할 수는 없다(90다8558).
>
> 4. 민법상 재단법인의 정관에 기본재산은 담보설정 등을 할 수 없으나 주무관청의 허가·승인을 받은 경우에는 이를 할 수 있다는 취지로 정해져 있고, 정관 규정에 따라 주무관청의 허가·승인을 받아 민법상 재단법인의 기본재산에 관하여 근저당권을 설정한 경우, 그와 같이 설정된 근저당권을 실행하여 기본재산을 매각할 때에는 주무관청의 허가를 다시 받을 필요는 없다(2018마800).
>
> 5. 민법상 재단법인의 기본재산에 관한 저당권 설정행위는 특별한 사정이 없는 한 정관의 기재사항을 변경하여야 하는 경우에 해당하지 않으므로, 그에 관하여는 주무관청의 허가를 얻을 필요가 없다(2017마1565, 그러나 주무관청 허가는 경락인의 소유권취득 요건임).

5. 법인의 소멸

가. 해산

> 제77조【해산사유】① 법인은 존립기간의 만료, 법인의 목적의 달성 또는 달성의 불능 기타 정관에 정한 해산사유의 발생, 파산 또는 설립허가의 취소로 해산한다.
> ② 사단법인은 사원이 없게 되거나 총회의 결의로도 해산한다.
> 제78조【사단법인의 해산결의】 사단법인은 총사원 4분의 3 이상의 동의가 없으면 해산을 결의하지 못한다. 그러나 정관에 다른 규정이 있는 때에는 그 규정에 의한다.
> 제79조【파산신청】 법인이 채무를 완제하지 못하게 된 때에는 이사는 지체 없이 파산신청을 하여야 한다.
> 제38조【법인의 설립허가의 취소】 법인이 목적 이외의 사업을 하거나 설립허가의 조건에 위반하거나 기타 공익을 해하는 행위를 한 때에는 주무관청은 그 허가를 취소할 수 있다.

- 사단법인과 재단법인 공통의 해산사유: 존립기간의 만료, 법인의 목적의 달성 또는 달성의 불능, 정관에 정한 해산사유의 발생, 파산 또는 설립허가의 취소(제77조 제1항)
- 사단법인에만 있는 해산사유: 사원이 없게 된 때(1인은 해산사유 ×). 총회에서 3/4 이상 결의로 해산결의

나. 청산법인의 권리능력

> 제81조【청산법인】 해산한 법인은 청산의 목적범위 내에서만 권리가 있고 의무를 부담한다.

- 청산범위 내에서만 권리능력이 있다. 해산등기, 청산종료등기가 이루어져도 실제 청산사무가 남아 있다면 그 범위 안에서 권리능력 있음. 따라서 해산당시 법인이 당사자가 된 소송이 진행 중이라면 소송상 권리능력이 소멸하지 않는다.
- 청산법인의 목적범위 외의 행위는 무효이다.
- 청산절차에 관한 규정은 채권자 등 제3자의 이해관계에 영향을 미치므로 강행규정이다(91누9848).

다. 해산사유가 파산인 경우 주의사항

해산등기, 해산신고, 청산인 선임이 불필요하고, 이사가 파산신고만 하면 족하다. 청산 중 파산이라면 청산인이 파산신고한다. 채무초과로 즉시 파산되는 것이 아니라 파산신고 후 법원이 파산선고를 해야 파산된다.

라. 청산인

1) 청산인의 선임과 해임

> 제82조【청산인】 법인이 해산한 때에는 파산의 경우를 제하고는 이사가 청산인이 된다. 그러나 정관 또는 총회의 결의로 달리 정한 바가 있으면 그에 의한다.
> 제83조【법원에 의한 청산인의 선임】 전조의 규정에 의하여 청산인이 될 자가 없거나 청산인의 결원으로 인하여 손해가 생길 염려 있는 때에는 법원은 직권 또는 이해관계인이나 검사의 청구에 의하여 청산인을 선임할 수 있다.
> 제84조【법원에 의한 청산인의 해임】 중요한 사유가 있는 때에는 법원은 직권 또는 이해관계인이나 검사의 청구에 의하여 청산인을 해임할 수 있다.

법인이 해산하면 이사에 갈음하여 청산인이 청산법인의 집행기관이 된다. 따라서 해산으로 이사는 당연히 그의 지위를 잃고, 청산인이 본래의 법인에 있어서의 이사에 해당하는 기관이 된다.

2) 청산사무

> 제85조【해산등기】① 청산인은 파산의 경우를 제하고는 그 취임 후 3주간 내에 해산의 사유 및 연월일, 청산인의 성명 및 주소와 청산인의 대표권을 제한한 때에는 그 제한을 주된 사무소 및 분사무소의 소재지에서 등기하여야 한다.
> ② 제52조의 규정은 전항의 등기에 준용한다.
>
> 제86조【해산신고】① 청산인은 파산의 경우를 제하고는 그 취임 후 3주간 내에 전조 제1항의 사항을 주무관청에 신고하여야 한다.
> ② 청산 중에 새로 취임한 청산인은 그 성명 및 주소를 신고하여야 한다.
>
> 제87조【청산인의 직무】① 청산인의 직무는 다음과 같다.
> 1. 현존사무의 종결
> 2. 채권의 추심 및 채무의 변제
> 3. 잔여재산의 인도
> ② 청산인은 전항의 직무를 행하기 위하여 필요한 모든 행위를 할 수 있다.
>
> 제93조【청산중의 파산】① 청산중 법인의 재산이 그 채무를 완제하기에 부족한 것이 분명하게 된 때에는 청산인은 지체 없이 파산선고를 신청하고 이를 공고하여야 한다.
> ② 청산인은 파산관재인에게 그 사무를 인계함으로써 그 임무가 종료한다.
> ③ 제88조 제3항의 규정은 제1항의 공고에 준용한다.
>
> 제94조【청산종결의 등기와 신고】청산이 종결한 때에는 청산인은 3주간 내에 이를 등기하고 주무관청에 신고하여야 한다.

마. 청산 시 채무변제 쟁점

> 제88조【채권신고의 공고】① 청산인은 취임한 날로부터 2월 내에 3회 이상의 공고로 채권자에 대하여 일정한 기간 내에 그 채권을 신고할 것을 최고하여야 한다. 그 기간은 2월 이상이어야 한다.
> ② 전항의 공고에는 채권자가 기간 내에 신고하지 아니하면 청산으로부터 제외될 것을 표시하여야 한다.
> ③ 제1항의 공고는 법원의 등기사항의 공고와 동일한 방법으로 하여야 한다.
>
> 제89조【채권신고의 최고】청산인이 알고 있는 채권자에게 대하여는 각각 그 채권신고를 최고하여야 한다. 알고 있는 채권자는 청산으로부터 제외하지 못한다.
>
> 제90조【채권신고기간 내의 변제금지】청산인은 제88조 제1항의 채권신고기간 내에는 채권자에 대하여 변제하지 못한다. 그러나 법인은 채권자에 대한 지연손해배상의 의무를 면하지 못한다.
>
> 제91조【채권변제의 특례】① 청산 중의 법인은 변제기에 이르지 아니한 채권에 대하여도 변제할 수 있다.
> ② 전항의 경우에는 조건 있는 채권, 존속기간의 불확정한 채권 기타 가액의 불확정한 채권에 관하여는 법원이 선임한 감정인의 평가에 의하여 변제하여야 한다.
>
> 제92조【청산으로부터 제외된 채권】청산으로부터 제외된 채권자는 법인의 채무를 완제한 후 귀속권리자에게 인도하지 아니한 재산에 대하여서만 변제를 청구할 수 있다.

- 채권자들에게 채권을 신고할 것을 공시 최고하여야 함. 신고하지 않으면 청산에서 제외됨도 표시해야 함
- 청산인이 알고 있는 채권자에게는 개별적으로 최고해야 함
- 신고기간 내에는 변제불가. 단, 이행기 지난다면 지연이자는 배상해야 함
- 기한미도래 채권, 조건부채권, 불확정 채권도 변제해야 함
- 청산인이 알고 있는 채권자에게는 그의 신고가 없더라도 변제해야 함

바. 잔여재산의 처리

> 제80조【잔여재산의 귀속】① 해산한 법인의 재산은 정관으로 지정한 자에게 귀속한다.
> ② 정관으로 귀속권리자를 지정하지 아니하거나 이를 지정하는 방법을 정하지 아니한 때에는 이사 또는 청산인은 주무관청의 허가를 얻어 그 법인의 목적에 유사한 목적을 위하여 그 재산을 처분할 수 있다. 그러나 사단법인에 있어서는 총회의 결의가 있어야 한다.
> ③ 전2항의 규정에 의하여 처분되지 아니한 재산은 국고에 귀속한다.

- 아래 순서대로 처리함
  정관으로 지정한 자, 법인의 목적과 유사한 목적을 위해 처분, 국고 귀속(사원에게 분배할 수는 없다. 비영리법인의 특징)

6. 법인의 감독

가. 주무관청의 감독사항(허가 · 신고 · 법인사무)

> 제37조【법인의 사무의 검사, 감독】법인의 사무는 주무관청이 검사, 감독한다.

- 비영리법인 허가
- 정관변경 허가
- 법인의 사무 검사, 감독
- 법인의 설립허가 취소
- 해산, 청산종결 신고

나. 법원의 감독사항(선임 · 해임 · 해산 청산사무)

> 제95조【해산, 청산의 검사, 감독】법인의 해산 및 청산은 법원이 검사, 감독한다.

- 임시이사, 특별대리인 선임
- 파산선고
- 청산인 선임 · 해임
- 법인의 해산, 청산의 검사 · 감독

7. 권리능력 없는 사단과 재단

가. 의의
권리능력 없는 사단과 재단은 설립등기를 갖추지 못하여 법인격을 갖추지 못한 사단과 재단을 의미한다.

나. 권리능력 없는 사단(비법인사단)과 조합의 구별
1) 조합과 비법인사단은 단체성의 강약으로 구별
- 비법인사단은 단체성이 강하고, 조합은 단체성이 약하여 단체 구성원의 개성이 강하다. 따라서 비법인사단은 단체인 사단이 민사소송법 상 당사자능력을 가지나(사단 이름이 원고, 피고가 가능), 조합은 구성원 전원이 당사자가 되어야 한다(구성원 모두가 원고, 피고가 되어야 함).

> **판례 | 민법상 조합과 비법인사단의 구별 기준 및 비법인사단으로서의 실체를 인정하기 위한 요건 등**
>
> [1] 민법상의 조합과 법인격은 없으나 사단성이 인정되는 비법인사단을 구별함에 있어서는 일반적으로 그 단체성의 강약을 기준으로 판단하여야 하는바, 조합은 2인 이상이 상호간에 금전 기타 재산 또는 노무를 출자하여 공동사업을 경영할 것을 약정하는 계약관계에 의하여 성립하므로 어느 정도 단체성에서 오는 제약을 받게 되는 것이지만 구성원의 개인성이 강하게 드러나는 인적 결합체인 데 비하여 비법인사단은 구성원의 개인성과는 별개로 권리·의무의 주체가 될 수 있는 독자적 존재로서의 단체적 조직을 가지는 특성이 있다 하겠는데, 어떤 단체가 고유의 목적을 가지고 사단적 성격을 가지는 규약을 만들어 이에 근거하여 의사결정기관 및 집행기관인 대표자를 두는 등의 조직을 갖추고 있고, 기관의 의결이나 업무집행방법이 다수결의 원칙에 의하여 행하여지며, 구성원의 가입, 탈퇴 등으로 인한 변경에 관계없이 단체 그 자체가 존속되고, 그 조직에 의하여 대표의 방법, 총회나 이사회 등의 운영, 자본의 구성, 재산의 관리 기타 단체로서의 주요사항이 확정되어 있는 경우에는 비법인사단으로서의 실체를 가진다고 할 것이다.
>
> [2] 민사소송법 제48조가 비법인의 당사자능력을 인정하는 것은 법인이 아닌 사단이나 재단이라도 사단 또는 재단으로서의 실체를 갖추고 대표자 또는 관리인을 통하여 사회적 활동이나 거래를 하는 경우에는, 그로 인하여 발생하는 분쟁은 그 단체의 이름으로 당사자가 되어 소송을 통하여 해결하게 하고자 함에 있다 할 것이므로 여기서 말하는 사단이라 함은 일정한 목적을 위하여 조직된 다수인의 결합체로서 대외적으로 사단을 대표할 기관에 관한 정함이 있는 단체를 말한다.
>
> [3] 부도난 회사의 채권자들이 조직한 채권단이 비법인사단으로서의 실체를 갖추지 못했다는 이유로 그 당사자능력을 부인한 사례(99다4504)

  2) 명칭이 조합으로 되어 있어도 사단법인 또는 비법인사단인 경우가 많다(특별법상 조합으로서 농업협동조합이나 주택조합 등).

  3) 조합의 소유형태는 조합원들의 합유, 법인은 법인의 단독소유, 비법인사단은 사원들의 총유. 조합채무는 조합재산과 조합원 개인재산으로 무한책임, 법인은 법인 재산만 책임재산(사원의 연대책임 ×)

다. 권리능력 없는 사단

1) 법인과 구별기준은 설립등기 유무. 즉, 법인이 되는 실체는 갖추고 있으나 법인설립의 등기를 하지 않은 사단이다. 따라서 사단법인에 관한 규정 중에서 법인격(등기)을 전제로 하는 것을 제외하고는 비법인사단에 유추 적용된다.

2) 소유형태는 구성원의 총유

> 제275조【물건의 총유】① 법인이 아닌 사단의 사원이 집합체로서 물건을 소유할 때에는 총유로 한다.
>
> 제276조【총유물의 관리, 처분과 사용, 수익】① 총유물의 관리 및 처분은 사원총회의 결의에 의한다.
> ② 각 사원은 정관 기타의 규약에 좇아 총유물을 사용, 수익할 수 있다.

- 민법 제275조, 제276조 제1항은 총유물의 관리 및 처분에 관하여는 정관이나 규약에 정한 바가 있으면 그에 의하되 정관이나 규약에서 정한 바가 없으면 사원총회의 결의에 의하도록 규정하고 있으므로, 이러한 절차를 거치지 아니한 총유물의 관리·처분행위는 무효라 할 것이다(대판 2014.2.13. 2012다112299).

판례

1. 종중 소유의 재산은 종중원의 총유에 속하는 것이므로 그 관리 및 처분에 관하여 먼저 종중규약에 정하는 바가 있으면 이에 따라야 하고, 그 점에 관한 종중규약이 없으면 종중총회의 결의에 의하여야 하므로, 비록 종중 대표자에 의한 종중 재산의 처분이라고 하더라도 그러한 절차를 거치지 아니한 채 한 행위는 무효이고, 이러한 법리는 종중이 타인에게 속하는 권리를 처분하는 경우에도 적용된다[대법원 1996. 8. 20. 선고 96다18656 판결].

2. 총유물인 종중 토지 매각대금의 분배는 정관 기타 규약에 달리 정함이 없는 한 종중총회의 결의에 의하여만 처분할 수 있고 이러한 분배결의가 없으면 종원이 종중에 대하여 직접 분배청구를 할 수 없다. 따라서 종중 토지 매각대금의 분배에 관한 종중총회의 결의가 무효인 경우, 종원은 그 결의의 무효확인 등을 소구하여 승소판결을 받은 후 새로운 종중총회에서 공정한 내용으로 다시 결의하도록 함으로써 그 권리를 구제받을 수 있을 뿐이고 새로운 종중총회의 결의도 거치지 아니한 채 종전 총회결의가 무효라는 사정만으로 곧바로 종중을 상대로 하여 스스로 공정하다고 주장하는 분배금의 지급을 구할 수는 없다[대법원 2010. 9. 9. 선고 2007다42310, 42327 판결].

3. 민법 제276조 제1항은 "총유물의 관리 및 처분은 사원총회의 결의에 의한다.", 같은 조 제2항은 "각 사원은 정관 기타의 규약에 좇아 총유물을 사용·수익할 수 있다."라고 규정하고 있을 뿐 공유나 합유의 경우처럼 보존행위는 그 구성원 각자가 할 수 있다는 민법 제265조 단서 또는 제272조 단서와 같은 규정을 두고 있지 아니한바, 이는 법인 아닌 사단의 소유형태인 총유가 공유나 합유에 비하여 단체성이 강하고 구성원 개인들의 총유재산에 대한 지분권이 인정되지 아니하는 데에서 나온 당연한 귀결이라고 할 것이므로 총유재산에 관한 소송은 법인 아닌 사단이 그 명의로 사원총회의 결의를 거쳐 하거나 또는 그 구성원 전원이 당사자가 되어 필수적 공동소송의 형태로 할 수 있을 뿐 그 사단의 구성원은 설령 그가 사단의 대표자라거나 사원총회의 결의를 거쳤다 하더라도 그 소송의 당사자가 될 수 없고, 이러한 법리는 총유재산의 보존행위로서 소를 제기하는 경우에도 마찬가지라 할 것이다[대법원 2005. 9. 15. 선고 2004다44971 전원합의체 판결].

4. [다수의견] 민법 제275조, 제276조 제1항에서 말하는 총유물의 관리 및 처분이라 함은 총유물 그 자체에 관한 이용·개량행위나 법률적·사실적 처분행위를 의미하는 것이므로, 비법인사단이 타인 간의 금전채무를 보증하는 행위는 총유물 그 자체의 관리·처분이 따르지 아니하는 단순한 채무부담행위에 불과하여 이를 총유물의 관리·처분행위라고 볼 수는 없다. 따라서 비법인사단인 재건축조합의 조합장이 채무보증계약을 체결하면서 조합규약에서 정한 조합 임원회의 결의를 거치지 아니하였다거나 조합원총회 결의를 거치지 않았다고 하더라도 그것만으로 바로 그 보증계약이 무효라고 할 수는 없다. 다만, 이와 같은 경우에 조합 임원회의의 결의 등을 거치도록 한 조합규약은 조합장의 대표권을 제한하는 규정에 해당하는 것이므로, 거래 상대방이 그와 같은 대표권 제한 및 그 위반 사실을 알았거나 과실로 인하여 이를 알지 못한 때에는 그 거래행위가 무효로 된다고 봄이 상당하며, 이 경우 그 거래 상대방이 대표권 제한 및 그 위반 사실을 알았거나 알지 못한 데에 과실이 있다는 사정은 그 거래의 무효를 주장하는 측이 이를 주장·입증하여야 한다[대법원 2007. 4. 19. 선고 2004다60072, 2004다60089].

5. 소멸시효 중단 사유로서의 승인도 총유물의 관리·처분행위 아님(2009다64383)

3) 소송법상 당사자능력과 등기능력은 명문의 규정으로 인정되고, 권리능력에 관한 것만 제외하고는 사단법인에 관한 규정 유추적용 가능(등기 전제로 하는 민법 제60조는 유추적용 안 됨)
- 제35조 제1항 불법행위능력, 이사의 대표권, 이사의 대리인 선임규정(제62조, 判), 명예권(判)

> **판례**
>
> 1. 주택조합과 같은 비법인사단의 대표자가 직무에 관하여 타인에게 손해를 가한 경우 그 사단은 민법 제35조 제1항의 유추적용에 의하여 그 손해를 배상할 책임이 있으며, 비법인사단의 대표자의 행위가 대표자 개인의 사리를 도모하기 위한 것이었거나 혹은 법령의 규정에 위배된 것이었다 하더라도 외관상, 객관적으로 직무에 관한 행위라고 인정할 수 있는 것이라면 민법 제35조 제1항의 직무에 관한 행위에 해당한다(2002다27088).
> 2. 비법인사단에 대하여는 사단법인에 관한 민법 규정 가운데 법인격을 전제로 하는 것을 제외하고는 이를 유추적용하여야 하는데, 민법 제62조에 비추어 보면 비법인사단의 대표자는 정관 또는 총회의 결의로 금지하지 아니한 사항에 한하여 타인으로 하여금 특정한 행위를 대리하게 할 수 있을 뿐 비법인사단의 제반 업무처리를 포괄적으로 위임할 수는 없으므로 비법인사단 대표자가 행한 타인에 대한 업무의 포괄적 위임과 그에 따른 포괄적 수임인의 대행행위는 민법 제62조를 위반한 것이어서 비법인사단에 대하여 그 효력이 미치지 않는다(94다18522).
> 3. 민법 제63조(이사가 없거나 결원이 있는 경우에 이로 인하여 손해가 생길 염려 있는 때에는 법원은 이해관계인이나 검사의 청구에 의하여 임시이사를 선임하여야 한다)는 법인의 조직과 활동에 관한 것으로서 법인격을 전제로 하는 조항이 아니고, 법인 아닌 사단이나 재단의 경우에도 이사가 없거나 결원이 생길 수 있으며, 통상의 절차에 따른 새로운 이사의 선임이 극히 곤란하고 종전 이사의 긴급처리권도 인정되지 아니하는 경우에는 사단이나 재단 또는 타인에게 손해가 생길 염려가 있을 수 있으므로, 민법 제63조는 법인 아닌 사단이나 재단에도 유추 적용할 수 있다(2008마699).
> 4. **《주의》** 민법 제60조는 유추적용 부정
> 비법인사단의 경우에는 대표자의 대표권 제한에 관하여 등기할 방법이 없어 민법 제60조의 규정을 준용할 수 없고, 비법인사단의 대표자가 정관에서 사원총회의 결의를 거쳐야 하도록 규정한 대외적 거래행위에 관하여 이를 거치지 아니한 경우라도, 이와 같은 사원총회 결의사항은 비법인사단의 내부적 의사결정에 불과하다 할 것이므로, 그 거래 상대방이 그와 같은 대표권 제한 사실을 알았거나 알 수 있었을 경우가 아니라면 그 거래행위는 유효하다고 봄이 상당하고, 이 경우 거래의 상대방이 대표권 제한 사실을 알았거나 알 수 있었음은 이를 주장하는 비법인사단 측이 주장·입증하여야 한다(2002다64780).

4) 비법인사단으로 인정한 판례: 종중, 교회, 동, 리, 부락, 채권자들로 구성된 청산위원회, 집합건물의 관리단, 입주자대표회의

라. 권리능력 없는 재단

1) 판례가 인정한 것: 육영회, 장학재단, 유치원, 보육원, 종교재단 등
2) 학설상 인정하는 것(多): 한정승인한 상속재산, 파산재단, 재단저당의 목적이 되는 재산
3) 소송법상 당사자 능력 인정됨(민사소송법 제52조)
4) 부동산은 재단명의로 등기할 수 있다(부등법 제26조).

마. 대표적인 비법인사단(종중, 교회 등)
 1) 종중
  가) 고유한 의미의 종중

> **판례**
>
> 1. 종중의 규약이나 관습에 따라 선출된 대표자 등에 의하여 대표되는 정도로 조직을 갖추고 지속적인 활동을 하고 있다면 비법인사단으로서의 단체성이 인정되는 것이다(91다16525).
> 2. <u>고유 의미의 종중이 공동선조의 후손 중 일부를 임의로 종원에서 배제할 수 있는지 여부(소극) 및 공동선조의 후손 중 특정 범위 내의 종원만으로 조직체를 구성하여 활동하는 단체의 법적 성격(=종중 유사의 권리능력 없는 사단)</u>
>   고유의 의미의 종중이란 공동선조의 분묘수호와 제사 및 종중원 상호간의 친목 등을 목적으로 하는 자연발생적인 관습상의 종족집단체로서 특별한 조직행위를 필요로 하는 것이 아니고, 공동선조의 후손 중 성년이상의 남자는 당연히 그 구성원(종원)이 되는 것이며 그 중 일부를 임의로 그 구성원에서 배제할 수 없으므로, 특정지역 내에 거주하는 일부 종중원이나 특정 항렬의 종중원만을 그 구성원으로 하는 단체는 종중 유사의 단체에 불과하고 고유의 의미의 종중은 될 수 없다(2002다4863).
> 3. [1] 고유 의미의 종중이란 공동선조의 분묘 수호와 제사, 종원 상호 간 친목 등을 목적으로 하는 자연발생적인 관습상 종족집단체로서 특별한 조직행위를 필요로 하는 것이 아니고, 공동선조의 후손은 그 의사와 관계없이 성년이 되면 당연히 그 구성원(종원)이 되는 것이며 그중 일부 종원을 임의로 그 종원에서 배제할 수 없다. 따라서 공동선조의 후손 중 특정 범위 내의 자들만으로 구성된 종중이란 있을 수 없으므로, 만일 공동선조의 후손 중 특정 범위 내의 종원만으로 조직체를 구성하여 활동하고 있다면 이는 본래의 의미의 종중으로는 볼 수 없고, 종중 유사의 권리능력 없는 사단이 될 수 있을 뿐이다.
>   [2] 종중 유사의 권리능력 없는 사단은 비록 그 목적이나 기능이 고유 의미의 종중(이하 '고유 종중'이라 한다)과 별다른 차이가 없다 하더라도 공동선조의 후손 중 일부에 의하여 인위적인 조직행위를 거쳐 성립된 경우에는 사적 임의단체라는 점에서 고유 종중과 그 성질을 달리하므로, 그러한 경우에는 사적 자치의 원칙 내지 결사의 자유에 따라 구성원의 자격이나 가입조건을 자유롭게 정할 수 있음이 원칙이다.
>   [3] <u>종중 유사의 권리능력 없는 사단은 반드시 총회를 열어 성문화된 규약을 만들고 정식의 조직체계를 갖추어야만 비로소 단체로서 성립하는 것이 아니라, 실질적으로 공동의 목적을 달성하기 위하여 공동의 재산을 형성하고 일을 주도하는 사람을 중심으로 계속적으로 사회적인 활동을 하여 온 경우에는 이미 그 무렵부터 단체로서의 실체가 존재한다고 하여야</u> 한다. 계속적으로 공동의 일을 수행하여 오던 일단의 사람들이 어느 시점에 이르러 비로소 창립총회를 열어 조직체로서의 실체를 갖추었다면, 그 실체로서의 조직을 갖추기 이전부터 행한 행위나 또는 그때까지 형성한 재산은, 다른 특별한 사정이 없는 한, 모두 이 사회적 실체로서의 조직에게 귀속되는 것으로 봄이 타당하다(2018다264628).
> 4. 종중 유사단체는 비록 그 목적이나 기능이 고유한 의미의 종중과 별다른 차이가 없다 하더라도 공동선조의 후손 중 일부에 의하여 인위적인 조직행위를 거쳐 성립된 경우에는 사적 임의단체라는 점에서 자연발생적인 종족집단인 고유한 의미의 종중과 그 성질을 달리하므로, 그러한 경우에는 사적 자치의 원칙 내지 결사의 자유에 따라 그 구성원의 자격이나 가입조건을 자유롭게 정할 수 있음이 원칙이다. 따라서 그러한 종중 유사단체의 회칙이나 규약에서 공동선조의 후손 중 남성만으로 그 구성원을 한정하고 있다 하더라도 특별한 사정이 없는 한 이는 사적 자치의 원칙 내지 결사의 자유의 보장범위에 포함되고, 위 사정만으로 그 회칙이나 규약이 양성평등 원칙을 정한 헌법 제11조 및 민법 제103조를 위반하여 무효라고 볼 수는 없다[대법원 2011. 2. 24. 선고 2009다17783 판결].

5. 민법 제781조 제6항에 따라 자녀의 복리를 위하여 자녀의 성과 본을 변경할 필요가 있어 자녀의 성과 본이 모의 성과 본으로 변경되었을 경우 성년인 그 자녀는 모가 속한 종중의 공동선조와 성과 본을 같이 하는 후손으로서 당연히 종중의 구성원이 된다(대판 2022.5.26 2017다260940).

나) 종중의 구성원(성별 구별 없이 성년이 되면 당연히 구성원이 된다)

판례

1. 종중이란 공동선조의 분묘수호와 제사 및 종원 상호간의 친목 등을 목적으로 하여 구성되는 자연발생적인 종족집단이므로, 종중의 이러한 목적과 본질에 비추어 볼 때 공동선조와 성과 본을 같이 하는 후손은 성별의 구별 없이 성년이 되면 당연히 그 구성원이 된다고 보는 것이 조리에 합당하다(2002다1178 전합).
2. [1] 종중의 성격과 법적 성질에 비추어 종중이 그 구성원인 종원이 가지는 고유하고 기본적인 권리의 본질적인 내용을 침해하는 처분을 하는 것은 허용되지 않는다.
   [2] 종중이 '종원 중 불미부정(부미부정)한 행위로 종중에 대하여 피해를 끼치거나 명예를 오손하게 한 종원은 이를 변상시키고 이사회의 결의를 거쳐 벌칙을 가하고 총회에 보고한다'는 내용의 종중 규약에 근거하여 종원에 대하여 10년 내지 20년간 종원의 자격(각종 회의에의 참석권·발언권·의결권·피선거권·선거권)을 정지시킨다는 내용의 처분을 한 것은 종원이 가지는 고유하고 기본적인 권리의 본질적인 내용을 침해하므로 그 효력을 인정할 수 없다[대법원 2006. 10. 26. 선고 2004다47024 판결].

다) 종중총회 소집통지 관련 판례

판례

1. 종중총회는 특별한 사정이 없는 한 족보에 의하여 소집통지 대상이 되는 종중원의 범위를 확정한 후 국내에 거주하고 소재가 분명하여 통지가 가능한 모든 종중원에게 개별적으로 소집통지를 함으로써 각자가 회의와 토의 및 의결에 참가할 수 있는 기회를 주어야 하고, <u>일부 종중원에게 소집통지를 결여한 채 개최된 종중총회의 결의는 효력이 없으나, 그 소집통지의 방법은 반드시 직접 서면으로 하여야만 하는 것은 아니고 구두 또는 전화로 하여도 되고 다른 종중원이나 세대주를 통하여 하여도 무방하다</u>(99다32257).
2. [1] 종중의 규약이나 관행에 의하여 매년 일정한 날에 일정한 장소에서 정기적으로 종중원들이 집합하여 종중의 대소사를 처리하기로 되어 있는 경우에는 종중총회 소집절차가 필요하지 아니하나, 그 외에 별도로 종중총회를 소집함에 있어서는 특별한 규약이나 종중관행이 없는 한 종중원 중 통지 가능한 모든 성년 이상의 남자에게 소집통지를 함으로써 각자가 회의와 토의와 의결에 참가할 수 있는 기회를 주어야 하고, 일부 종중원에게 소집통지를 결여한 채 개최된 종중총회의 결의는 효력이 없다.
   [2] 소집절차에 하자가 있어 그 효력을 인정할 수 없는 종중총회의 결의라도 후에 적법하게 소집된 종중총회에서 이를 추인하면 처음부터 유효로 된다.
   [3] 종중원들이 종중재산의 관리 또는 처분 등을 위하여 종중의 규약에 따른 적법한 소집권자 또는 일반관례에 따른 종중총회의 소집권자인 종중의 연고항존자에게 필요한 종중의 임시총회의 소집을 요구하였으나 그 소집권자가 정당한 이유 없이 이에 응하지 아니하는 경우에는, 차석 또는 발기인이 소집권자를 대신하여 그 총회를 소집할 수 있다[대법원 1995. 6. 16. 선고 94다53563 판결].

3. [1] 종중의 규약이나 관행에 의하여 매년 일정한 날에 일정한 장소에서 정기적으로 종중원들이 집합하여 종중의 대소사를 처리하기로 되어 있는 경우에는 종중총회 소집절차가 필요하지 아니하나, 그 외에 별도로 종중총회를 소집함에 있어서는 특별한 규약이나 종중관행이 없는 한 종중원 중 통지 가능한 모든 성년 이상의 남자에게 소집통지를 함으로써 각자가 회의와 토의와 의결에 참가할 수 있는 기회를 주어야 하고, 일부 종중원에게 소집통지를 결여한 채 개최된 종중총회의 결의는 효력이 없다.
   [2] <u>소집절차에 하자가 있어 그 효력을 인정할 수 없는 종중총회의 결의라도 후에 적법하게 소집된 종중총회에서 이를 추인하면 처음부터 유효로 된다.</u>
   [3] 종중원들이 종중재산의 관리 또는 처분 등을 위하여 종중의 규약에 따른 적법한 소집권자 또는 일반관례에 따른 종중총회의 소집권자인 종중의 연고항존자에게 필요한 종중의 임시총회의 소집을 요구하였으나 그 소집권자가 정당한 이유 없이 이에 응하지 아니하는 경우에는, 차석 또는 발기인이 소집권자를 대신하여 그 총회를 소집할 수 있는 것이고, 반드시 민법 제70조를 준용하여 감사가 총회를 소집하거나 종원이 법원의 허가를 얻어 총회를 소집하여야 하는 것은 아니다(94다53563, 2010다82639).

4. 종중이란 공동선조의 봉제사를 그 주되는 목적으로 하는 종족집단으로서 그 대표자를 선임함에 있어서는 종중규약이나 관례에 따르고 규약이나 종중관례가 없으면 일반관습에 의하되, 종장 또는 문장이 그 종족 중 성년 이상의 남녀를 소집하여 출석자의 과반수결의로 선출하는 것이 우리나라의 일반관습이기는 하나, 문장의 자격이 있는 자가 소집권한 없는 자의 종회소집에 동의하여 동인으로 하여금 소집케 하였다면 그와 같은 종회소집을 전혀 권한 없는 자의 소집이라고 볼 수는 없다(대판 1985. 10.22, 83다카2396).

라) 총회의 의결정족수

특별한 규정이 없으면 출석자의 과반수로 결정한다.

> **판례**
>
> 직선제에 의한 종중의 회장 선출시 의결정족수를 정하는 기준이 되는 출석종원이라 함은 당초 총회에 참석한 모든 종원을 의미하는 것이 아니라 문제가 된 결의 당시 회의장에 남아 있던 종원만을 의미한다고 할 것이므로 회의 도중 스스로 회의장에서 퇴장한 종원들은 이에 포함되지 않는다(2000다56037).

2) 교회의 분열

> **판례 |** [대법원 1995. 6. 16. 선고 94다53563 판결]
>
> **[판시사항]**
> [1] 교인들이 집단적으로 교회를 탈퇴한 경우, 법인 아닌 사단인 교회가 2개로 분열되고 분열되기 전 교회의 재산이 분열된 각 교회의 구성원들에게 각각 총유적으로 귀속되는 형태의 '교회의 분열'을 인정할 것인지 여부(소극) 및 교인들이 교회를 탈퇴하여 그 교회 교인으로서의 지위를 상실한 경우, 종전 교회 재산의 귀속관계(=잔존 교인들의 총유)
> [2] 교회의 소속 교단 탈퇴 내지 소속 교단 변경을 위한 결의요건(=의결권을 가진 교인 2/3 이상의 찬성) 및 위 결의요건을 갖추어 교회가 소속 교단을 탈퇴하거나 다른 교단으로 변경한 경우, 종전 교회 재산의 귀속관계(=탈퇴한 교회 소속 교인들의 총유)
>
> **[판결요지]**
> **[다수의견]** 우리 민법이 사단법인에 있어서 구성원의 탈퇴나 해산은 인정하지만 사단법인의 구성원들이 2개의 법인으로 나뉘어 각각 독립한 법인으로 존속하면서 종전 사단법인에게 귀속되었던 재산을 소유하는 방식의 사단법인의 분열은 인정하지 아니한다. 그 법리는 법인 아닌 사단에 대하여도 동일하게 적용되며, 법인 아닌 사단의 구성원들의 집단적 탈퇴로써 사단이 2개로 분열되고 분열되기 전 사단의 재산이 분열된 각 사단들의 구성원들에게 각각 총유적으로 귀속되는 결과를 초래하는 형태의 법인 아닌 사단의 분열은 허용되지 않는다. 교회가 법인 아닌 사단으로서 존재하는 이상, 그 법률관계를 둘러싼 분쟁을 소송적인 방법으로 해결함에 있어서는 법인 아닌 사단에 관한 민법의 일반 이론에 따라 교회의 실체를 파악하고 교회의 재산 귀속에 대하여 판단하여야 하고, 이에 따라 법인 아닌 사단의 재산관계와 그 재산에 대한 구성원의 권리 및 구성원 탈퇴, 특히 집단적인 탈퇴의 효과 등에 관한 법리는 교회에 대하여도 동일하게 적용되어야 한다. 따라서 교인들은 교회 재산을 총유의 형태로 소유하면서 사용·수익할 것인데, 일부 교인들이 교회를 탈퇴하여 그 교회 교인으로서의 지위를 상실하게 되면 탈퇴가 개별적인 것이든 집단적인 것이든 이와 더불어 종전 교회의 총유 재산의 관리처분에 관한 의결에 참가할 수 있는 지위나 그 재산에 대한 사용·수익권을 상실하고, 종전 교회는 잔존 교인들을 구성원으로 하여 실체의 동일성을 유지하면서 존속하며 종전 교회의 재산은 그 교회에 소속된 잔존 교인들의 총유로 귀속됨이 원칙이다. 그리고 교단에 소속되어 있던 지교회의 교인들의 일부가 소속 교단을 탈퇴하기로 결의한 다음 종전 교회를 나가 별도의 교회를 설립하여 별도의 대표자를 선정하고 나아가 다른 교단에 가입한 경우, 그 교회는 종전 교회에서 집단적으로 이탈한 교인들에 의하여 새로이 법인 아닌 사단의 요건을 갖추어 설립된 신설 교회라 할 것이어서, 그 교회 소속 교인들은 더 이상 종전 교회의 재산에 대한 권리를 보유할 수 없게 된다.

제3장 / 권리의 객체

1. 물건(독립성과 단일성)

> **제98조 【물건의 정의】** 본법에서 물건이라 함은 유체물 및 전기 기타 관리할 수 있는 자연력을 말한다.

- 물권의 객체인 물건은 배타적 지배에 복종해야 하므로 원칙적으로 독립성이 있는 물건이어야 한다(1물 1권주의). 단, 일물일권주의에는 많은 예외가 있고 그러한 예외를 인정하는 일반적인 기준은 공시가능성과 사회적 필요성이다. 어떠한 상태에 있는 물건이 독립물로서 1개의 물건인지가 쟁점이 된다.

가. 물건의 일부
- 원칙적으로 독립된 권리의 객체가 될 수 없다. 단, 부동산의 일부는 용익물권(지역권, 지상권, 전세권)의 객체가 될 수 있고, 1동의 건물 일부는 구조상 기능상 독립성이 있다면 구분소유권의 객체가 될 수 있다.

나. 단일물
- 형체상 단일한 일체를 이루고, 각 구성부분이 개성을 잃고 있는 물건을 단일물이라고 한다(예 책 1권). 단일물은 하나의 물건으로서 당연히 권리의 객체가 된다.

다. 합성물
- 여러 개의 물건이 각각 개성을 잃지 않고 결합하여 일체를 이루고 있는 것을 합성물이라고 한다(예 건물, 선박, 차량, 보석반지 등). 한 개의 물건으로 다루어진다.

라. 집합물
- 단일물 또는 합성물인 다수의 물건이 집합하여 경제적으로 단일한 가치를 가지며, 거래상으로도 일체로서 다루어지는 수 개 물건의 집합이 집합물이다(예 도서관의 장서, 창고의 동종상품, 공장의 시설과 기계, 가축의 집단).
- 원칙적으로 한 개의 물권이 아니므로 1개 물권의 객체가 될 수 없다. 단, 법률상 특별규정이 있다면 1개의 물건처럼 다루어진다(1개 물권의 객체가 될 수 있다는 의미. 예 공장저당법, 광업재단저당법).
- 판례는 일정한 요건을 갖춘 경우 집합물을 하나의 물건으로 인정한다.

> **판례**
> 1. 재고상품, 제품, 원자재 등과 같은 집합물을 하나의 물건으로 보아 이를 일정기간 계속하여 채권담보의 목적으로 삼으려는 이른바 집합물에 대한 양도담보권설정계약에 있어서는, 그 목적 동산을 종류, 장소 또는 수량지정 등의 방법에 의하여 특정할 수만 있다면 그 집합물 전체를 하나의 재산권으로 하는 담보권의 설정이 가능하다[대법원 1988. 12. 27. 선고, 87누1043 판결. 어류처럼 증감 변동하는 동산의 경우에도 마찬가지라는 것이 아래 판례].
> 2. 성장을 계속하는 어류일지라도 특정 양만장 내의 뱀장어 등 어류전부에 대한 양도담보계약은 그 담보목적물이 특정되었으므로 유효하게 성립하였다고 할 것이다[대법원 1990. 12. 26. 선고, 88다카20224 판결].

3. 집합물에 대하여 양도담보권설정계약이 이루어진 이상 그 집합물을 구성하는 개개의 물건이 변동되고, 양도담보권자가 그때마다 양도담보권설정자와 별도의 양도담보권설정계약을 맺거나 점유개정의 표시를 하지 아니하였더라도, 집합물은 한 개의 물건으로서의 동일성을 잃지 아니하여 양도담보권의 효력은 항상 현재의 집합물에 미친다[대법원 1999. 9. 7. 선고, 98다47283 판결].

4. [1] 돈사에서 대량으로 사육되는 돼지를 집합물에 대한 양도담보의 목적물로 삼은 경우, 그 돼지는 번식, 사망, 판매, 구입 등의 요인에 의하여 증감 변동하기 마련이므로 양도담보권자가 그 때마다 별도의 양도담보권설정계약을 맺거나 점유개정의 표시를 하지 않더라도 하나의 집합물로서 동일성을 잃지 아니한 채 양도담보권의 효력은 항상 현재의 집합물 위에 미치게 되고, 양도담보설정자로부터 위 목적물을 양수한 자가 이를 선의취득하지 못하였다면 위 양도담보권의 부담을 그대로 인수하게 된다는 원심의 판단을 수긍한 사례

   [2] 돈사에서 대량으로 사육되는 돼지를 집합물에 대한 양도담보의 목적물로 삼은 경우, 위 양도담보권의 효력은 양도담보설정자로부터 이를 양수한 양수인이 당초 양수한 돈사 내에 있던 돼지들 및 통상적인 양돈방식에 따라 그 돼지들을 사육·관리하면서 돼지를 출하하여 얻은 수익으로 새로 구입하거나 그 돼지와 교환한 돼지 또는 그 돼지로부터 출산시켜 얻은 새끼돼지에 한하여 미치는 것이지 양수인이 별도의 자금을 투입하여 반입한 돼지에까지는 미치지 않는다고 한 사례

   [3] 유동집합물에 대한 양도담보계약의 목적물을 선의취득하지 못한 양수인이 그 양도담보의 효력이 미치는 목적물에다 자기 소유인 동종의 물건을 섞어 관리함으로써 당초의 양도담보의 효력이 미치는 목적물의 범위를 불명확하게 한 경우에는 양수인으로 하여금 그 양도담보의 효력이 미치지 아니하는 물건의 존재와 범위를 입증하도록 하는 것이 공평의 원칙에 부합한다[대법원 2004. 11. 12. 선고 2004다22858 판결].

5. 돼지를 양도담보의 목적물로 하여 소유권을 양도하되 점유개정의 방법으로 양도담보설정자가 계속하여 점유·관리하면서 무상으로 사용·수익하기로 약정한 경우, 양도담보 목적물로서 원물인 돼지가 출산한 새끼 돼지는 천연과실에 해당하고 그 천연과실의 수취권은 원물인 돼지의 사용·수익권을 가지는 양도담보설정자에게 귀속되므로, 다른 특별한 약정이 없는 한 천연과실인 새끼 돼지에 대하여는 양도담보의 효력이 미치지 않는다고 본 사례(96다25463)

   《주의》 위 4번 판례는 집합물에 대해 양도담보를 설정한 것이고, 이 판례는 특정된 돼지들을 양도담보로 한 경우 새끼 돼지를 천연과실로 보아 점유관리권한이 있는 양도담보설정자에게 귀속된다고 본 것임을 구별할 것

마. 물건인지 여부가 문제되는 것

1) 공기, 전파, 바다는 물건이 아니다.
- 관리가능성이 부정되기 때문

2) 바다(해양)도 권리의 객체가 될 수 있다.
- 단, 어업권과 공유수면매립권의 객체임. 소유권의 객체는 아니다.

3) 권리는 물건이 아니다(예 상품권, 주식 등). 단, 물권의 객체는 될 수 있다.
- 권리질권, 권리저당, 준점유

4) 신체의 일부는 물건이 아니다.
- 따라서, 의족, 의치 등도 신체에 고착되어 있는 경우 물건이 아니다. 다만, 신체로부터 분리되면 물건이 된다.

5) 사체, 유골이 물건인지 여부
- 시체 등도 물건으로서 소유권의 객체가 되지만, 보통의 소유권처럼 사용·수익·처분할 수 없고 오로지 매장·제사·공양 등을 할 수 있는 권능과 의무가 따르는 특수한 소유권이다(통설).

> ⚖️ **판례**
>
> 1. [1] 공동상속인들 사이에 협의가 이루어지지 않는 경우에는 제사주재자의 지위를 인정할 수 없는 특별한 사정이 있지 않는 한 피상속인의 직계비속 중 남녀, 적서를 불문하고 최근친의 연장자가 제사주재자로 우선한다고 보는 것이 가장 조리에 부합한다.
>   [2] 한편 피상속인의 직계비속 중 최근친의 연장자라고 하더라도 제사주재자의 지위를 인정할 수 없는 특별한 사정이 있을 수 있다. 이러한 특별한 사정에는, 2008년 전원합의체 판결에서 판시한 바와 같이 장기간의 외국 거주, 평소 부모를 학대하거나 모욕 또는 위해를 가하는 행위, 조상의 분묘에 대한 수호·관리를 하지 않거나 제사를 거부하는 행위, 합리적인 이유 없이 부모의 유지 또는 유훈에 현저히 반하는 행위 등으로 인하여 정상적으로 제사를 주재할 의사나 능력이 없다고 인정되는 경우뿐만 아니라, 피상속인의 명시적·추정적 의사, 공동상속인들 다수의 의사, 피상속인과의 생전 생활관계 등을 고려할 때 그 사람이 제사주재자가 되는 것이 현저히 부당하다고 볼 수 있는 경우도 포함된다 [대법원 2023. 5. 11. 선고 2018다248626 전원합의체 판결].
> 2. 사람의 유체·유골은 매장·관리·제사·공양의 대상이 될 수 있는 유체물로서, 분묘에 안치되어 있는 선조의 유체·유골은 민법 제1008조의3 소정의 제사용 재산인 분묘와 함께 그 제사주재자에게 승계되고, 피상속인 자신의 유체·유골 역시 위 제사용 재산에 준하여 그 제사주재자에게 승계된다[대법원 2008. 11. 20. 선고 2007다27670 전원합의체 판결, 해당 판결에서 제사주재자는 우선적으로 망인의 공동상속인들 사이의 협의에 의해 정하되, 협의가 이루어지지 않는 경우에는 제사주재자의 지위를 유지할 수 없는 특별한 사정이 있지 않은 한 망인의 장남(장남이 이미 사망한 경우에는 장남의 아들, 즉 장손자)이 제사주재자가 되고, 공동상속인들 중 아들이 없는 경우에는 망인의 장녀가 제사주재자가 된다고 했던 부분은 위 2018다248626판결로 폐기됨].

2. 물건의 분류

가. 융통물과 불융통물
- 사법상 거래의 객체가 될 수 있는 물건을 융통물이라고 하고, 그렇지 못한 물건을 불융통물이라고 한다.
- 불융통물: 행정재산(공용물, 공공용물), 금제품(예 아편, 위조통화, 음란물, 아편흡식기)
- 잡종재산은 융통물이고 사법이 적용됨을 주의

나. 가분물과 불가분물
- 물건의 성질을 변화시키지 않고 분리가 가능한지 여부로 분류한다.
- 실익은 공유물분할, 다수당사자 채권관계에서 있음

다. 소비물과 비소비물
- 실익은 소비대차와 사용대차·임대차의 구별에 있다.

라. 대체물과 부대체물
- 거래상 개성이 중시되지 아니하여 동종·동질·동량의 물건으로 바꾸어도 급부의 동일성이 바뀌지 않는 물건을 대체물이라고 하고, 대체성이 없는 것을 부대체물이라 한다.
- 객관적 성질에 따라 판단한다.
- 실익은 소비대차·소비임치에 있어서는 대체물만이 객체가 된다는 점, 특정물채권과 종류채권을 구별함에 있어 당사자의 의사가 불분명할 때 구별기준이 된다는 점이다.

마. 특정물과 불특정물
- 구체적인 거래에 있어서 당사자가 물건의 개성을 중요시하여 동종의 다른 물건으로 바꾸지 못하게 특정한 것이 특정물이다.
- 당사자의 주관적 의사가 일차적 기준이다.
- 특정물채무와 종류채무를 구별하는 데 실익이 있다.

3. 동산과 부동산

> 제99조 【부동산, 동산】 ① 토지 및 그 정착물은 부동산이다.
> ② 부동산 이외의 물건은 동산이다.

가. 부동산

1) 토지
- 토지란 일정범위의 지면과 정당한 이익이 있는 범위 내에서의 그 지면의 상하를 포함한다(제212조).
- 토지의 구성부분은 토지의 일부분이다(예 암석, 토사, 지하수, 온천수 등).
- 1필의 토지의 일부는 분필의 절차를 완료하기 전에는 양도나 담보물권의 설정을 할 수 없다. 그러나 부동산의 일부는 용익물권(지역권, 지상권, 전세권)의 객체가 될 수는 있다.

2) 건물
- 토지 정착물이나 건물은 토지로부터 완전히 독립한 별개의 부동산이다.
- 건물의 일부는 원칙적으로 독립된 권리의 객체가 될 수 없다. 일부도 용익물권(전세권)의 객체가 될 수 있고. 1동의 건물 일부는 구조상 기능상 독립성이 있다면 구분소유권의 객체가 될 수 있다.
- 독립된 부동산으로서의 건물이라고 하기 위하여는 최소한의 기둥과 지붕 그리고 주벽이 이루어지면 된다(2000다51872).

> **판례 | [대법원 1997. 7. 8. 선고 96다36517 판결]**
>
> [1] 토지는 인위적으로 구획된 일정범위의 지면에 사회관념상 정당한 이익이 있는 범위 내에서의 상하를 포함하는 것으로서, 토지의 개수는 지적법에 의한 지적공부상의 필수, 분계선에 의하여 결정되는 것이고, 어떤 토지가 지적공부상 1필의 토지로 등록되면 그 지적공부상의 경계가 현실의 경계와 다르다 하더라도 다른 특별한 사정이 없는 한 그 경계는 지적공부상의 등록, 즉 지적도상의 경계에 의하여 특정되는 것이므로 이러한 의미에서 토지의 경계는 공적으로 설정 인증된 것이고, 단순히 사적관계에 있어서의 소유권의 한계선과는 그 본질을 달리하는 것으로서, 경계확정소송의 대상이 되는 '경계'란 공적으로 설정 인증된 지번과 지번과의 경계선을 가리키는 것이고, 사적인 소유권의 경계선을 가리키는 것은 아니다.
>
> [2] 건물은 일정한 면적, 공간의 이용을 위하여 지상, 지하에 건설된 구조물을 말하는 것으로서, 건물의 개수는 토지와 달리 공부상의 등록에 의하여 결정되는 것이 아니라 사회통념 또는 거래관념에 따라 물리적 구조, 거래 또는 이용의 목적물로서 관찰한 건물의 상태 등 객관적 사정과 건축한 자 또는 소유자의 의사 등 주관적 사정을 참작하여 결정되는 것이고, 그 경계 또한 사회통념상 독립한 건물로 인정되는 건물 사이의 현실의 경계에 의하여 특정되는 것이므로, 이러한 의미에서 건물의 경계는 공적으로 설정 인증된 것이 아니고 단순히 사적관계에 있어서의 소유권의 한계선에 불과함을 알 수 있고, 따라서 사적 자치의 영역에 속하는 건물 소유권의 범위를 확정하기 위하여는 소유권확인소송에 의하여야 할 것이고, 공법상 경계를 확정하는 경계확정소송에 의할 수는 없다.

3) 토지의 정착물
   가) 원칙
   - 토지의 정착물은 원칙적으로 토지에 부합하여 토지와 일체를 이루는 것으로 취급하므로 토지와 별개의 물건으로 인정되지 않는다(예 돌담, 터널, 다리, 우물, 수목 등).
   - 단, 건물은 토지에 부합하지 않고 독립의 부동산으로 규정하고 있다(이에 따라 법정지상권 제도를 마련함).
   - 독립성·공시·정당한 권원(토지 소유자 이외의 자가 소유권을 취득하기 위한 요건)이 있을 것을 요건으로 독립한 부동산이 될 수 있다. 이러한 요건 못 갖추면 전부 토지에 부합된다.

   나) 수목의 집단
   (1) 입목법상 입목보존등기를 갖춘 경우
   - 토지와 독립한 부동산으로 다루어진다.
   - 따라서 토지를 처분해도 입목의 소유권은 변동하지 않으며 토지에 저당권을 설정해도 입목에는 저당권의 효력이 미치지 않는다.
   - 입목에 취득할 수 있는 권리: 소유권과 담보물권(저당권, 비전형담보물권)

   (2) 명인방법을 갖춘 수목의 집단
   - 명인방법은 관습법상 인정되는 공시방법이다(관습법상의 물권이 아니다).
   - 토지와 독립한 부동산이 된다.
   - 명인방법은 계속되어야 한다(判. 비바람에 씻기면 안 됨, 등기와 차이점).
   - 명인방법으로 공시할 수 있는 권리는 소유권과 소유권의 이전형식을 취하는 양도담보뿐이다.
   - 저당권이나 가등기담보권 등은 공시할 수 없으므로 취득할 수 없다.

   (3) 미분리의 과실
   - 원칙적으로 수목의 일부이고 수목은 토지에 부합하므로 독립한 물건이 아니나, 명인방법을 갖추면 독립한 소유권의 객체가 된다.

   (4) 농작물에 관한 판례 법리
   - 농작물은 토지에 부합하지 않고 경작자에게 소유권이 있다는 것이 판례이다. 판례에 따르면 경작자에게 권원이 있을 필요도 없고, 명인방법을 갖출 필요도 없다.

> **판례**
> 아무런 권원 없이 타인의 토지에서 경작, 재배한 경우에는 명인방법을 갖추지 않았다 하더라도 그 농작물의 소유권은 경작자에게 있다(대판 1963.2.21, 62다913 등).

   - 단, 독립성은 있어야 하므로 성숙한 농작물이어야 한다.
   - 즉, 이 경우 독립한 부동산으로 다루어진다.
   - 농작물 소유권 변동: 물권변동에 있어서 형식주의를 채택하고 있는 현행 민법하에서는 소유권을 이전한다는 의사 외에 부동산에 있어서는 등기를, 동산에 있어서는 인도를 필요로 함과 마찬가지로 이 사건 쪽파와 같은 수확되지 아니한 농작물에 있어서는 명인방법을 실시함으로써 그 소유권을 취득한다(95도2754 판결).

나. 동산
- 부동산 외의 물건은 동산이다. 전기 기타 관리할 수 있는 자연력도 동산이다.
- 다만, 등록 등의 제도가 있는 선박, 자동차, 항공기, 건설기계 등은 모두 동산이나, 법률상 부동산과 같이 취급된다.

4. 원물과 과실

> 제101조【천연과실, 법정과실】① 물건의 용법에 의하여 수취하는 산출물은 천연과실이다.
> ② 물건의 사용대가로 받는 금전 기타의 물건은 법정과실로 한다.
> 제102조【과실의 취득】① 천연과실은 그 원물로부터 분리하는 때에 이를 수취할 권리자에게 속한다.
> ② 법정과실은 수취할 권리의 존속기간일수의 비율로 취득한다.

가. 기본기
- 물건(원물)으로부터 생기는 경제적 수익을 과실이라 한다.
- 원물도 물건이어야 하고 과실도 물건이어야 한다.
- 따라서 권리의 과실 ×(예 주식배당금, 특허사용료). 노동의 대가인 임금 ×

> **판례**
> 국립공원의 입장료는 토지의 사용대가라는 민법상 과실이 아니라 수익자 부담의 원칙에 따라 국립공원의 유지·관리비용의 일부를 국립공원 입장객에게 부담시키고자 하는 것이어서 토지의 소유권이나 그에 기한 과실수취권과는 아무런 관련이 없다(2000다27749).

- 단, 원금에서 발생하는 이자는 과실이라고 보는 것이 통설(그러나 지연이자는 손해배상이므로 과실이 아니다)
- 민법 제102조 규정은 권리의 귀속을 정한 것이 아니라 당사자 사이의 내부관계를 정한 것에 불과한 임의규정이므로, 당사자가 다른 약정을 하는 것은 가능하다.

나. 천연과실: 물건(원물)의 용법에 따라 자연적으로 수취되는 산출물(예 과수의 열매, 동물의 새끼 등)과 인공적으로 수취되는 산출물(예 광물, 석재 등)
1) 과실의 귀속
- 민법은 천연과실은 그 원물로부터 분리하는 때에 이를 수취할 권리자에게 속한다(제102조 제1항).
2) 수취권자
- 원물소유자에 한정되지 않는다.
- 원물 소유자, 선의 점유자, 지상권자, 전세권자, 사용 차주, 임차인, 친권자, 유증받은 자 등이 수취권자이다.
- 유치권자, 질권자도 수취권자에 속하지만 이들은 수취할 경우 자기채권의 우선변제에 충당할 수 있을 뿐
- 수치인은 수취권자가 아니다.

다. 법정과실

1) 개념
물건의 사용대가로 받는 금전 기타의 물건이 법정과실이다(부당이득에서 판례는 차임상당의 부당이득이라는 용어를 자주 사용). 물건의 사용대가는 타인에게 물건을 사용하게 하고 사용 후에 원물 자체 또는 동종, 동질, 동량의 것을 반환하여야 할 법률관계가 있는 경우를 말한다(예 지료, 차임, 이자 등).

2) 귀속
수취할 권리의 존속기간 일수의 비율로 취득한다(제102조 제2항).

라. 기타 과실에 관한 규정

1) 선의점유자의 과실수취권

> 제201조【점유자와 과실】① 선의의 점유자는 점유물의 과실을 취득한다.
> ② 악의의 점유자는 수취한 과실을 반환하여야 하며 소비하였거나 과실로 인하여 훼손 또는 수취하지 못한 경우에는 그 과실의 대가를 보상하여야 한다.
> ③ 전항의 규정은 폭력 또는 은비에 의한 점유자에 준용한다.

- 악의점유자, 폭력 또는 은비에 의한 점유자는 과실수취권이 없다.
- 선의점유는 점유할 수 있는 권리(본권)가 없음에도 불구하고 본권이 있다고 오신하면서 하는 점유이고, 악의점유는 본권이 없음을 알면서 또는 본권의 유무에 관해 의심을 품으면서 하는 점유이다.
- 평온점유는 점유자가 그 점유를 취득 또는 보지하는데 법률이 허용할 수 없는 폭력행위를 쓰지 않는 것을 말하고, 폭력점유는 평온한 점유가 아닌 점유를 통틀어서 지칭하는 것이다. 그리고 공연점유는 남몰래 하지 않는 점유를 말하고, 은비점유는 남몰래 하는 점유를 말한다.

> **판례**
> 건물을 사용함으로써 얻는 이득은 그 건물의 과실(사용대가)에 준하는 것이므로 선의의 점유자는 비록 법률상 원인없이 타인의 건물을 사용하여 그에게 손해를 입혔다고 하더라도 그 사용대가인 차임상당의 부당이득을 반환할 필요가 없다(95다44290).

2) 매매계약에 있어 과실수취권

> 제587조【과실의 귀속, 대금의 이자】매매계약있은 후에도 인도하지 아니한 목적물로부터 생긴 과실은 매도인에게 속한다. 매수인은 목적물의 인도를 받은 날로부터 대금의 이자를 지급하여야 한다. 그러나 대금의 지급에 대하여 기한이 있는 때에는 그러하지 아니하다.

- 특별한 사정이 없는 한 매매계약이 있은 후에도 인도하지 아니한 목적물로부터 생긴 과실은 매도인에게 속하지만(제587조, 매매목적물의 인도 전이라도 매수인이 매매대금을 완납한 때에는 그 이후의 과실수취권은 매수인에게 귀속된다고 보아야 할 것이다(2021다20666 판결).

5. 주물과 종물

> 제100조【주물, 종물】① 물건의 소유자가 그 물건의 상용에 공하기 위하여 자기소유인 다른 물건을 이에 부속하게 한 때에는 그 부속물은 종물이다.
> ② 종물은 주물의 처분에 따른다.

- 물건의 소유자가 그 물건의 상용에 공하기 위하여 자기 소유인 다른 물건을 이에 부속하게 한 때에는, 그 물건을 주물이라고 하고, 주물에 부속된 다른 물건을 종물이라고 한다.

가. 요건

1) 주물과 종물의 소유자가 동일해야 한다.

> **📚 판례 | [대법원 2008. 5. 8. 선고 2007다36933 판결]**
> [1] 부동산에 부합된 물건이 사실상 분리복구가 불가능하여 거래상 독립한 권리의 객체성을 상실하고 그 부동산과 일체를 이루는 부동산의 구성부분이 된 경우에는 타인이 권원에 의하여 이를 부합시켰더라도 그 물건의 소유권은 부동산의 소유자에게 귀속된다.
> [2] 종물은 물건의 소유자가 그 물건의 상용에 공하기 위하여 자기 소유인 다른 물건을 이에 부속하게 한 것을 말하므로(민법 제100조 제1항) 주물과 다른 사람의 소유에 속하는 물건은 종물이 될 수 없다.
> [3] 저당권의 실행으로 부동산이 경매된 경우에 그 부동산에 부합된 물건은 그것이 부합될 당시에 누구의 소유이었는지를 가릴 것 없이 그 부동산을 낙찰받은 사람이 소유권을 취득하지만, 그 부동산의 상용에 공하여진 물건일지라도 그 물건이 부동산의 소유자가 아닌 다른 사람의 소유인 때에는 이를 종물이라고 할 수 없으므로 부동산에 대한 저당권의 효력에 미칠 수 없어 부동산의 낙찰자가 당연히 그 소유권을 취득하는 것은 아니며, 나아가 부동산의 낙찰자가 그 물건을 선의취득하였다고 할 수 있으려면 그 물건이 경매의 목적물로 되었고 낙찰자가 선의이며 과실 없이 그 물건을 점유하는 등으로 선의취득의 요건을 구비하여야 한다.

2) 종물은 주물의 상용에 이바지하는 것이어야 한다.

- 상용에 이바지한다는 것은 사회관념상 계속해서 주물의 경제적 효용을 높이는 작용을 하는 것을 뜻하고, 따라서 주물 그 자체의 경제적 효용과 무관한 것은 종물이 아니다(예 주유소의 주유기는 종물이나, 주유소 사무실에 사용자의 편의를 위해 둔 티비는 종물이 아니다).

3) 종물은 독립한 물건이어야 한다.

- 독립성이 상실되면 부합이 되어 버리고 하나의 물건이 된다(부합이 되면 소유자가 달라도 주된 물건의 소유자가 소유권 취득하는 것임. 하나의 물건이 되어버리므로. 다만, 비용 등은 지급해야 함)[11]. 즉, 종물은 부속물이어야 하고 부합된 경우는 종물은 아니다.

---

11) 동산 등 소유에 대한 민법 참고 조문
　제256조 【부동산에의 부합】 부동산의 소유자는 그 부동산에 부합한 물건의 소유권을 취득한다. 그러나 타인의 권원에 의하여 부속된 것은 그러하지 아니하다.
　제257조 【동산간의 부합】 동산과 동산이 부합하여 훼손하지 아니하면 분리할 수 없거나 그 분리에 과다한 비용을 요할 경우에는 그 합성물의 소유권은 주된 동산의 소유자에게 속한다. 부합한 동산의 주종을 구별할 수 없는 때에는 동산의 소유자는 부합당시의 가액의 비율로 합성물을 공유한다.
　제258조 【혼화】 전조의 규정은 동산과 동산이 혼화하여 식별할 수 없는 경우에 준용한다.
　제259조 【가공】 ① 타인의 동산에 가공한 때에는 그 물건의 소유권은 원재료의 소유자에게 속한다. 그러나 가공으로 인한 가액의 증가가 원재료의 가액보다 현저히 다액인 때에는 가공자의 소유로 한다.
　　② 가공자가 재료의 일부를 제공하였을 때에는 그 가액은 전항의 증가액에 가산한다.
　제260조 【첨부의 효과】 ① 전4조의 규정에 의하여 동산의 소유권이 소멸한 때에는 그 동산을 목적으로 한 다른 권리도 소멸한다.
　　② 동산의 소유자가 합성물, 혼화물 또는 가공물의 단독소유자가 된 때에는 전항의 권리는 합성물, 혼화물 또는 가공물에 존속하고 그 공유자가 된 때에는 그 지분에 존속한다.
　제261조 【첨부로 인한 구상권】 전5조의 경우에 손해를 받은 자는 부당이득에 관한 규정에 의하여 보상을 청구할 수 있다.

> **판례**
> 정화조는 건물의 대지가 아닌 인접한 다른 필지의 지하에 설치되어 있다 하더라도 독립된 물건으로서 종물이라기보다는 건물의 구성부분으로 보아야 할 것이다(대판 1993.12.10. 93다42399).

4) 주물과 종물은 장소적으로 밀접한 관계에 있어야 한다.
- 다만, 일시적으로 분리되어도 종물성을 잃지는 않는다.

> **판례**
> 민법 제100조는 물의 소유자가 그 물의 상용에 공하기 위하여 자기의 소유에 속한 다른 물로서 이에 부속시킬 때에는 그 부속시킨 물을 종물로서 이는 주물의 처분에 따르게 한다는 취지인바, '상용에 공한다' 함은 사회관념상 계속하여 주물의 효용을 완성시키는 작용을 한다고 인정되는 종류의 물이고 또 특정의 주물에 부속된다고 인정될 만한 장소적 관계에 있어야 함을 요한다(4288민상526).

5) 종물은 동산, 부동산(주택에 딸린 광) 불문한다.

나. 효과

- 종물은 주물의 처분에 따른다(임의규정). 임의규정이므로 당사자들이 특약으로 달리 정할 수 있다.
- 주물에 관하여 물권적 처분(예 양도, 저당권설정 등)이 행하여진 경우뿐만 아니라 채권적 처분(예 매매, 임대차 등)이 행하여진 경우에도 원칙적으로 종물도 그 처분에 포함된다.
- 따라서 주물인 부동산에 대한 소유권 이전 등기가 있으면 종물의 소유권도 당연히 이전된다. 또한 주물에 관하여 저당권설정등기가 되어 있으면 종물에 대해서도 당연히 저당권의 효력이 미친다(저당권 설정 후 부속된 것에도 효력 미침).
- 이러한 법리는 권리 상호간에도 유추적용 가능하다(원본채권과 기본적 이자채권, 건물 소유권과 건물을 위한 대지 사용권. 다만, 이때 대지사용권이 법정지상권과 같은 물권인 경우 그에 관한 물권변동을 위해서는 별도의 등기가 있어야)
- 다만, 유치권이나 질권은 그 유치적 효력에 의해 점유를 하여야 인정되는 담보물권이므로, 주물을 점유하고 있더라도 종물을 점유하고 있지 않는 한 유치권, 질권의 효력이 종물에는 미치지 아니한다. 시효취득의 경우도 점유를 요건으로 하므로, 주물을 시효취득하였다고 하더라도 종물에 대한 점유가 없는 한 종물을 시효취득한 것으로 볼 수 없다.

다. 판례

> ⚖️ **판례**
>
> 1. 주물의 상용에 이바지한다 함은 <u>주물 그 자체의 경제적 효용을 다하게 하는 것</u>을 말하는 것으로서, <u>주물의 소유자나 이용자의 사용에 공여되고 있더라도 주물 그 자체의 효용과 직접 관계가 없는 물건은 종물이 아니다</u>[대법원 2000. 11. 2. 자2000마3530 결정].
>
> 2. 주유소의 지하유류저장탱크는 토지의 부합물(분리하는데 과다한 비용이 들고 분리하면 경제적 가치가 현저히 감소하므로)이고, 주유소의 주유기는 주유소 건물의 종물(독립된 물건이나 주유소 건물 자체의 경제적 효용을 다하게 하고 있으므로)이다[대법원 1995. 6. 29. 선고, 946345 판결].
>
> 3. 공장저당법에 의한 공장저당을 설정함에 있어서는 공장의 토지, 건물에 설치된 기계, 기구 등은 같은 법 제7조 소정의 기계, 기구 목록에 기재하여야만 공장저당의 효력이 생기나, 이와는 달리 공장건물이나 토지에 대하여 민법상의 일반저당권이 설정된 경우에는 공장저당법과는 상관이 없으므로 같은 법 제7조에 의한 목록의 작성이 없더라도 그 저당권의 효력은 민법 제358조에 의하여 당연히 그 공장건물이나 토지의 종물 또는 부합물에까지 미친다[대법원 1995. 6. 29. 선고, 94다6345 판결].
>
> 4. 백화점 건물의 지하 2층 기계실에 설치되어있는 전화교환설비는 건물의 원소유자가 설치한 부속시설로서 독립한 물건이기는 하나, 백화점의 효용과 기능을 다하기에 필요 불가결한 시설들로서, 위 건물의 상용에 제공된 종물이라 할 것이다[대법원 1993. 8. 13. 선고, 92다43142 판결].
>
> 5. 횟집으로 사용할 점포 건물에 거의 붙여서 횟감용 생선을 보관하기 위하여, 즉 위 점포건물의 상용에 공하기 위하여 신축한 수족관건물은 위 점포건물의 종물이라고 해석할 것이다(대판 1993.2.12. 92도3234).
>
> 6. 종물은 주물의 상용에 이바지하는 관계에 있어야 하고, 주물의 상용에 이바지한다 함은 주물 그 자체의 경제적 효용을 다하게 하는 것을 말하는 것으로서 주물의 소유자나 이용자의 상용에 공여되고 있더라도 주물 그 자체의 효용과 직접 관계가 없는 물건은 종물이 아니라고 할 것인바, 신폐수처리시설과 구폐수처리시설이 그 기능면에 있어서는 전체적으로 결합하여 유기적으로 작용함으로써 하나의 폐수처리장을 형성하고 그 기능을 수행한다 할 것이나, 신폐수처리시설이 구폐수처리시설 그 자체의 경제적 효용을 다하게 하는 시설이라고 할 수는 없을 것이므로 신폐수처리시설이 구폐수처리시설의 종물이라고 할 수 없다(대판 1997.10.10. 97다3750).
>
> 7. 피해자 소유의 축사 건물 및 그 부지를 임의경매절차에서 매수한 사람이 위 부지 밖에 설치된 피해자 소유 소독시설을 통로로 삼아 위 축사건물에 출입한 사안에서, 위 소독시설은 축사출입차량의 소독을 위하여 설치한 것이기는 하나 별개의 토지 위에 존재하는 독립한 건조물로서 축사 자체의 효용에 제공된 종물이 아니므로. 위 출입행위는 건조물침입죄를 구성한다(대판 2007.12.13. 2007도7247).

제4장 권리의 변동

제1절 권리의 변동

1. 권리변동의 종류

가. 의미
권리의 변동은 권리의 발생, 변경, 소멸을 전부 칭하는 말이다.

나. 권리의 발생(취득)

1) 원시 취득(절대적 발생)
- 이전의 권리에 기초하지 않고 새로운 권리를 발생시키는 것이다(예 무주물선점, 유실물습득, 건물신축, 취득시효, 선의취득 등).
- 원시취득 시 종전 권리에 대한 제한이 소멸된다.

2) 승계 취득(상대적 발생)
- 이전 권리에 기초한 취득. 따라서 전 권리자의 권리 이상을 취득할 수 없다.
- 이전적 승계: 구권리자에 속하고 있었던 권리가 그 동일성을 유지하면서 그대로 신권리자(승계인)에게 이전되는 것으로, 권리의 주체만 바뀌는 것이다. 개개의 권리가 이전되는 특정승계(예 매매계약을 통한 이전)와 포괄적으로 승계되는 포괄승계(예 상속, 합병)가 있다.
- 설정적 승계: 구권리자의 권리는 그대로 존속하면서 신권리자가 그 권리의 내용의 일부에 어떤 권리를 설정하여 취득하는 경우이다. 소유자로부터 용익물권(전세권, 지상권, 지역권), 담보물권(저당권 등) 등 제한물권을 설정받거나 임차권을 설정받는 것이다.

다. 권리의 변경

1) 주체의 변경

2) 내용의 변경
- 질적 변경: 예를 들어 물건의 인도를 목적으로 하는 채권이 채무불이행으로 인해 금전손해배상채권으로 변하는 것 등의 경우이다.
- 양적 변경: 예를 들어 권리의 객체가 첨부(확장, 민법 제256조 이하)되거나, 제한물권의 설정으로 소유권 권능 제한(축소)되는 경우이다.

3) 작용의 변경: 예를 들어 저당권의 순위 승진, 임차권의 대항력이나 채권양도의 통지에 의해 권리를 제3자에게도 대항할 수 있는 경우 등이다.

라. 권리의 소멸

1) 절대적(객관적) 소멸
권리 자체가 아예 소멸하는 것이다. 예를 들어 화재로 인한 목적물 멸실로 인한 소유권 소멸, 채무 변제에 따른 채권의 소멸 등이다.

2) 상대적(주관적) 소멸

권리의 이전적 승계로 구권리자의 권리가 소멸하는 것이다. 예를 들어 주택 매매계약 및 소유권이전을 통해 매도인이 소유권을 잃게 되는 경우이다.

2. 권리변동의 원인

가. 법률요건

일정한 법률효과를 발생하게 하는 사실을 총괄해서 법률요건(구성요건)이라 한다. 이러한 법률요건으로 가장 중요한 것이 법률행위이다. 그러나 준법률행위, 불법행위, 부당이득, 사무관리 등도 법률요건이다.

나. 법률사실

법률요건을 구성하는 개개의 사실을 법률사실이라 한다. 대표적으로는 사람의 의식, 정신작용에 기한 용태(예 법률행위 등)과 사람의 의식에 기하지 않은 사건(예 출생과 사망, 시간 경과 등)으로 나뉜다.

1) 용태

사람의 의식, 정신작용에 기한 것으로 대표적으로 의사표시, 준법률행위, 비표현행위(사실행위), 위법행위 등이다.

가) 법률행위(의사표시) - 자세히는 후술

- 일정한 법률효과의 발생을 목적으로 하는 의사의 표시행위
- 의사표시를 필요 불가결한 요건으로 하는 법률요건
- 청약, 승낙, 취소, 추인, 해제, 해지, 동의, 철회, 공탁, 현명, 대리권수권행위, 시효완성 후의 채무승인, 유언 등

나) 준법률행위

당사자의 의사가 아닌 법률의 규정에 의해 법적 효과가 발생하는 법률요건

(1) 표현행위

- 의사의 통지
  - 의사를 외부에 표시하는 점에서는 의사표시와 같으나, 이는 행위자가 어떤 법률효과의 발생을 원하였느냐 원하지 아니하였느냐를 묻지 않고 법률이 일정한 법적효과를 주고 있다는 점이 차이이다.
  - 최고, 거절 등
- 관념의 통지
  - 표시된 내용이 무엇을 의욕한다기 보다는 객관적 사실을 통지하는 것으로 주로 사실의 통지가 이에 해당한다.
  - 채권양도의 통지나 승낙, 총회소집통지, 시효중단의 채무의 승인, 공탁의 통지, 승낙 연착의 통지, 제125조 대리권 수여의 표시

(2) 비표현행위(사실행위)

- 행위에 의하여 생긴 결과만이 법률에 의하여 법률상의 의미가 있는 것으로 인정되는 행위를 말한다.
- 외부적 결과의 발생만 있으면 법률이 일정한 효과를 주는 순수사실행위: 매장물발견[12], 가공, 주소 설정 등

---

[12] 제254조 【매장물의 소유권취득】 매장물은 법률에 정한 바에 의하여 공고한 후 1년내에 그 소유자가 권리를 주장하지 아니하면 발견자가 그 소유권을 취득한다. 그러나 타인의 토지 기타 물건으로부터 발견한 매장물은 그 토지 기타 물건의 소유자와 발견자가 절반하여 취득한다.

- 외부적 결과의 발생 이외에 일정한 의식과정이 따를 것을 요구하는 혼합사실행위: 무주물선점[13], 유실물습득[14], 사무관리, 점유취득 등

다. 사건
- 사람의 정신작용에 기하지 않는 법률사실이다. 즉, 물건의 자연적인 발생과 소멸 등과 같이 사람의 정신작용과 관계 없는 사실로서, 법률에 의하여 법률상의 의미가 인정되는 것이 사건이다.
- 출생과 사망, 물건의 멸실, 부합, 부당이득, 기간, 혼동

제2절 법률행위

1. 법률행위의 요건

가. 법률행위와 의사표시
- 일정한 법률효과의 발생을 목적으로 하는 의사표시를 불가결한 요소로 하는 법률요건이다.
- 법률행위의 요소: 의사표시
- 표시된 의사의 내용대로 권리나 의무가 결정되는 것이 원칙이다(표시한 대로 효과발생이 원칙). 즉, 우리 민법은 강력하게 표시주의에 기운 절충주의라고 평가된다.
- 대표적으로 계약이라는 법률행위는 청약과 승낙이라는 의사의 합치로 성립, 그 외 다른 것들 있음(채무면제와 같은 단독행위 등)
- 의사표시의 구성요소: 효과의사(일정한 법률효과를 원하는 의사, 예 매수인이 되려는 의사), 표시의사(효과의사를 외부에 발표하려는 의사), 행위의사(행위의사란 행위자가 어떤 행위를 한다는 인식), 표시행위(효과의사를 외부에 표시하는 행위)

> **판례 I** [96다1320]
>
> [판시사항]
> [1] 처분문서에 나타난 당사자 의사의 해석방법
> [2] 표의자의 진정한 의사를 알 수 없는 경우, 의사표시의 요소가 되는 효과의사(= 표시상의 효과의사)
>
> [판결요지]
> [1] 당사자 사이에 계약의 해석을 둘러싸고 이견이 있어 처분문서에 나타난 당사자의 의사해석이 문제되는 경우, 그 해석은 그 문언의 내용, 그와 같은 약정이 이루어진 동기와 경위, 그 약정에 의하여 달성하려는 목적, 당사자의 진정한 의사 등을 종합적으로 고찰하여 논리와 경험칙에 따라 합리적으로 해석하여야 한다.
> [2] 의사표시 해석에 있어서 당사자의 진정한 의사를 알 수 없다면, 의사표시의 요소가 되는 것은 표시행위로부터 추단되는 효과의사, 즉 표시상의 효과의사이고 표의자가 가지고 있던 내심적 효과의사가 아니므로, 당사자의 내심의 의사보다는 외부로 표시된 행위에 의하여 추단된 의사를 가지고 해석함이 상당하다.

---

[13] 제252조 【무주물의 귀속】 ① 무주의 동산을 소유의 의사로 점유한 자는 그 소유권을 취득한다.
　　② 무주의 부동산은 국유로 한다.
　　③ 야생하는 동물은 무주물로 하고 사양하는 야생동물도 다시 야생상태로 돌아가면 무주물로 한다.
[14] 제253조 【유실물의 소유권취득】 유실물은 법률에 정한 바에 의하여 공고한 후 6개월 내에 그 소유자가 권리를 주장하지 아니하면 습득자가 그 소유권을 취득한다

나. 법률행위의 요건(성립요건, 유효요건)

법률행위가 효과를 발생하려면 먼저 법률행위로 '성립'하여야 하고, 그 법률행위가 '효력'이 있어야 한다. 따라서 법률행위의 성립과 불성립은 법률행위의 무효, 유효보다 선행되는 문제이다(계약이 불성립되면 계약의 유효 여부를 따질 필요도 없음).

1) 성립요건
- 일반적 성립요건: ① 당사자의 존재 및 특정가능성, ② 목적의 존재 및 확정가능성, ③ 의사표시의 존재
- 특별 성립요건: 법률행위가 성립하기 위해서는 일정한 방식이 요구되는 경우 특별히 추가되는 요건(예 혼인에서의 신고, 유언에서 방식, 법인의 성립등기 등)과 일정한 요물성이 요구되는 경우 특별히 추가되는 요건(예 대물변제예약, 현상광고계약 등)이다.
- 성립요건은 그 요건이 갖추어지면 효과가 발생하는 적극요건이므로 권리 주장자가 요건 갖추었음을 입증하는 것이 원칙(예 계약의 성립되었음은 성립을 주장하는 자가 입증해야 함)

2) 효력요건
- 효력요건을 갖추지 못한 경우 법률행위는 무효이거나 또는 취소할 수 있는 행위가 된다.
- 성립이 인정되면 효과는 발생한 것으로 보므로, 효력이 부인되는 무효 또는 취소 등의 요건은 소극요건임. 따라서 권리발생을 저지하는 상대방이 그 흠결을 입증하는 것이 원칙이다.
- 일반적 유효요건: ① 당사자가 행위능력 및 의사능력이 있을 것, ② 목적이 확정성, 가능성, 적법성, 사회적 타당성이 있을 것, ③ 의사와 표시가 일치하고 하자(사기, 강박)가 없을 것
- 특별 유효요건: 일정한 법률행위의 경우에 특별히 요구되는 효력요건(대리행위에서 대리권의 존재, 조건부·기한부 법률행위에서 조건의 성취와 기한의 도래, 토지거래허가구역 상 토지에 대한 계약에 있어서 토지거래허가)

2. 법률행위의 종류

가. 단독행위, 계약, 합동행위

1) 단독행위: 단독행위란 법률관계의 당사자 중 한 사람의 일방적 의사표시만으로 권리변동을 가져오는 법률행위를 말한다. 상대방이 있는 경우, 없는 경우가 있다.
- 상대방 있는 단독행위: 상대방에게 하는 일방적 의사표시로 효과가 발생한다. 상대방에게 의사표시가 도달해야 효력이 발생한다. 동의, 취소, 채무면제, 해제, 추인 등이 이에 해당한다.
- 상대방 없는 단독행위: 의사표시가 어떤 특정한 상대방에게 행하여질 필요가 없는 단독행위이다. 재단법인설립행위, 유언, 소유권의 포기(제한물권의 포기는 소유자가 별도로 있으므로 상대방 있는 단독행위라는 것이 다수설), 상속포기 등이 이에 해당한다.
- 구별실익: 상대방 없는 단독행위에는 도달주의가 적용되지 않고, 상대방 보호 문제가 발생하지 않으며, 자연적 해석 방법에 따른다.

2) 계약: 두 개의 대립되는 의사표시의 합치에 의하여 성립하는 법률행위이다(예 청약과 승낙이라는 서로 대립하는 의사의 합치로 계약이 성립).

3) 합동행위: 두 개 이상의 서로 방향을 같이 하는 의사표시의 합치로 이루어진다.
- 사단법인 설립행위가 이에 해당한다는 것이 다수설(합동행위 개념 인정할 필요 없다는 소수설도 있다)

나. 요식행위와 불요식행위
- 의사표시가 서면 기타 일정한 방식에 따라 행하여질 때 효력이 부여되는 경우를 요식행위라고 하고, 아무런 방식이 필요 없는 경우를 불요식행위라고 한다
- 우리 민법은 불요식행위가 원칙이다(즉, 구두로만 계약이 성립될 수 있다). 예외적으로 요식행위를 규정하고 있다.
- 유언, 법인설립, 어음행위, 혼인이나 입양 등 신분행위의 경우 요식행위이다.

다. 채권행위(의무부담행위)와 물권행위·준물권행위(처분행위)
- 채권행위: 이행의 문제를 남기고, 처분권이 불필요하다(타인권리매매 등 유효).
- 물권행위: 이행의 문제를 남기지 않고, 처분권이 필요하다(무권리자의 처분행위는 무효). 물권행위는 물권의 변동을 직접 목적으로 하는 행위이고, 준물권행위는 물권 이외의 권리 변동을 직접 목적으로 하는 행위이다(채권양도, 채무면제, 무채재산권의 양도).

라. 출연행위와 비출연행위
- 재산행위에는 자기의 재산을 감소시키고 타인의 재산을 증가케 하는 효과를 발생시키는 행위인 출연행위와 타인의 재산을 증가케 함이 없이 행위자만의 재산이 감소하거나 또는 직접 재산의 증감을 일어나게 하지 않는 행위인 비출연행위가 있다.

3. 법률행위의 해석

가. 법률행위의 해석
- 법률행위의 목적(내용)을 확정하는 것을 말한다.
- 법률행위의 해석은 표의자의 의사표시가 명확하거나 진의와 표시가 일치할 때는 별다른 문제가 되지 않는다. 다만, 의사표시의 존부가 불분명한 경우, 의사와 표시가 일치하지 않은 경우, 표의자의 표시행위에 사용된 개념이 객관적 문언의 의미와 다른 경우, 표시행위의 의미가 다의적인 경우 등에 있어서 법률행위 해석이 필요하다.

1) 법률행위 해석이 필요한 경우: 법률행위의 성립 여부나 유효요건 구비 여부를 판단하고, 목적을 확정시키는 역할
2) 해석의 대상

> **판례**
>
> 1. **당사자가 표시한 문언에 의하여 객관적 의미가 명확하게 드러나지 않는 경우의 법률행위 해석 방법**
>   법률행위의 해석은 당사자가 그 표시행위에 부여한 객관적인 의미를 명백하게 확정하는 것으로서, 서면에 사용된 문구에 구애받는 것은 아니지만 어디까지나 당사자의 내심적 의사의 여하에 관계없이 그 서면의 기재 내용에 의하여 당사자가 그 표시행위에 부여한 객관적 의미를 합리적으로 해석하여야 하는 것이고, 당사자가 표시한 문언에 의하여 그 객관적인 의미가 명확하게 드러나지 않는 경우에는 그 문언의 내용과 그 법률행위가 이루어진 동기 및 경위, 당사자가 그 법률행위에 의하여 달성하려는 목적과 진정한 의사, 거래의 관행 등을 종합적으로 고려하여 사회정의와 형평의 이념에 맞도록 논리와 경험의 법칙, 그리고 사회일반의 상식과 거래의 통념에 따라 합리적으로 해석하여야 한다(96다16049).

2. 일반적으로 계약의 당사자가 누구인지는 그 계약에 관여한 당사자의 의사해석의 문제에 해당한다. 의사표시의 해석은 당사자가 그 표시행위에 부여한 객관적인 의미를 명백하게 확정하는 것으로서, 계약당사자 사이에 어떠한 계약 내용을 처분문서인 서면으로 작성한 경우에는 그 서면에 사용된 문구에 구애받는 것은 아니지만 어디까지나 당사자의 내심적 의사의 여하에 관계없이 그 서면의 기재 내용에 의하여 당사자가 그 표시행위에 부여한 객관적 의미를 합리적으로 해석하여야 하며, 이 경우 문언의 객관적인 의미가 명확하다면, 특별한 사정이 없는 한 문언대로의 의사표시의 존재와 내용을 인정하여야 한다. 다만 처분문서라 할지라도 그 기재 내용과 다른 명시적, 묵시적 약정이 있는 사실이 인정될 경우에는 그 기재 내용과 다른 사실을 인정할 수는 있다(2010다81957). 특히 문언의 객관적 의미와 달리 해석함으로써 당사자 사이의 법률관계에 중대한 영향을 초래하게 되는 경우에는 그 문언의 내용을 더욱 엄격하게 해석하여야 한다(대판 2018.12.28, 2018다260732).

3. 매매계약서에 계약사항에 대한 이의가 생겼을 때에는 매도인의 해석에 따른다는 조항은 법원의 법률행위해석권을 구속하는 조항이라고 볼 수 없다(대법원 1974. 9. 24. 선고 74다1057 판결).

3) 해석의 기준

당사자가 기도한 목적, 사실인 관습, 임의법규, 신의성실의 원칙(조리) 등이 모두 해석의 기준이 될 수 있다는 것이 통설, 판례이다.

4) 예문해석의 문제

가) 예문해석의 문제

- 대법원은 계약의 특정조항이 당사자 일방에게 매우 부당할 경우 이를 예문이라고 하여 당사자에게는 이에 구속될 의사가 없다는 이유로 그 조항의 적용을 배제하는 해석을 하기도 하는데, 이러한 해석방법을 예문해석이라 한다.
- 주로 부동문자로 미리 인쇄되어 있는 조항에 대하여 위와 같은 해석을 하고, 포괄근저당권설정계약에 있어 피담보채무의 범위를 확정하는 데 있어 종종 사용된다.
- 다만, 판례가 부동문자로 기재된 조항이 있다고 해서 언제나 이를 예문으로 보아 배제시키는 것은 아니다. 즉, 판례는 구체적인 사정을 다양하게 고려하여 당사자 간의 이해관계를 조절할 필요가 있는 경우에 한하여 예문해석을 한다.

나) 관련 판례

> **판례**
>
> 1. 처분문서의 기재 내용이 부동문자로 인쇄되어 있다면 인쇄된 예문에 지나지 아니하여 그 기재를 합의의 내용이라고 볼 수 없는 경우도 있으므로 처분문서라 하여 곧바로 당사자의 합의의 내용이라고 단정할 수는 없고 구체적 사안에 따라 당사자의 의사를 고려하여 그 계약 내용의 의미를 파악하고 그것이 예문에 불과한 것인지의 여부를 판단하여야 한다(97다36231).
> 2. 계약서의 용지가 미리 부동문자로 인쇄된 것이고 그 계약서 조항의 기재내용을 자세히 조사하여 본일이 없었던 것이었다는 사정만으로서는 처분문서인 계약서의 가장 중요한 내용에 속하는 그 조항의 효력을 부정할 수 없다(70다1611).

5) 약관에 관한 해석

- 약관은 신의성실의 원칙에 따라 당해 약관의 목적과 취지를 고려하여 공정하고 합리적으로 해석하되, 개개 계약 당사자가 기도한 목적이나 의사를 참작함이 없이 평균적 고객의 이해 가능성을 기준으로 전체의 이해관계를 고려하여 객관적·획일적으로 해석하여야 하며, 위와 같은 해석을 거친 후에도 약관 조항이 객관적으로 다의적으로 해석되고 그 각각의 해석이 합리성이 있는 등 당해 약관의 뜻이 명백하지 아니한 경우에는 고객에게 유리하게 해석하여야 한다[대법원 2009. 5. 28. 선고 2008다81633 판결, 대법원 2010. 12. 9. 선고 2009다60305 판결 등].

나. 법률행위의 해석방법

1) 자연적 해석

- 표의자의 실제 내심의 의사대로 해석하는 방법이다. 즉, 표의자의 실제 의사가 중요하다(표시와 관계없이).
- 자기결정의 원칙, 사적자치의 본질
- 상대방 없는 단독행위의 해석. 오표시무해의 원칙에서 대표적으로 자연적 해석방법이 사용된다(아래 판례 참조).

⚖ 판례 | 오표시무해의 원칙 관련 판례

1. 부동산의 매매계약에 있어 쌍방 당사자가 모두 특정의 甲 토지를 계약의 목적물로 삼았으나 그 목적물의 지번 등에 관하여 착오를 일으켜 계약을 체결함에 있어서는 계약서상 그 목적물을 甲 토지와는 별개인 乙 토지로 표시하였다 하여도, 甲 토지에 관하여 이를 매매의 목적물로 한다는 쌍방 당사자의 의사 합치가 있은 이상 그 매매계약은 甲 토지에 관하여 성립한 것으로 보아야 하고 乙 토지에 관하여 매매계약이 체결된 것으로 보아서는 안 될 것이며, 만일 乙 토지에 관하여 그 매매계약을 원인으로 하여 매수인 명의로 소유권이전등기가 경료되었다면 이는 원인 없이 경료된 것으로서 무효이다(96다19581).

- **위 판례의 쟁점**
첫째는 토지의 매매계약에 있어서 당사자 쌍방이 공통된 착오를 일으켜 계약서에 지번표시를 다르게 기재한 경우에 어떤 토지가 매매의 목적토지인가이고, 둘째는 그러한 경우에 당사자의 일방이나 쌍방이 계약을 취소할 수 있는가이며, 셋째는 계약서에 기재된 지번에 관하여 소유권 이전등기가 행하여진 경우에 어느 토지에 관하여 물권변동이 일어났는지 여부이다. 첫 번째 문제는 법률행의 해석의 문제이고, 두 번째 문제는 오표시무해의 원칙과 착오와의 관계 문제이고, 세 번째 문제는 법률행위에 의한 부동산물권변동의 요건 내지 등기의 유효 요건의 문제인 것으로 나누어 생각해 볼 수 있다.

  [1] 어떤 토지가 매매의 목적토지인가
  표의자의 잘못된 표시에도 불구하고 상대방이 표의자의 진의를 올바로 파악하였을 때는 표의자의 진의에 따른 법률효과가 주어지게 되므로 자연적 해석 방법이 적용된다. 상대방 있는 의사표시의 경우 원칙적으로 규범적 해석 방법에 의하나 양 당사자의 진의가 일치하는 경우에는 그것이 착오에 의한 것이든, 합의에 의한 것이든 관계없이 그 의사표시의 실질적 의미대로 법률행위가 성립한다. 이를 오표시무해의 원칙이라고 한다. 본 사안은 매매계약이므로 규범적 해석에 의하는 것이 원칙이지만 의사표시의 당사자가 사실상 같은 의미로 이해한 경우이기 때문에 오표시무해의 원칙에 의해 매매계약은 甲토지에 대하여 이루어진 것이 된다.

  [2] 착오와 법률행위 해석과의 관계
  규범적 해석이 이루어진 경우에만 착오를 이유로 취소 가능하다. 자연적 해석에서는 표의자가 의욕한 대로 법률효과가 주어지므로 표의자가 진의의 불일치를 이유로 자기의 의사표시를 무효화할 근거가 없고, 보충적 해석에서는 양당사자의 진의가 중시되는 것이 아니라 당사자의 가정적 의사가 중시되므로 진의와 표시의 불일치에 따른 착오의 문제는 발생할 수 없기 때문이다. 따라서 사안의 경우 甲토지에 대한 매매계약은 취소할 수 없다.

[3] 법률행위에 의한 부동산 물권변동

민법은 186조에서 형식주의를 규정하고 있는 바 부동산 물권변동이 일어나려면 물권행위 외에 등기까지 갖추어야만 한다. 물권변동이 일어나려면 물권행위와 등기가 모두 유효하여야 하고, 또 그 둘의 내용에 있어서 부합 내지 일치하여야 한다.

본 판결 사안의 경우에는, 매매계약은 甲토지에 관하여 성립하고 매수인이 그것을 인도받아 점유, 경작을 하였으나 등기는 乙토지에 관하여 행하여졌으므로 물권변동은 甲토지와 乙토지 모두에 관하여 일어나지 않는다. 甲토지에 관하여는 물권행위는 있으나 등기가 없고, 乙토지에 관하여는 등기는 있으나 물권행위가 없기 때문이다.

乙토지의 소유자는 현재 등기명의인인 매수인에 대하여 등기말소청구권을 행사할 수 있다. 그리고 매수인은 매도인에 대하여 甲토지의 소유권이전등기 청구권을 행사할 수 있는데 동 등기청구권이 소멸시효에 걸리는지 여부에 대하여 견해의 대립이 있다. 판례는 부동산 매수인의 등기청구권은 채권적 청구권이기 때문에 원칙적으로 소멸시효에 걸리지만, 부동산매수인이 인도받아 사용·수익하고 있으면 예외적으로 소멸시효에 걸리지 않는다고 한다.

2. 일반적으로 계약을 해석할 때에는 형식적인 문구에만 얽매여서는 안 되고 쌍방당사자의 진정한 의사가 무엇인가를 탐구하여야 한다. 계약 내용이 명확하지 않은 경우 계약서의 문언이 계약 해석의 출발점이지만, 당사자들 사이에 계약서의 문언과 다른 내용으로 의사가 합치된 경우에는 의사에 따라 계약이 성립한 것으로 해석하여야 한다.

계약당사자 쌍방이 모두 동일한 물건을 계약 목적물로 삼았으나 계약서에는 착오로 다른 물건을 목적물로 기재한 경우 계약서에 기재된 물건이 아니라 쌍방 당사자의 의사합치가 있는 물건에 관하여 계약이 성립한 것으로 보아야 한다. 이러한 법리는 계약서를 작성하면서 계약상 지위에 관하여 당사자들의 합치된 의사와 달리 착오로 잘못 기재하였는데 계약 당사자들이 오류를 인지하지 못한 채 계약상 지위가 잘못 기재된 계약서에 그대로 기명날인이나 서명을 한 경우에도 동일하게 적용될 수 있다(2016다242334).

2) 규범적 해석

- 상대방의 입장에서 표시행위의 규범적·객관적 의미대로 해석하는 방법이다(내심의 왜곡을 초래할 수 있음). 내심적 효과의사와 표시행위가 일치하지 않는 경우에 표시행위에 따라 상대방의 시각에 따라 해석하는 방법이다.
- 자기책임의 원칙, 상대방의 신뢰보호(상대방이 표의자의 내심적 효과의사를 알았거나 알 수 있었을 경우에는 규범적 해석이 허용되지 아니한다 - 상대방의 보호가치 없으므로)
- 상대방이 있는 법률행위에서 원칙적인 해석방법이다(단, 오표시무해원칙은 상대방 있어도 예외적으로 자연적 해석).
- 착오 취소가 문제되는 것은 규범적 해석에 의할 때뿐이다(내심의사가 표시된 대로 왜곡된 경우).

3) 보충적 해석

- 법률행위의 내용에 공백이 있는 경우 이를 제3자의 시각에서 해석에 의하여 보충하는 것이다. 당사자가 미처 생각지 못했던 사정이 발생한 경우의 해석방법으로 당사자의 실제의사가 아니라 가상적 의사를 통해 흠결을 메우는 해석 방법이다.
- 임의법규가 존재한다면 보충적 해석의 여지가 없다.
- 주로 계약에서 적용된다.
- 성립 전이나, 불성립 시에는 본 해석이 문제되지 않고, 당사자의 본래 의사를 위태롭게 해서도 안 된다. 동 해석에 의한 경우에도 착오문제 생기지 않는다.

> **판례**
> 1. 계약당사자 쌍방이 계약의 전제나 기초가 되는 사항에 관하여 같은 내용으로 착오가 있고 이로 인하여 그에 관한 구체적 약정을 하지 아니하였다면, 당사자가 그러한 착오가 없을 때에 약정하였을 것으로 보이는 내용으로 당사자의 의사를 보충하여 계약을 해석할 수 있는바, 여기서 보충되는 당사자의 의사는 당사자의 실제 의사 또는 주관적 의사가 아니라 계약의 목적, 거래관행, 적용법규, 신의칙 등에 비추어 객관적으로 추인되는 정당한 이익조정 의사를 말한다[대법원 2006. 11. 23. 선고 2005다13288 판결].
> 2. 아파트 분양약정의 해석상 당사자 사이에 분양가격의 결정기준으로 합의하였던 기준들에 의하여 분양가격 결정이 불가능하게 되었다면, 당사자 사이에 새로운 분양가격에 관한 합의가 이루어지지 않는 한 그 분양약정에 기하여 당사자 일방이 바로 소유권이전등기절차의 이행을 청구할 수는 없고, 여기에 법원이 개입하여 당사자 사이에 체결된 계약의 해석의 범위를 넘어 판결로써 분양가격을 결정할 수 없다(95다18222. 보충적 해석의 한계를 판시한 취지로 볼 수 있는 판례).

다. 법률행위해석의 표준

> 제105조【임의규정】법률행위의 당사자가 법령 중의 선량한 풍속 기타 사회질서에 관계없는 규정과 다른 의사를 표시한 때에는 그 의사에 의한다.
>
> 제106조【사실인 관습】법령 중의 선량한 풍속 기타 사회질서에 관계없는 규정과 다른 관습이 있는 경우에 당사자의 의사가 명확하지 아니한 때에는 그 관습에 의한다.

1) 관습법은 강행법규인 것과 임의법규인 것 전부가 인정될 수 있지만, 사실인 관습은 임의법규적인 것만 존재할 수 있다(사적자치가 인정되는 영역에서만 의미가 있다).

2) 사실인 관습은 해석기준이다. 관습법은 법적용, 즉 법원의 문제이고, 사실인 관습은 법률행위 해석문제여서 그 적용영역이 다르므로 모순이 생길 여지가 없다는 것이 판례의 기본적인 입장이다.

3) 사실인 관습의 입증책임의 문제(직권조사사항인지 여부)
관습법은 법규이기 때문에 당연히 직권조사사항이지만, 사실인 관습에 대하여는 견해 대립이 있다. 이러한 견해 대립은 사실인 관습의 규범성 인정 여부에 대한 견해 대립과 관련된 것으로서 규범성을 부정하는 견해에서는 직권조사사항임을 부정하고(通), 긍정하는 견해에서는 직권조사사항이라고 본다. 판례는 둘 다 있으니 그대로 정리해두면 족함

> **판례**
> 1. 관습법과 사실인 관습
>   [1] 관습법이란 사회의 거듭된 관행으로 생성한 사회생활규범이 사회의 법적 확신과 인식에 의하여 법적 규범으로 승인·강행되기에 이르른 것을 말하고, 사실인 관습은 사회의 관행에 의하여 발생한 사회생활규범인 점에서 관습법과 같으나 사회의 법적 확신이나 인식에 의하여 법적 규범으로서 승인된 정도에 이르지 않은 것을 말하는바, 관습법은 바로 법원으로서 법령과 같은 효력을 갖는 관습으로서 법령에 저촉되지 않는 한 법칙으로서의 효력이 있는 것이며, 이에 반하여 사실인 관습은 법령으로서의 효력이 없는 단순한 관행으로서 법률행위의 당사자의 의사를 보충함에 그치는 것이다.
>   [2] 법령과 같은 효력을 갖는 <u>관습법은 당사자의 주장 입증을 기다림이 없이 법원이 직권으로 이를 확정하여야 하고 사실인 관습은 그 존재를 당사자가 주장 입증하여야 하나, 관습은 그 존부자체도 명확하지 않을 뿐만 아니라 그 관습이 사회의 법적 확신이나 법적 인식에 의하여 법적 규범으로까지 승인되었는지의 여부를 가리기는 더욱 어려운 일이므로, 법원이 이를 알 수 없는 경우 결국은 당사자가 이를 주장입증할 필요가 있다.</u>

[3] 사실인 관습은 사적 자치가 인정되는 분야, 즉 그 분야의 제정법이 주로 임의규정일 경우에는 법률행위의 해석기준으로서 또는 의사를 보충하는 기능으로서 이를 재판의 자료로 할 수 있을 것이나 이 이외의 즉 그 분야의 제정법이 주로 강행규정일 경우에는 그 강행규정 자체에 결함이 있거나 강행규정 스스로가 관습에 따르도록 위임한 경우 등 이외에는 법적 효력을 부여할 수 없다(80다3231).

2. 사실인 관습 직권조사사항이라고 본 판례

사실인 관습은 일상생활에 있어서의 일종의 경험칙에 속하는 것으로 그 유무를 판단함에는 당사자의 주장이나 입증에 구애됨이 없이 법관 스스로의 직권에 의하여 이를 판단할 수 있다 할 것인바 피고 공사가 애당초 평균임금의 개념에 상여금이 포함되지 않음을 전제로 하여 퇴직금 규정을 제정하고 이것이 그 후 사실인 관습으로 확립되었다 함은 이를 인정할 수 없다(76다1124).

4. 법률행위의 목적

가. 확정성

법률행위의 내용을 확정할 수 없으면 무효이다. 법률행위의 해석에 의해 확정 여부를 가린다.

> **판례**
> 1. 법률행위 성립 당시부터 확정성을 갖출 필요는 없고, 이행할 때까지 확정할 수 있으면 족하다(매매계약에 있어서 그 목적물과 대금은 반드시 계약체결 당시에 구체적으로 특정될 필요는 없고 이를 사후에라도 구체적으로 특정할 수 있는 방법과 기준이 정해져 있다면 족하다(96다26176).
> 2. 계약이 성립하기 위하여는 당사자 사이에 의사의 합치가 있을 것이 요구되고 이러한 의사의 합치는 당해 계약의 내용을 이루는 모든 사항에 관하여 있어야 하는 것은 아니나 그 본질적 사항이나 중요 사항에 관하여는 구체적으로 의사의 합치가 있거나 적어도 장래 구체적으로 특정할 수 있는 기준과 방법 등에 관한 합의는 있어야 한다(2000다51650).

나. 실현가능성: 법률행위 성립 시를 기준으로 정한다(원시적 불능은 무효라는 의미).

1) 원시적 불능의 효과
   - 무효: 원시적·객관적 전부불능(제535조 계약체결상 과실책임 문제)
   - 하자담보책임: 원시적·주관적 불능(제570조), 원시적·객관적 일부불능(수량부족, 일부멸실)

2) 후발적 불능은 무효가 아니라 귀책사유 여부에 따라 채무불이행책임이나 급부위험, 대가위험의 문제가 될 뿐임

다. 적법성(강행법규에 위반하지 않을 것)

1) 적법성의 문제가 관련된 규정은 강행규정으로 보는 판례 정리하면 족함

2) 탈법행위
   - 강행규정을 직접 위반하지는 않았지만, 강행규정이 금지하고 있는 실질적 내용을 다른 수단으로 달성하려는 행위를 의미한다.
   - 탈법행위를 막기 위해 양성화한 제도: 가등기담보법 등

3) 효력규정과 단속규정
   - 효력규정은 위반시 그 법률행위의 효력이 부인된다. 단속규정은 공공질서나 행정목적 등을 위해 규정된 것으로 위반시 행정적 제재(과태료 등)나 형사처벌(벌금 등)이 부과될 순 있으나 법률행위의 사법적인 효력은 유효하다.

라. 사회적 타당성(제103조, 제104조 위반)

1) 반사회질서 법률행위

> 제103조【반사회질서의 법률행위】선량한 풍속 기타 사회질서에 위반한 사항을 내용으로 하는 법률행위는 무효로 한다.

가) 민법 제103조의 취지 및 의의

법률행위의 목적을 직접 규제할 강행법규가 없더라도 선량한 풍속 기타 사회질서에 위반한 사항을 내용으로 하는 법률행위를 규율할 필요가 있으므로 제103조에 의해 무효가 될 수 있도록 하기 위한 일반규정이다. 판단시점은 법률행위 시이다.

> **판례**
> 민법 제103조에 의하여 무효로 되는 법률행위는 법률행위의 내용이 선량한 풍속 기타 사회질서에 위반되는 경우뿐만 아니라, 그 내용 자체는 반사회질서적인 것이 아니라고 하여도 법률적으로 이를 강제하거나 법률행위에 반사회질서적인 조건 또는 금전적인 대가가 결부됨으로써 반사회질서적 성질을 띠게 되는 경우 및 표시되거나 상대방에게 알려진 법률행위의 동기가 반사회질서적인 경우를 포함한다(99다38613).

나) 요건

객관적으로 선량한 풍속 기타 사회질서에 반할 뿐만 아니라, 이에 대한 주관적 인식도 필요하다.

다) 유형

인륜, 정의관념에 반하는 행위(첩계약), 개인의 자유를 제한하는 행위(평생 이혼하지 못한다는 계약), 지나치게 사행적인 행위(도박을 하도록 금전대여하는 계약) 등이 반사회질서적인 행위이다.

라) 동기의 불법

(1) 쟁점

동기는 법률행위의 내용이 아니기 때문에 동기에 불법이 있더라도 당연히 법률행위 자체에 불법이 있는 것으로 볼 수는 없는 것이 원칙(동기의 착오와는 차이). 따라서 예외적으로 불법적인 동기가 법률행위의 내용에 편입되어 법률행위의 불법이 될 수 있을지가 문제된다.

(2) 판례

민법 제103조에 의하여 무효로 되는 법률행위는 법률행위의 내용이 선량한 풍속 기타사회질서에 위반되는 경우뿐만 아니라, 그 내용 자체는 반사회질서적인 것이 아니라고 하여도, 법률적으로 이를 강제하거나 법률행위에 반사회질서적인 조건 또는 금전적인 대가가 결부됨으로써 반사회질서적 성질을 띠게 되는 경우 및 표시되거나 상대방에게 알려진 법률행위의 동기가 반사회질서적인 경우를 포함한다(위 99다38613 판결).

> **판례 | 제103조 위반이라고 본 판례**
> 1. 지방자치단체가 골프장사업계획승인과 관련하여 사업자로부터 기부금을 지급받기로 한 증여계약은 공무수행과 결부된 금전적 대가로서 그 조건이나 동기가 사회질서에 반하므로 민법 제103조에 의해 무효이다(2007다63966, 이 사건 사업계획승인 자체는 위법·부당한 것이 아니었고 또 그 기부금을 원고가 수행하는 공익적 사업에 사용할 목적이었으며 사용 방법과 절차를 미리 원고의 내부 규정으로 정해 놓았다거나, 당시 피고의 대표이사가 골프장 개발에 따른 막대한 이익을 기대하고 이 사건 증여계약에 응하였다는 등의 사정이 있더라도 다르지 않다).

2. 보험계약자가 다수의 보험계약을 통하여 보험금을 부정취득할 목적으로 보험계약을 체결한 경우, 이와 같은 보험계약은 민법 제103조 소정의 선량한 풍속 기타 사회질서에 반하여 무효이다(2005다23858).

3. 생명보험계약은 사람의 생명에 관한 우연한 사고에 대하여 금전을 지급하기로 약정하는 것이어서 금전을 취득할 목적으로 고의로 피보험자를 살해하는 등의 도덕적 위험의 우려가 있으므로, 그 계약 체결에 관하여 신의성실의 원칙에 기한 선의(이른바 선의계약성)가 강하게 요청되는바, 당초부터 오로지 보험사고를 가장하여 보험금을 취득할 목적으로 생명보험계약을 체결한 경우에는 사람의 생명을 수단으로 이득을 취하고자 하는 불법적인 행위를 유발할 위험성이 크고, 이러한 목적으로 체결된 생명보험계약에 의하여 보험금을 지급하게 하는 것은 보험계약을 악용하여 부정한 이득을 얻고자 하는 사행심을 조장함으로써 사회적 상당성을 일탈하게 되므로, 이와 같은 생명보험계약은 사회질서에 위배되는 법률행위로서 무효이다(99다49064).

4. 수사기관에서 참고인으로 진술하면서 자신이 잘 알지 못하는 내용에 대하여 허위의 진술을 하는 경우에 그 허위 진술행위가 범죄행위를 구성하지 않는다고 하여도 이러한 행위 자체는 국가사회의 일반적인 도덕관념이나 국가사회의 공공질서이익에 반하는 행위라고 볼 것이니, 그 급부의 상당성 여부를 판단할 필요 없이 허위 진술의 대가로 작성된 각서에 기한 급부의 약정은 민법 제103조 소정의 반사회적질서행위로 무효이다(2000다71999).

5. 어떠한 사실을 알고 있는 사람과의 사이에 소송에서 사실대로 증언하여 줄 것을 조건으로 어떠한 급부를 할 것을 약정한 경우. 증인은 법률에 의하여 증언거부권이 인정되지 않는 한 진실을 진술할 의무가 있는 것이고, 이러한 당연한 의무의 이행을 조건으로 상당한 정도의 급부를 받기로 하는 약정은 증인에게 부당하게 이익을 부여하는 것이라고 할 것이고, 그러한 급부의 내용이 통상적으로 용인될 수 있는 수준(예컨대 증인에게 일당 및 여비가 지급되기는 하지만 증인이 증언을 위하여 법원에 출석함으로써 입게되는 손해에는 미치지 못하는 경우 그러한 손해를 전보하여 주는 경우 정도)을 넘어서. 어느 당사자가 그 증언이 필요함을 기화로 증언하여 주는 대가로 용인될 수 있는 정도를 초과하는 급부를 제공받기로 한 약정은 반사회질서적인 금전적 대가가 결부된 경우로 그러한 약정은 민법 제103조 소정의 반사회질서행위에 해당하여 무효로 된다(93다40522).

6. 증권회사 직원이 과거 자신의 잘못으로 고객의 계좌에 발생한 손해를 보전하여 주기 위한 방법으로 고객에게 향후 증권거래 계좌 운용에서 일정한 최소한의 수익을 보장할 것을 약정한 것은 공정한 증권거래질서의 확보를 위하여 구 증권거래법 제52조 제1호 및 제3호에서 금지하고 있는 것에 해당하여 무효라고 할 것이고, 손실보전약정이 유효함을 전제로 일정기간 동안 법적 조치 등을 취하지 않기로 하는 약정도 당연히 무효로 된다(2001다2129).

7. 형사사건에 관하여 체결된 성공보수약정 이 가져오는 여러 가지 사회적 폐단과 부작용 등을 고려하면, 구속영장청구 기각, 보석 석방, 집행유예나 무죄 판결 등과 같이 의뢰인에게 유리한 결과를 얻어내기 위한 변호사의 변론활동이나 직무수행 그 자체는 정당하다 하더라도, 형사사건에서의 성공보수약정은 수사, 재판의 결과를 금전적인 대가와 결부시킴으로써, 기본적 인권의 옹호와 사회정의의 실현을 사명으로 하는 변호사 직무의 공공성을 저해하고, 의뢰인과 일반 국민의 사법제도에 대한 신뢰를 현저히 떨어뜨릴 위험이 있으므로, 선량한 풍속 기타 사회질서에 위배되는 것으로 평가할 수 있다.
다만, 선량한 풍속 기타 사회질서는 부단히 변천하는 가치관념으로서 어느 법률행위가 이에 위반되어 민법 제103조에 의하여 무효인지는 법률행위가 이루어진 때(효력발생 시 ×)를 기준으로 판단하여야 하고, 또한 그 법률행위가 유효로 인정될 경우의 부작용, 거래자유의 보장 및 규제의 필요성, 사회적 비난의 정도, 당사자 사이의 이익균형 등 제반 사정을 종합적으로 고려하여 사회통념에 따라 합리적으로 판단하여야 한다.

종래 이루어진 보수약정의 경우에는 보수약정이 성공보수라는 명목으로 되어 있다는 이유만으로 민법 제103조에 의하여 무효라고 단정하기는 어렵다. 그러나 대법원이 이 판결을 통하여 형사사건에 관한 성공보수약정이 선량한 풍속 기타 사회질서에 위배되는 것으로 평가할 수 있음을 명확히 밝혔음에도 불구하고 향후에도 성공보수약정이 체결된다면 이는 민법 제103조에 의하여 무효로 보아야 한다(대판 전합 2015. 7. 23. 2015다200111).

8. 위약벌의 약정은 채무의 이행을 확보하기 위하여 정하는 것으로서 손해배상의 예정과 다르므로 손해배상의 예정에 관한 민법 제398조 제2항을 유추 적용하여 그 액을 감액할 수 없고, 다만 의무의 강제로 얻는 채권자의 이익에 비하여 약정된 벌이 과도하게 무거울 때에는 일부 또는 전부가 공서양속에 반하여 무효로 된다. 그런데 당사자가 약정한 위약벌의 액수가 과다하다는 이유로 법원이 계약의 구체적 내용에 개입하여 약정의 전부 또는 일부를 무효로 하는 것은, 사적 자치의 원칙에 대한 중대한 제약이 될 수 있고, 스스로가 한 약정을 이행하지 않겠다며 계약의 구속력에서 이탈하고자 하는 당사자를 보호하는 결과가 될 수 있으므로, 가급적 자제하여야 한다(2015다239324).

9. 구 부동산중개업법(2005. 7. 29. 법률 제7638호 '공인중개사의 업무 및 부동산 거래신고에 관한 법률'로 전문 개정되기 전의 것)은 부동산중개업을 건전하게 지도, 육성하고 부동산중개 업무를 적절히 규율함으로써 부동산중개업자의 공신력을 높이고 공정한 부동산 거래질서를 확립하여 국민의 재산권 보호에 기여함을 입법목적으로 하고 있으므로(제1조), 중개수수료의 한도를 정하는 한편 이를 초과하는 수수료를 받지 못하도록 한 같은 법 및 같은 법 시행규칙 등 관련 법령 또는 그 한도를 초과하여 받기로 한 중개수수료 약정의 효력은 이와 같은 입법목적에 맞추어 해석되어야 한다. 그뿐 아니라, 중개업자가 구 부동산중개업법 등 관련 법령에 정한 한도를 초과하여 수수료를 받는 행위는 물론 위와 같은 금지규정 위반 행위에 의하여 얻은 중개수수료 상당의 이득을 그대로 보유하게 하는 것은 투기적·탈법적 거래를 조장하여 부동산거래질서의 공정성을 해할 우려가 있고, 또한 구 부동산중개업법 등 관련 법령의 주된 규율대상인 부동산의 거래가격이 높고 부동산중개업소의 활용도 또한 높은 실정에 비추어 부동산 중개수수료는 국민 개개인의 재산적 이해관계 및 국민생활의 편의에 미치는 영향이 매우 커 이에 대한 규제가 강하게 요청된다. 그렇다면, 앞서 본 입법목적을 달성하기 위해서는 고액의 수수료를 수령한 부동산 중개업자에게 행정적 제재나 형사적 처벌을 가하는 것만으로는 부족하고 구 부동산중개업법 등 관련 법령에 정한 한도를 초과한 중개수수료 약정에 의한 경제적 이익이 귀속되는 것을 방지하여야 할 필요가 있으므로, 부동산 중개수수료에 관한 위와 같은 규정들은 중개수수료 약정 중 소정의 한도를 초과하는 부분에 대한 사법상의 효력을 제한하는 이른바 강행법규에 해당하고, 따라서 구 부동산중개업법 등 관련 법령에서 정한 한도를 초과하는 부동산 중개수수료 약정은 <u>그 한도를 초과하는 범위 내에서 무효</u>이다(대판 전합 2007. 12. 20. 2005다32159).

10. 변호사법 제109조 제1호와 법무사법 제3조 제1항 및 제74조 제1항 제1호는 모두 강행법규이고, 이를 위반하는 내용을 목적으로 하는 계약은 그 자체가 반사회적 성질을 띠게 되어 사법적 효력도 부정된다(2016다242716, 242723).

11. 금전소비대차계약과 함께 이자의 약정을 하는 경우, 양쪽 당사자 사이의 경제력의 차이로 인하여 그 이율이 당시의 경제적·사회적 여건에 비추어 사회통념상 허용되는 한도를 초과하여 현저하게 고율로 정하여졌다면, 그와 같이 허용할 수 있는 <u>한도를 초과하는 부분의 이자약정</u>은 대주가 그의 우월한 지위를 이용하여 부당한 이득을 얻고 차주에게는 과도한 반대급부 또는 기타의 부당한 부담을 지우는 것이므로 선량한 풍속 기타 사회질서에 위반한 사항을 내용으로 하는 법률행위로서 <u>무효</u>이다(대판 전합 2007. 2. 15. 2004다50426).

12. 행정기관에 진정서를 제출하여 상대방을 궁지에 빠뜨린 다음 이를 취하하는 조건으로 거액의 급부를 제공받기로 약정한 경우, 민법 제103조 소정의 반사회질서의 법률행위에 해당한다고 볼 것이다(99다56833).

13. 어떠한 일이 있어도 이혼하지 아니하겠다는 각서를 써 주었다 하더라도 그와 같은 의사표시는 신분행위의 의사결정을 구속하는 것으로서 공서양속에 위배하여 무효이다(69므18).
14. 부첩관계인 부부생활의 종료를 해제조건("우리 관계가 끝나면 이 증여는 무효")으로 하는 증여계약은 그 조건만이 무효인 것이 아니라 증여계약 자체가 무효이다(66다530).
15. 도박채무의 변제를 위하여 채무자로부터 부동산의 처분을 위임받은 채권자가 그 부동산을 제3자에게 매도한 경우, 도박채무 부담행위 및 그 변제약정이 민법 제103조의 선량한 풍속 기타 사회질서에 위반되어 무효라 하더라도, 그 무효는 변제약정의 이행행위에 해당하는 위 부동산을 제3자에게 처분한 대금으로 도박채무의 변제에 충당한 부분에 한정되고, 위 변제약정의 이행행위에 직접 해당하지 아니하는 부동산 처분에 관한 대리권을 도박 채권자에게 수여한 행위 부분까지 무효라고 볼 수는 없으므로, 위와 같은 사정을 알지 못하는 거래 상대방인 제3자가 도박 채무자부터 그 대리인인 도박 채권자를 통하여 위 부동산을 매수한 행위까지 무효가 된다고 할 수는 없다[대법원 1995. 7. 14. 선고 94다40147 판결].

판례 | 제103조 위반이 아니라고 본 판례

1. 단지 법률행위의 성립과정에 강박이라는 불법적 방법이 사용된 데에 불과한 때에는 강박에 의한 의사표시의 하자나 의사의 흠결을 이유로 효력을 논의할 수는 있을지언정 반사회질서의 법률행위로서 무효라고 할 수는 없다(2000다47361).
2. 부동산 실권리자명의 등기에 관한 법률이 비록 부동산등기제도를 악용한 투기, 탈세, 탈법행위 등 반사회적 행위를 방지하는 것 등을 목적으로 제정되었다고 하더라도, 무효인 명의신탁약정에 기하여 타인 명의의 등기가 마쳐졌다는 이유만으로 그것이 당연히 불법원인급여에 해당한다고 볼 수 없다(2003다41722).
3. 강제집행을 면할 목적으로 부동산에 허위의 근저당권설정등기를 경료하는 행위는 민법 제103조의 선량한 풍속 기타 사회질서에 위반한 사항을 내용으로 하는 법률행위로 볼 수 없다(2003다70041).
4. 공인중개사 자격이 없는 자가 우연한 기회에 단 1회 타인 간의 거래행위를 중개한 경우 등과 같이 '중개를 업으로 한' 것이 아니라면 그에 따른 중개수수료 지급약정이 강행법규에 위배되어 무효라고 할 것은 아니고, 다만 중개수수료 약정이 부당하게 과다하여 민법상 신의성실 원칙이나 형평 원칙에 반한다고 볼 만한 사정이 있는 경우에는 상당하다고 인정되는 범위 내로 감액된 보수액만을 청구할 수 있다(2010다86525).
5. 양도소득세의 회피 및 투기의 목적으로 자신 앞으로 소유권이전등기를 하지 아니하고 미등기인 채로 매매계약을 체결하였다 하여 그것만으로 그 매매계약이 사회질서에 반하는 법률행위로서 무효로 된다고 할 수 없다(93다296).
6. 반사회적 행위에 의하여 조성된 재산인 이른바 비자금을 소극적으로 은닉하기 위하여 임치한 것이 사회질서에 반하는 법률행위로 볼 수 없으므로, 불법원인급여가 아니라고 할 것이다(2000다49343).
7. 전통사찰의 주지직을 거액의 금품을 대가로 양도·양수하기로 하는 약정이 있음을 알고도 이를 묵인 혹은 방조한 상태에서 한 종교법인의 주지임명행위가 민법 제103조 소정의 반사회질서의 법률행위에 해당하지 않는다(99다38613).
8. 부정행위를 용서받는 대가로 손해를 배상함과 아울러 가정에 충실하겠다는 서약의 취지에서 처에게 부동산을 양도하되, 부부관계가 유지되는 동안에는 처가 임의로 처분할 수 없다는 제한을 붙인 약정은 선량한 풍속 기타 사회질서에 위반되는 것이라고 볼 수 없다(92므204).
9. 피고가 원고와의 부첩관계를 해소하기로 하는 마당에 그동안 원고가 피고를 위하여 바친 노력과 비용 등의 희생을 배상 내지 위자하고 또 원고의 장래 생활대책을 마련해 준다는 뜻에서 금원을 지급하기로 약정한 것이라면 부첩관계를 해소하는 마당에 위와 같은 의미의 금전지급약정은 공서양속에 반하지 않는다고 보는 것이 상당하다(80다458).

마) 제103조 위반의 효과 쟁점
　(1) 이행 전: 무효이므로 이행할 필요가 없고, 상대방도 이행을 구할 수도 없다.

> **판례**
> 선량한 풍속 기타 사회질서에 위반한 사항을 내용으로 하는 법률행위의 무효는 이를 주장할 이익이 있는 자는 누구든지 무효를 주장할 수 있다. 따라서 반사회질서 법률행위를 원인으로 하여 부동산에 관한 소유권이전등기를 마쳤더라도 그 등기는 원인무효로서 말소될 운명에 있으므로 등기명의자가 소유권에 기한 물권적 청구권을 행사하는 경우에, 권리 행사의 상대방은 법률행위의 무효를 항변으로서 주장할 수 있다(2015다11281).

　(2) 이행 후: 민법 제746조 불법원인급여의 문제. 본래 계약이 무효가 되면 이미 이행된 급부는 서로 부당이득으로 반환해야 하나, 민법은 불법을 원인으로 급여된 것은 불법원인급여로 반환청구할 수 없다고 규정하고 있다(불법적인 일을 한 당사자들의 회수도 돕지 않겠다는 취지).

> **제746조【불법원인급여】** 불법의 원인으로 인하여 재산을 급여하거나 노무를 제공한 때에는 그 이익의 반환을 청구하지 못한다. 그러나 그 불법원인이 수익자에게만 있는 때에는 그러하지 아니하다.

> **판례**
> 1. 민법 제746조는 단지 부당이득제도만을 제한하는 것이 아니라 동법 제103조와 함께 사법의 기본이념으로서, 결국 사회적 타당성이 없는 행위를 한 사람은 스스로 불법한 행위를 주장하여 복구를 그 형식 여하에 불구하고 소구할 수 없다는 이상을 표현한 것이므로, 급여를 한 사람은 그 원인행위가 법률상 무효라 하여 상대방에게 부당이득반환청구를 할 수 없음은 물론 급여한 물건의 소유권은 여전히 자기에게 있다고 하여 소유권에 기한 반환청구도 할 수 없고 따라서 급여한 물건의 소유권은 급여를 받은 상대방에게 귀속된다(79다483 전합).
> 2. 제746조 단서 관련 판례
> 　[1] 민법 제746조에 의하면, 불법의 원인으로 인한 급여가 있고, 그 불법원인이 급여자에게 있는 경우에는 수익자에게 불법원인이 있는지 여부, 수익자의 불법원인의 정도, 그 불법성이 급여자의 그것보다 큰지 여부를 막론하고 급여자는 불법원인급여의 반환을 구할 수 없는 것이 원칙이나, 수익자의 불법성이 급여자의 그것보다 현저히 큰 데 반하여 급여자의 불법성은 미약한 경우에도 급여자의 반환청구가 허용되지 않는다면 공평에 반하고 신의성실의 원칙에도 어긋나므로, 이러한 경우에는 민법 제746조 본문의 적용이 배제되어 급여자의 반환청구는 허용된다.
> 　[2] 포주가 윤락녀와 사이에 윤락녀가 받은 화대를 포주가 보관하였다가 절반씩 분배하기로 약정하고도 보관중인 화대를 임의로 소비한 경우, 포주와 윤락녀의 사회적 지위, 약정에 이르게 된 경위와 약정의 구체적 내용, 급여의 성격 등을 종합해 볼 때 포주의 불법성이 윤락녀의 불법성보다 현저히 크므로 화대의 소유권이 여전히 윤락녀에게 속한다는 이유로 횡령죄를 구성한다고 본 사례(98도2036).

　(3) 이러한 반사회질서 행위는 당사자가 그 무효임을 알고 추인해도 유효가 될 수 없다.

바) 이중양도와 관련된 판례(취득시효, 명의신탁도 동일 법리)

(1) 원칙: 이중매매 유효

- 이중양도는 사적자치에 따라 원칙적으로 유효하다. 따라서 단지 이중양도라는 이유만으로 정의관념에 반한다고 할 수는 없고, 다른 사람에게 팔린 사정만을 알고 다시 팔라고 한 사정만 있는 경우라면 무효라고 할 수 없다.
- 제1매수인은 채권자취소권을 행사할 수 없다. 채권자취소권은 특정채권(소유권이전청구권 등)의 보전을 위해서는 인정되지 아니한다.

> **판례**
> 이중양도에 있어서 제1양수인은 양도인에 대한 소유권이전등기 청구권을 보전하기 위하여 이중양도행위에 대해 채권자취소권을 행사할 수가 없다(98다56690 등).

- 매도인의 제1매수인에 대한 이행불능책임

> **판례**
> 이중양도가 유효하여 제2양수인이 소유권을 먼저 취득한 결과로 양도인의 제1양수인에 대한 부동산의 소유권이전의무는 이행불능의 상태에 빠지게 된다(65다947).

(2) 예외: 제103조 위반으로 이중매매는 무효(제2매매계약이 무효)

- 제2양수인이 양도인의 배임행위에 적극 가담한 경우에는 제2양수행위가 제103조에 위배되어 무효가 된다. 양도인이 다른 사람에게 양도한 사실을 알면서 양수하였다는 것만으로는 정의관념에 반하지 않으므로 무효라고 할 수 없으나(대판 1981.1.13. 80다1034 등), 제2매수인이 매도인의 타인과의 매도사실을 알면서 매도를 요청하여 매매계약을 체결한 경우에는 양도인의 배임행위에 적극 가담한 행위로서 무효이다(대판 1994.3.11. 93다55289 등).
- 아들에 대한 증여나, 형제자매 간(친족관계)에 제2양도행위가 이루어진 경우에는, 적극 가담의 사실이 추정된다(77다1804).
- 매도인의 제2매수인에 대한 소유권반환청구권 인정 여부: 매도인과 제2매수인의 매매계약은 제103조 위반으로 무효이므로 불법원인급여이므로 반환청구할 수 없다. 다만, 아래에서 보는 바와 같이 제1매수인 보호를 위해 제1매수인의 채권자대위가 가능하다는 것이 판례의 법리이다.
- 제1매수인의 구제: 제1매수인은 매도인을 대위하여 제2매수인에 대해 등기말소를 청구할 수 있고 동시에 매도인에게 제1매매계약에 기한 소유권이전등기를 청구할 수 있다. 제103조 위반은 절대적 무효이므로 제2매수인으로부터 부동산을 전득한 자가 선의의 자라하여 선의의 제3자는 보호되지 않는다.

> **판례**
> 1. 부동산의 이중매매가 반사회적 법률행위에 해당하는 경우에는 이중매매계약은 절대적으로 무효이므로, 당해 부동산을 제2매수인으로부터 다시 취득한 제3자는 설사 제2매수인이 당해 부동산의 소유권을 유효하게 취득한 것으로 믿었더라도 이중매매계약이 유효하다고 주장할 수 없다(96다29151).

2. 부동산에 관한 취득시효가 완성된 후 취득시효를 주장하거나 이로 인한 소유권이전등기청구를 하기 이전에는 등기명의인 부동산 소유자로서는 특별한 사정이 없는 한 시효취득 사실을 알 수 없으므로 이를 제3자에게 처분하였다 하더라도 불법행위가 성립할 수 없으나, 부동산의 소유자가 취득시효의 완성 사실을 알 수 있는 경우에 부동산 소유자가 부동산을 제3자에게 처분하여 소유권이전등기를 넘겨줌으로써 취득시효 완성을 원인으로 한 소유권이전등기의무가 이행불능에 빠지게 되어 취득시효 완성을 주장하는 자가 손해를 입었다면 불법행위를 구성한다 할 것이며, 부동산을 취득한 제3자가 부동산 소유자의 이와 같은 불법행위에 적극 가담하였다면 이는 사회질서에 반하는 행위로서 무효이다(97다56495).

3. <u>이중매매를 사회질서에 반하는 법률행위로서 무효라고 하기 위하여는, 제2매수인이 이중매매 사실을 아는 것만으로는 부족하고, 나아가 매도인의 배임행위(또는 배신행위)를 유인, 교사하거나 이에 협력하는 등 적극적으로 가담하는 것이 필요하며</u>, 그와 같은 사유가 있는지를 판단할 때에는 이중매매계약에 이른 경위, 약정된 대가 등 계약 내용의 상당성 또는 특수성 및 양도인과 제2매수인의 관계 등을 종합적으로 살펴보아야 한다. 그리고 이러한 법리는 이중으로 임대차계약을 체결한 경우에도 그대로 적용될 수 있다(2011다5813).

2) 불공정한 법률행위

제104조 【불공정한 법률행위】 당사자의 궁박, 경솔 또는 무경험으로 인하여 현저하게 공정을 잃은 법률행위는 무효로 한다.

- 제103조와의 관계: 불공정한 법률행위는 제103조 사회질서위반의 법률행위의 하나의 예시로 본다(판례), 따라서 민법 제104조의 요건을 완전히 갖추지 못한 법률행위라도 제103조에 의해 무효로 될 수 있다(63다821).

가) 요건
  (1) 객관적 요건
  - 현저하게 공정을 잃은 법률행위
  - 단순히 시가 비율로 판단하지 않고, 구체적 사정을 종합적으로 고려하여야 한다.
  - 법률행위시를 기준으로 판단하여야 한다.

판례

1. 민법 제104조의 불공정한 법률행위는 피해 당사자가 궁박, 경솔 또는 무경험의 상태에 있고 상대방 당사자가 그와 같은 피해 당사자측의 사정을 알면서 이를 이용하려는 폭리행위의 악의를 가지고 객관적으로 급부와 반대급부 사이에 현저한 불균형이 존재하는 법률행위를 한 경우에 성립한다. 여기서 '궁박'이란 '급박한 곤궁'을 의미하고, 당사자가 궁박 상태에 있었는지 여부는 당사자의 신분과 상호관계, 피해 당사자가 처한 상황의 절박성의 정도, 계약의 체결을 둘러싼 협상과정 및 거래를 통한 피해 당사자의 이익, 피해 당사자가 그 거래를 통해 추구하고자 한 목적을 달성하기 위한 다른 적절한 대안의 존재 여부 등 여러 상황을 종합하여 구체적으로 판단하여야 한다. 또한 급부와 반대급부 사이의 '현저한 불균형'은 단순히 시가와의 차액 또는 시가와의 배율로 판단할 수 있는 것은 아니고 구체적·개별적 사안에 있어서 일반인의 사회통념에 따라 결정하여야 한다. 그 판단에 있어서는 피해 당사자의 궁박·경솔·무경험의 정도가 아울러 고려되어야 하고, 당사자의 주관적 가치가 아닌 거래상의 객관적 가치에 의하여야 한다(2009다50308).

2. 어떠한 법률행위가 불공정한 법률행위에 해당하는지는 <u>법률행위 시를 기준</u>으로 판단하여야 한다. 따라서 계약 체결 당시를 기준으로 전체적인 계약 내용에 따른 권리의무관계를 종합적으로 고려한 결과 불공정한 것이 아니라면, 사후에 외부적 환경의 급격한 변화에 따라 계약당사자 일방에게 큰 손실이 발생하고 상대방에게는 그에 상응하는 큰 이익이 발생할 수 있는 구조라고 하여 그 계약이 당연히 불공정한 계약에 해당한다고 말할 수 없다(2011다53683).

(2) 주관적 요건
- 당사자의 궁박·경솔·무경험이 있어야 한다. 이때 <u>궁박, 경솔, 무경험 중 하나의 사유만 있으면 족하다.</u>
- 궁박의 원인은 불문한다는 것이 판례(경제적, 정신적 불문)
- 법률행위가 대리인에 의해 이루어진 경우 경솔·무경험은 대리인을 기준으로 판단하고, 궁박상태는 본인을 기준으로 판단한다(71다2255). 각 판단시점은 법률행위 시이다(70다2065).
- 불공정성에 대한 인식 및 상대방의 궁박·경솔·무경험을 알면서 이를 이용·편승하려는 의사가 필요하다.
- 객관적 요건이 존재한다고 주관적 요건이 추정되지는 않는다는 것이 통설과 판례

나) 적용범위
(1) 단독행위(채권의 포기)에도 제104조가 적용될 수 있다.

판례
사회경험이 부족한 가정부인이 구속된 남편의 석방을 위해서 한 이 사건 채권 포기 행위는 그 경위에 비추어 거래관계에 있어서 현저하게 균형을 잃은 행위로서 사회적 정의에 반하는 불공정한 법률행위로 봄이 상당하다(75다92).

(2) 무상행위에는 제104조가 적용될 수 없다.

판례
기부행위와 같이 아무런 대가 없이 일방이 급부하는 법률행위는 그 공정성 여부를 논의할 성질의 법률행위가 아니다(96다49650).

(3) 경매

판례
적법한 절차에 의하여 이루어진 경매에 있어서 경락가격이 경매부동산의 시가에 비하여 저렴하다고 하여 불공정한 법률행위에 해당한다고 할 수 없다(80마77).

다) 효과
- 제104조 불공정한 법률행위는 절대적 무효이다.
- 불공정법률행위는 무효이므로 아직 급부를 이행하지 아니한 경우에는 이행할 필요가 없다.
- 이미 급부를 이행한 경우에는 불법원인급여로서 제746조가 적용되는데, 불법의 원인이 폭리행위자에게만 있기 때문에 피해자는 단서에 따라 이행한 급부의 반환을 청구할 수 있는 반면 폭리행위자는 본문이 적용되어 반환을 청구할 수 없다.

라) 불공정법률행위의 추인

불공정한 법률행위로서 무효인 경우에는 추인에 의하여 그 무효인 법률행위가 유효로 될 수 없다(94다10900. 강행법규, 제103조, 제104조 위반으로 무효인 경우에는 추인이나 법정추인에 관한 규정이 적용될 수 없다).

> **판례**
>
> 1. [1] 민법 제104조에 규정된 불공정한 법률행위는 객관적으로 급부와 반대급부 사이에 현저한 불균형이 존재하고, 주관적으로 그와 같이 균형을 잃은 거래가 피해 당사자의 궁박, 경솔 또는 무경험을 이용하여 이루어진 경우에 성립하는 것으로서, 약자적 지위에 있는 자의 궁박, 경솔 또는 무경험을 이용한 폭리행위를 규제하려는 데 그 목적이 있는바, 피해 당사자가 궁박, 경솔 또는 무경험의 상태에 있었다고 하더라도 그 상대방 당사자에게 위와 같은 피해 당사자측의 사정을 알면서 이를 이용하려는 의사, 즉 폭리행위의 악의가 없었다면 불공정 법률행위는 성립하지 않는다.
> [2] 일반적으로 교환계약을 체결하려는 당사자는 서로 자기가 소유하는 교환 목적물은 고가로 평가하고 상대방이 소유하는 목적물은 염가로 평가하여 보다 유리한 조건으로 교환계약을 체결하기를 희망하는 이해 상반의 지위에 있고 각자가 자신의 지식과 경험을 이용하여 최대한으로 자신의 이익을 도모할 것이 예상되기 때문에, 당사자 일방이 알고 있는 정보를 상대방에게 사실대로 고지하여야 할 신의칙상의 주의의무가 인정된다고 볼만한 특별한 사정이 없는 한, 어느 일방이 교환 목적물의 시가나 그 가액 결정의 기초가 되는 사항에 관하여 상대방에게 설명 내지 고지를 할 주의의무를 부담한다고 할 수 없고, 일방 당사자가 자기가 소유하는 목적물의 시가를 묵비하여 상대방에게 고지하지 아니하거나 혹은 허위로 시가보다 높은 가액을 시가라고 고지하였다 하더라도 이는 상대방의 의사결정에 불법적인 간섭을 한 것이라고 볼 수 없다(2000다54406).
>
> 2. **매매계약이 약정된 매매대금의 과다로 말미암아 '불공정한 법률행위'에 해당하여 무효인 경우에도 무효행위의 전환에 관한 민법 제138조가 적용될 수 있는지 여부(적극)**
> 매매계약이 약정된 매매대금의 과다로 말미암아 민법 제104조에서 정하는 '불공정한 법률행위'에 해당하여 무효인 경우에도 무효행위의 전환에 관한 민법 제138조가 적용될 수 있다. 따라서 당사자 쌍방이 위와 같은 무효를 알았더라면 대금을 다른 액으로 정하여 매매계약에 합의하였을 것이라고 예외적으로 인정되는 경우에는, 그 대금액을 내용으로 하는 매매계약이 유효하게 성립한다(2009다50308).

제3절 의사표시

1. 의사표시의 구성요소

가. 의사표시의 구성요소

의사표시의 구성요소는 효과의사, 표시의사, 행위의사, 표시행위이다.

나. 효과의사

표시상의 효과의사(通, 判). 내심의 의사와 다르더라도 표시로부터 추단되는 의사임

다. 행위의사

어떤 행위를 하겠다는 인식을 의미하는데 의식불명상태의 행위, 최면상태의 행위, 반사적 행위 등을 행위의사가 없는 경우라 하고, 이때 의사표시는 성립하지 않는다.

라. 표시의사

표시의사란 효과의사를 외부에 표현하려는 의사, 즉 표의자가 법적 관계에 참여하겠다는 의사이다. 포도주 경매사건이나 외환시장에서 손가락표시, 청약서를 초대장으로 잘못 알고 서명한 경우 등, 자신의 표시행위의 법적 의미를 알지 못하고 표시행위를 한 경우를 표시의사가 없는 경우라 하고, 이때의 법적 취급에 관하여 의사표시는 성립하고 착오 취소 등의 문제로 해결할지, 의사표시의 요소가 빠졌으므로 의사표시가 불성립한 것으로 볼지 견해 대립

마. 표시행위

- 표시행위와 관련해서는 명시적인 표시행위가 없는 경우 의사표시로서 인정할 수 있을지가 쟁점이다.
- 묵시적 의사표시(포함적 의사표시), 법정추인, 침묵, 의사실현에 의한 계약의 성립, 묵시의 갱신 등이 문제
- 침묵이 의사표시가 되기 위해서는 당사자 사이의 약정이나 거래관행상 일정한 의사표시로 평가될 수 있는 특별한 사정과 그에 대한 인식이 필요하다.

> **판례**
> 청약이 상시거래관계에 있는 자 사이에 그 영업부류에 속한 계약에 관하여 이루어진 것이어서 상법 제53조가 적용될 수 있는 경우가 아니라면, 청약의 상대방에게 청약을 받아들일 것인지 여부에 관하여 회답할 의무가 있는 것은 아니므로, 청약자가 미리 정한 기간 내에 이의를 하지 아니하면 승낙한 것으로 간주한다는 뜻을 청약시 표시하였다고 하더라도 이는 상대방을 구속하지 아니하고 그 기간은 경우에 따라 단지 승낙기간을 정하는 의미를 가질 수 있을 뿐이다(98다48903 판결. 그 기간 내에 이의를 하지 않았다고 해서 승낙한 것으로 간주될 수는 없다는 취지).

2. 의사와 표시의 불일치(1) - 비진의 의사표시

> **제107조 【진의 아닌 의사표시】** ① 의사표시는 표의자가 진의아님을 알고 한 것이라도 그 효력이 있다. 그러나 상대방이 표의자의 진의아님을 알았거나 이를 알 수 있었을 경우에는 무효로 한다.
> ② 전항의 의사표시의 무효는 선의의 제삼자에게 대항하지 못한다.

즉, 의사와 표시가 일치하지 않는다는 것을 표의자 스스로 알면서 하는 의사표시를 말한다.

가. 비진의표시의 요건상 쟁점

1) 의사표시의 존재
법적으로 의미있는 의사표시여야 한다. 연극배우의 대사 등은 비진의표시가 아니다.

2) 의사와 표시의 불일치

> **판례**
>
> 1. **비진의 의사표시의 의의**
>   비진의의사표시에 있어서의 진의란 특정한 내용의 의사표시를 하고자 하는 표의자의 생각을 말하는 것이지 표의자가 진정으로 마음속에서 바라는 사항을 뜻하는 것은 아니라고 할 것이므로, 비록 재산을 강제로 뺏긴다는 것이 표의자의 본심으로 잠재되어 있었다 하여도 표의자가 강박에 의하여서나마 증여를 하기로 하고 그에 따른 증여의 의사표시를 한 이상 증여의 내심의 효과의사가 결여된 것이라고 할 수는 없다(92다41528).
> 2. 진의 아닌 의사표시에 있어서의 '진의'란 특정한 내용의 의사표시를 하고자 하는 표의자의 생각을 말하는 것이지 표의자가 진정으로 마음 속에서 바라는 사항을 뜻하는 것은 아니므로 표의자가 의사표시의 내용을 진정으로 마음 속에서 바라지는 아니하였다고 하더라도 당시의 상황에서는 그것이 최선이라고 판단하여 그 의사표시를 하였을 경우에는 이를 내심의 효과의사가 결여된 진의 아닌 의사표시라고 할 수 없다(2000다51919).

3) 의사와 표시의 불일치를 표의자가 알고 있을 것
- 상대방과의 통정이 있으면 통정허위표시가 된다.
- 표의자가 불일치를 모르고 있는 경우는 착오가 될 뿐이다.

4) 비진의표시를 하게 된 동기는 불문한다(상대방을 속일 의사 등은 불필요).

나. 비진의표시의 효과

1) 원칙적으로 표시된 대로 효과가 발생하므로 유효이다.

2) 예외적으로 상대방이 알았거나 알 수 있었을 경우에만 무효이다. 단, 이러한 무효로서 선의의 제3자에게 대항할 수 없다(제107조 제2항).
- 제3자가 보호되기 위해서는 무과실일 필요는 없다.
- 제3자의 선의는 추정되므로 무효를 주장하는 자가 입증해야 한다.
- 비진의표시의 직접 상대방이 선의이고 무과실이면(비진의표시는 언제나 유효하므로) 제3자는 선악 불문하고 보호될 수밖에 없다.

다. 단독행위에서 비진의표시의 적용 문제

1) 상대방 있는 단독행위
- 취소, 해제, 상계 등 상대방 있는 단독행위에는 제107조 전부가 적용된다.

2) 상대방 없는 단독행위
상대방 없는 의사표시에서도 제107조 제1항 본문은 적용된다. 다만, 제107조 제1항 '단서'의 적용 여부에 견해대립은 있으나 알았거나 알 수 있었을 상대방 자체가 없으므로 단서는 적용되지 않아 언제나 유효한 법률행위가 된다고 이해(통설)

3) 공법행위, 소송행위
- 공법행위, 소송행위에는 적용되지 않는다. 공법행위나 소송행위는 절차의 확정성이 요구되므로 무조건 표시된 대로 효력이 발생하고 비진의의사표시로 인한 무효주장이 허용되지 않는다.

> **판례**
> 1. 공법상 의사표시인 영업재개신고에 대하여는 비진의표시에 관한 제107조가 적용되지 아니한다(76누276).
> 2. 공무원이 사직의 의사표시를 하여 의원면직 처분을 하는 경우, 비록 사직원 제출자의 내심의 의사가 사직할 뜻이 아니었다고 하더라도 진의 아닌 의사표시에 관한 민법 제107조는 성질상 사직의 의사표시와 같은 사인의 공법행위에는 준용되지 아니하므로 그 의사가 외부에 표시된 이상 그 의사는 표시된 대로 효력을 발한다(97누13962).

4) 가족법 상 행위
- 혼인, 이혼, 입양 등 신분행위는 당사자의 진의가 절대적으로 중요하다. 따라서 이러한 신분에 관한 비진의의사표시는 당사자는 물론 제3자에 대한 관계에서도 무효이다.

라. 비진의 의사표시 중요판례

> **판례**
> 1. 근로자가 회사의 경영방침에 따라 사직원을 제출하고 회사가 이를 받아들여 퇴직처리 하였다가 즉시 재입사하는 형식을 취함으로써 근로자가 그 퇴직 전후에 걸쳐 실질적인 근로관계의 단절이 없이 계속 근로하였다면, 그 사직원 제출행위는 퇴직 의사 없는 비진의표시라고 볼 수 있고 회사가 이를 알았거나 알 수 있었을 경우에 해당하기 때문에 퇴직의 효과는 발생하지 않는다고 볼 것이다(88다카15413).
> 2. 물의를 일으킨 사립대학교의 조교수가 사직원이 수리되지 않을 것이라고 믿고 사태수습을 위해 형식상 이사장 앞으로 사직원을 제출한 경우, 위 조교수의 사직원제출행위가 진의 아닌 의사표시로 판단되더라도 이사회에서 그러한 사실을 알았거나 알 수 있었을 경우가 아니라면 조교수의 의사표시에 따라 효력이 발생하는 것이다(79다2168).
> 3. 증권회사의 직원이 증권투자로 인한 고객의 손해에 대하여 책임을 지겠다는 내용의 각서를 작성해준 사안에서 그 각서를 단지 그 동안의 손실에 대하여 사과하고 그 회복을 위하여 최선을 다하겠다는 의미로 해석하는 것은 경험칙과 논리칙에 반하지만, 그 각서가 남편을 안심시키려는 고객의 요청에 따라 작성된 경위 등에 비추어 비진의의사표시로서 무효라고 보는 것이 타당하다(98다45744).
> 4. **허수아비행위가 비진의표시가 아님을 인정한 판례(통정허위표시에서 자세히 후술)**
> 신용불량자로서 대출받을 수 없는 자를 위하여 대출금 채무자로서 명의를 빌려준 자는 채무부담의 의사가 없는 것이라고 할 수는 없는바 표시행위에 대응하는 내심적 효과의사가 있어 그 의사표시는 비진의표시에 해당하지 않는다(97다8403).

3. 의사와 표시의 불일치(2) - 통정허위표시

> 제108조 【통정한 허위의 의사표시】 ① 상대방과 통정한 허위의 의사표시는 무효로 한다.
> ② 전항의 의사표시의 무효는 선의의 제삼자에게 대항하지 못한다.

- 표의자가 상대방과 통정하여 허위로 하는 의사표시를 통정허위표시라고 한다(예 강제집행을 면하기 위해 자기 명의 부동산을 다른 사람과 통정하여 다른 사람 명의로 등기하는 등의 행위).
- 특별한 사정 없이 동거하는 부부간에 있어 남편이 처에게 토지를 매도하고 그 소유권이전등기까지 경료한다 함은 이례에 속하는 일로서 가장매매라고 추정할 수 있다(78다226).

가. 구별개념

1) 은닉행위

허위표시의 일종이지만 보통의 허위표시와는 달리 감추어진 행위로서의 요건을 갖추고 있으면 그 감추어진 은닉행위는 유효이다.

> **판례**
>
> 매도인이 경영하던 기업이 부도가 나서 그가 주식을 매도할 경우 매매대금이 모두 채권자은행에 귀속될 상황에 처하자 이러한 사정을 잘 아는 매수인이 매매계약서상의 매매대금은 형식상 금 8,000원으로 하고 나머지 실질적인 매매대금은 매도인의 처와 상의하여 그에게 적절히 지급하겠다고 하여 매도인이 그와 같은 주식매매계약을 체결한 경우, 매매계약상의 대금 8,000원이 적극적 은닉행위를 수반하는 허위표시라 하더라도 실지 지급하여야 할 매매대금의 약정이 있는 이상 위 매매대금에 관한 외형행위가 아닌 내면적 은닉행위는 유효하고 따라서 실지매매대금에 의한 위 매매계약은 유효하다(93다12930).

2) 민법상 신탁행위와 구별

가) 민법상 신탁행위
- 어떤 경제적 목적을 달성하기 위하여 상대방에게 그 목적달성에 필요한 정도를 넘어선 권리를 이전하고, 상대방으로 하여금 그 권리를 당사자의 경제적 목적 안에서만 행사하게 하는 행위
- 명의신탁, 양도담보, 추심을 위한 채권양도 등이 있다.
- 고유한 경제적 목적이 있기 때문에 허위표시가 아니라는 것이 통설과 판례

나) 허위표시와의 구별실익
신탁행위라면 제3자는 선악의 불문하고 보호되지만, 허위표시라면 제3자는 선의인 경우에만 보호된다.

3) 허수아비행위

가) 의의
배후조정자에 의하여 표면에 내세워진 자(허수아비)가 자신의 이름으로, 그러나 배후조정자의 이익과 계산으로 행위하는 경우에 있어서, 허수아비와 제3자가 행한 법률행위를 허수아비행위라고 한다. 대표적으로 타인을 위하여 대출명의를 대여하는 행위도 허수아비행위의 일종

나) 효과
경제적 효과의 귀속주체가 누구인지는 법률행위의 효력에 영향을 주지 아니하므로, 허수아비행위는 비진의표시나 통정허위표시가 될 수 없고 완전히 유효한 행위가 되어 허수아비에게 법적 효과가 귀속되는 것이 원칙이다. 예외적으로 채권자의 양해 등이 있어 예외적으로 통정허위가 인정된 판례는 있다.

판례 | 통정허위표시나 비진의표시가 아니라고 본 판례

1. 은행이 동일인 여신한도의 제한을 회피하기 위하여 실질적 주채무자 아닌 제3자와 사이에 제3자를 주채무자로 하는 소비대차계약을 체결한 경우, 위 소비대차계약이 통정허위표시로서 무효인 법률행위인지 여부(유효)

통정허위표시가 성립하기 위하여는 의사표시의 진의와 표시가 일치하지 아니하고, 그 불일치에 관하여 상대방과 사이에 합의가 있어야 하는바, 제3자가 은행을 직접 방문하여 금전소비대차약정서에 주채무자로서 서명·날인하였다면 제3자는 자신이 당해 소비대차계약의 주채무자임을 은행에 대하여 표시한 셈이고, 제3자가 은행이 정한 동일인에 대한 여신한도 제한을 회피하여 타인으로 하여금 제3자 명의로 대출을 받아 이를 사용하도록 할 의도가 있었다거나 그 원리금을 타인의 부담으로 상환하기로 하였더라도, 특별한 사정이 없는 한 이는 소비대차계약에 따른 경제적 효과를 타인에게 귀속시키려는 의사에 불과할 뿐, 그 법률상의 효과까지도 타인에게 귀속시키려는 의사로 볼 수는 없으므로 제3자의 진의와 표시에 불일치가 있다고 보기는 어렵다(98다17909).

2. 대출절차상 편의를 위하여 명의를 빌려준 행위가 비진의표시에 해당하지 아니한다고 본 사례

법률상 또는 사실상의 장애로 자기 명의로 대출받을 수 없는 자를 위하여 대출금채무자로서의 명의를 빌려준 자에게 그와 같은 채무부담의 의사가 없는 것이라고는 할 수 없으므로 그 의사표시를 비진의표시에 해당한다고 볼 수 없고, 설령 명의대여자의 의사표시가 비진의표시에 해당한다고 하더라도 그 의사표시의 상대방인 상호신용금고로서는 명의대여자가 전혀 채무를 부담할 의사 없이 진의에 반한 의사표시를 하였다는 것까지 알았다거나 알 수 있었다고 볼 수도 없다고 보아, 그 명의대여자는 표시행위에 나타난 대로 대출금채무를 부담한다고 한 사례(96다18182)

3. 대출절차상 편의를 위하여 제3자가 채무자에게 명의를 빌려준 행위가 비진의표시로서 무효인지 여부(소극)

제3자가 채무자로 하여금 제3자를 대리하여 금융기관으로부터 대출을 받도록 하여 그 대출금을 채무자가 부동산의 매수자금으로 사용하는 것을 승낙하였을 뿐이라고 볼 수 있는 경우, 제3자의 의사는 특별한 사정이 없는 한 대출에 따른 경제적인 효과는 채무자에게 귀속시킬지라도 법률상의 효과는 자신에게 귀속시킴으로써 대출금채무에 대한 주채무자로서의 책임을 지겠다는 것으로 보아야할 것이므로, 제3자가 대출을 받음에 있어서 한 표시행위의 의미가 제3자의 진의와는 다르다고 할 수 없고, 가사 제3자의 내심의 의사가 대출에 따른 법률상의 효과마저도 채무자에게 귀속시키고 자신은 책임을 지지 않을 의사였다고 하여도, 상대방인 금융기관이 제3자의 이와 같은 의사를 알았거나 알 수 있었을 경우라야 비로소 그 의사표시는 무효로 되는 것인데, 채무자의 금융기관에 대한 개인대출한도가 초과되어 채무자 명의로는 대출이 되지 않아 금융기관의 감사의 권유로 제3자의 명의로 대출신청을 하고 그 대출금은 제3자가 아니라 채무자가 사용하기로 하였다고 하여도 금융기관이 제3자의 내심의 의사마저 알았거나 알 수 있었다고 볼 수는 없다(97다8403).

판례 | 통정허위표시로서 무효로 본 판례

동일인 대출한도를 회피하기 위하여 금융기관의 양해하에 형식상 제3자 명의를 빌려 체결된 대출약정의 효력(무효)

동일인에 대한 대출액 한도를 제한한 법령이나 금융기관 내부규정의 적용을 회피하기 위하여 실질적인 주채무자가 실제 대출받고자 하는 채무액에 대하여 제3자를 형식상의 수채무자로 내세우고, 금융기관도 이를 양해하여 제3자에 대하여는 채무자로서의 책임을 지우지 않을 의도하에 제3자 명의로 대출관계서류를 작성 받은 경우, 제3자는 형식상의 명의만을 빌려준 자에 불과하고 그 대출계약의 실질적인 당사자는 금융기관과 실질적 주채무자이므로, 제3자 명의로 되어 있는 대출약정은 그 금융기관의 양해하에 그에 따른 채무부담의 의사 없이 형식적으로 이루어진 것에 불과하여 통정허위표시에 해당하는 무효의 법률행위이다(2001다11765 판결).

나. 허위표시의 효과

1) 효과: 무효

선의의 제3자에게 그 무효를 대항할 수 없는 경우에도 허위표시 당사자 사이에서는 언제나 무효이다.

> **판례 | [2002다72125 판결]**
> [1] 통정한 허위의 의사표시는 허위표시의 당사자와 포괄승계인 이외의 자로서 그 허위표시에 의하여 외형상 형성된 법률관계를 토대로 실질적으로 새로운 법률상 이해관계를 맺은 선의의 제3자를 제외한 누구에 대하여서나 무효이고, 또한 누구든지 그 무효를 주장할 수 있다.
> [2] 무효인 법률행위는 그 법률행위가 성립한 당초부터 당연히 효력이 발생하지 않는 것이므로, 무효인 법률행위에 따른 법률효과를 침해하는 것처럼 보이는 위법행위나 채무불이행이 있다고 하여도 법률효과의 침해에 따른 손해는 없는 것이므로 그 손해배상을 청구할 수는 없다.

2) 불법원인급여인지 여부

허위표시 그 자체는 불법이 아니므로 제746조는 적용되지 않는다.

3) 채권자취소권과의 관계

통정허위표시로 무효인 행위도 사해행위의 요건 갖추었다면 사해행위임을 이유로도 취소(채권자취소권)할 수 있다.

> **판례**
> 허위의 근저당권에 대하여 배당이 이루어진 경우, 통정한 허위의 의사표시는 당사자 사이에서는 물론 제3자에 대하여도 무효이고 다만, 선의의 제3자에 대하여만 이를 대항하지 못한다고 할 것이므로, 배당채권자는 채권자취소의 소로써 통정허위표시를 취소하지 않았다 하더라도 그 무효를 주장하여 그에 기한 채권의 존부, 범위, 순위에 관한 배당이의의 소를 제기할 수 있다(2000다9611).

다. 선의의 제3자 보호

1) 통정허위표시의 선의의 제3자의 의미

- 허위표시의 당사자, 포괄승계인 이외의 자로서 허위표시에 의하여 외형상 형성된 법률관계를 토대로 새로운 이해관계를 갖는 자를 의미한다.
- 통정허위표시뿐만 아니라 제107조~제110조에서 보호되는 제3자의 범위도 동일하다.

2) 선의의 의미

- 선의이기만 하면 되고 무과실은 보호되는 요건이 아니다(2003다70041).
- 제3자는 특별한 사정이 없는 한 선의로 추정할 것이므로, 무효를 주장하는 자가 제3자의 악의를 입증하여야 한다(2002다1321).
- 선의의 제3자로부터 다시 전득한 자가 전득시에 악의이더라도 선의의 제3자의 권리를 승계하고 있으므로 허위표시의 무효를 이유로 대항할 수 없다.
- 악의의 제3자로부터 전득한 자가 선의의 경우에도 선의의 제3자로 보호된다.

> **판례 | [2012다49292]**
>
> [1] 선의의 제3자가 보호될 수 있는 법률상 이해관계는 위 전세권설정계약의 당사자를 상대로 하여 직접 법률상 이해관계를 가지는 경우 외에도 그 법률상 이해관계를 바탕으로 하여 다시 위 전세권설정계약에 의하여 형성된 법률관계와 새로이 법률상 이해관계를 가지게 되는 경우도 포함된다.
> [2] 甲이 乙의 임차보증금반환채권을 담보하기 위하여 통정허위표시로 乙에게 전세권설정등기를 마친 후 丙이 이러한 사정을 알면서도 乙에 대한 채권을 담보하기 위하여 위 전세권에 대하여 전세권근저당권설정등기를 마쳤는데, 그 후 丁이 丙의 전세권근저당권부 채권을 가압류하였다가 이를 본압류로 이전하는 압류명령을 받은 사안에서, 丙의 전세권근저당권부 채권은 통정허위표시에 의하여 외형상 형성된 전세권을 목적물로 하는 전세권근저당권의 피담보채권이고, 丁은 이러한 丙의 전세권근저당권부 채권을 가압류하고 압류명령을 얻음으로써 그 채권에 관한 담보권인 전세권근저당권의 목적물에 해당하는 전세권에 대하여 새로이 법률상 이해관계를 가지게 되었으므로, 丁이 통정허위표시에 관하여 선의라면 비록 丙이 악의라 하더라도 허위표시자는 그에 대하여 전세권이 통정허위표시에 의한 것이라는 이유로 대항할 수 없다.

3) 선의의 제3자 해당 여부

> **판례 | 선의의 제3자에 해당하는 경우**
>
> 1. 가장매매의 매수인으로부터 그 목적부동산을 다시 매수한 자(대판 1960. 2. 4. 58다636)
> 2. 가장매매의 매수인으로부터 매매계약에 기한 소유권이전청구권 보전을 위한 가등기를 취득한 자(대판 1970. 9. 29. 70다466)
> 3. 가장매매의 매수인으로부터 저당권, 지상권, 임차권 등을 설정받은 자
> 4. 가장매매에 기한 대금채권을 양수받은 양수인
> 5. 가장저당권설정행위에 기한 저당권의 실행으로 부동산을 경락받은 자(대판 1957. 3. 23. 4289민상580)
> 6. 가장행위에 의한 채권을 가압류한 자(대판 2004. 5. 28. 2003다70041)
> 7. 가장매매의 매수인에 대한 압류채권자
> 8. 가장의 가등기 및 본등기로 인한 소유권이전등기의 말소 후의 양수인(대판 1996. 4. 26. 94다12074)
> 9. 가장소비대차에 기한 채권의 양수인(대판 2004. 1. 15. 2002다31537)
> 10. 가장전세권설정계약에서 전세권에 대한 근저당권자(대판 1998. 9. 4. 98다20981)
> 11. 주채무자의 기망행위에 의하여 주채무가 있는 것으로 믿고 보증계약을 체결한 후, 그 허위의 보증채무를 이행한 보증인(대판 2000. 7. 6. 99다51258)
> 12. **가장채권자가 파산한 경우의 파산관재인(대판 2005. 5. 12. 2004다68366)**
>   파산채무자가 파산선고 시에 가진 모든 재산은 파산재단을 구성하고, 그 파산재단을 관리 및 처분할 권리는 파산관재인에게 속하므로, 파산관재인은 파산채무자의 포괄승계인과 같은 지위를 가지게 되지만, 파산이 선고되면 파산채권자는 파산절차에 의하지 아니하고는 파산채권을 행사할 수 없고, 파산관재인이 파산채권자 전체의 공동의 이익을 위하여 선량한 관리자의 주의로써 그 직무를 행하므로, 파산관재인은 파산선고에 따라 파산채무자와 독립하여 그 재산에 관하여 이해관계를 가지게 된 제3자로서의 지위도 가지게 된다. 따라서 파산채무자가 상대방과 통정한 허위의 의사표시를 통하여 가장채권을 보유하고 있다가 파산이 선고된 경우 그 가장채권도 일단 파산재단에 속하게 되고, 파산선고에 따라 파산채무자와는 독립한 지위에서 파산채권자 전체의 공동의 이익을 위하여 직무를 행하게 된 파산관재인은 그

허위표시에 따라 외형상 형성된 법률관계를 토대로 실질적으로 새로운 법률상 이해관계를 가지게 된 민법 제108조 제2항의 제3자에 해당하고[대법원 2003. 6. 24. 선고 2002다48214 판결 참조], 그 선의·악의도 파산관재인 개인의 선의·악의를 기준으로 할 수는 없고, 총파산채권자를 기준으로 하여 파산채권자 모두가 악의로 되지 않는 한 파산관재인은 선의의 제3자라고 할 수밖에 없다[대법원 2006. 11. 10. 선고 2004다10299 판결].

13. 임대차보증금반환채권이 양도된 후 그 임대차보증금반환채권에 대하여 채권압류 및 추심명령을 받은 양수인의 채권자(대판 2014. 4. 10. 2013다59753)

판례 | 선의의 제3자에 해당하지 않는 자

1. 가장양수인의 일반채권자
2. 재산권을 가장양도한 채무자의 권리를 대위행사하는 채권자
3. 채권의 가장양수인으로부터 추심을 위하여 채권을 양수한 자
4. 채권의 가장양도에 있어서의 채무자 을(乙)회사
   근로자 甲이 乙회사에 대한 퇴직금채권을 丙에게 가장 양도하였으나, 乙회사가 아직 퇴직금을 가장양수인 丙에게 지급하지 않고 있던 중, 위 퇴직금 채권이 법원의 전부명령에 의하여 丁에게 이전된 경우, 퇴직금 채무자 乙회사(대판 1983. 1. 18. 82다594)는 새로운 이해관계를 맺은 자가 아닌 그냥 채권자일 뿐
5. 저당권 등 제한물권이 가장포기된 경우에 있어서 기존의 후순위 제한물권자
6. 허위 가등기의 통정허위표시가 철회된 후 미처 제거되지 않고 잔존하는 가등기 명의인이 임의로 소유권이전의 본등기를 마친 후 위 본등기를 토대로 다시 소유권이전등기를 마친 자(대판 2020. 1. 30. 2019다280375)
7. 가장의 제3자를 위한 계약에 있어서의 제3자
8. 가장매매의 매수인으로부터 그 지위를 상속받은 상속인
9. 대리인이나 대표기관이 상대방과 허위표시를 한 경우에 본인이나 법인
10. 가장매매에 기한 손해배상청구권의 양수인

4) 선의의 제3자에 대한 효력

선의의 제3자가 보호받는 경우 허위표시 당사자뿐만 아니라 그 누구도 제3자에게 허위표시의 무효를 주장할 수 없다. 다만, 대항요건이므로 선의의 제3자가 스스로 무효를 주장하는 것은 상관없다(통설).

판례

1. [1] 상대방과 통정한 허위의 의사표시는 무효이고 누구든지 그 무효를 주장할 수 있는 것이 원칙이나, 허위표시의 당사자 및 포괄승계인 이외의 자로서 허위표시에 의하여 외형상 형성된 법률관계를 토대로 실질적으로 새로운 법률상 이해관계를 맺은 선의의 제3자에 대하여는 허위표시의 당사자뿐만 아니라 그 누구도 허위표시의 무효를 대항하지 못하고, 따라서 선의의 제3자에 대한 관계에 있어서는 허위표시도 그 표시된 대로 효력이 있다.

   [2] 통정한 허위의 가등기 및 본등기로 인해 소유권이전등기를 말소당한 자가, 그 본등기에 터잡아 부동산을 양수한 선의의 제3자에 대하여 허위표시의 무효를 주장할 수 있다고 한 원심판결을 파기한 사례(94다12074)

2. 악의의 입증책임

   허위의 매매에 의한 매수인으로부터 부동산상의 권리를 취득한 제3자는 특별한 사정이 없는 한 선의로 추정할 것이므로 허위표시를 한 부동산 양도인이 제3자에 대하여 소유권을 주장하려면 그 제3자의 악의임을 입증할 필요가 있다고 할 것이다(70다466).

3. 보증인이 주채무자의 기망행위에 의하여 주채무가 있는 것으로 믿고 주채무자와 보증계약을 체결한 다음 그에 따라 보증채무자로서 그 채무까지 이행한 경우, 그 보증인은 주채무자에 대한 구상권 취득에 관하여 법률상의 이해관계를 가지게 되었고 그 구상권 취득에는 보증의 부종성으로 인하여 주채무가 유효하게 존재할 것을 필요로 한다는 이유로 결국 그 보증인은 주채무자의 채권자에 대한 채무 부담행위라는 허위표시에 기초하여 구상권 취득에 관한 법률상 이해관계를 가지게 되었다고 보아 민법 제108조 제2항 소정의 '제3자'에 해당한다고 한 사례(즉, 주채무자에게 구상권 행사할 수 있다, 99다51258).

4. 의사표시의 하자(1) - 착오

제109조【착오로 인한 의사표시】① 의사표시는 법률행위의 내용의 중요부분에 착오가 있는 때에는 취소할 수 있다. 그러나 그 착오가 표의자의 중대한 과실로 인한 때에는 취소하지 못한다.
② 전항의 의사표시의 취소는 선의의 제삼자에게 대항하지 못한다.

- 표시상의 효과의사와 진의가 일치하지 않는 의사표시로서 그 불일치를 표의자 자신이 알지 못하는 것이다.

판례

1. 민법 제109조에 따라 의사표시에 착오가 있다고 하려면 법률행위를 할 당시에 실제로 없는 사실을 있는 사실로 잘못 깨닫거나 아니면 실제로 있는 사실을 없는 것으로 잘못 생각하듯이 의사표시자의 인식과 그러한 사실이 어긋나는 경우라야 한다. 의사표시자가 행위를 할 당시 장래에 있을 어떤 사항의 발생을 예측한 데 지나지 않는 경우는 의사표시자의 심리상태에 인식과 대조사실의 불일치가 있다고 할 수 없어 이를 착오로 다룰 수 없다. 장래에 발생할 막연한 사정을 예측하거나 기대하고 법률행위를 한 경우 그러한 예측이나 기대와 다른 사정이 발생하였다고 하더라도 그로 인한 위험은 원칙적으로 법률행위를 한 사람이 스스로 감수하여야 하고 상대방에게 전가해서는 안 되므로 착오를 이유로 취소를 구할 수 없다(2016다12175).

2. 계약의 성립을 위한 의사표시의 객관적 합치 여부를 판단함에 있어, 처분문서인 계약서가 있는 경우에는 특별한 사정이 없는 한 계약서에 기재된 대로의 의사표시의 존재 및 내용을 인정하여야 하고, 계약을 체결함에 있어 당해 계약으로 인한 법률효과에 관하여 제대로 알지 못하였다 하더라도 이는 계약체결에 관한 의사표시의 착오의 문제가 될 뿐이다(2008다96291).

가. 착오의 유형

1) 표시상의 착오: 표시행위를 잘못하여 내심적 효과의사와 표시상의 의사가 불일치하는 경우이다. 내용의 착오와 구별할 필요 없이 민법 제109조가 적용된다.

2) 내용의 착오: 표시에는 착오가 없으나 표의자가 그 표시행위의 의미를 잘못 이해하는 경우를 말한다.

3) 동기의 착오

　가) 쟁점
- 의사결정을 하게 된 연유에 관하여 착오가 있는 경우를 동기의 착오라 한다. 계산착오나 법률의 존재 또는 의의에 관한 착오 역시 동기의 착오에 해당한다.
- 동기의 착오를 제109조가 정한 착오 개념 속에 포함시킬 수 있을지 견해 대립 있으나 판례로 정리하면 족함

　나) 판례는 기본적으로 표시설과 같이 동기가 법률행위의 내용에 편입되어야 제109조를 적용할 수 있다는 입장이다. 따라서 동기가 표시된 경우, 표시되지는 않았더라도 동기의 착오가 상대방으로부터 유발되거나 제공된 경우에는 제109조를 적용할 수 있다. 이때도 제109조의 나머지 요건(중요부분, 무중과실)을 갖추어야 취소할 수 있다.

판례 | 동기의 착오로 취소 인정한 판례

1. [1] 동기의 착오가 법률행위의 내용의 중요부분의 착오에 해당함을 이유로 표의자가 법률행위를 취소하려면 <u>그 동기를 당해 의사표시의 내용으로 삼을 것을 상대방에게 표시하고 의사표시의 해석상 법률행위의 내용으로 되어 있다고 인정되면 충분하고</u> 당사자들 사이에 별도로 그 동기를 의사표시의 내용으로 삼기로 하는 합의까지 이루어질 필요는 없지만, 그 법률행위의 내용의 착오는 보통 일반인이 표의자의 입장에 섰더라면 그와 같은 의사표시를 하지 아니하였으리라고 여겨질 정도로 그 착오가 중요한 부분에 관한 것이어야 한다.
   [2] 매매대상 토지 중 20~30평가량만 도로에 편입될 것이라는 중개인의 말을 믿고 주택 신축을 위하여 토지를 매수하였고 그와 같은 사정이 계약 체결 과정에서 현출되어 매도인도 이를 알고 있었는데 실제로는 전체 면적의 약 30%에 해당하는 197평이 도로에 편입된 경우, 동기의 착오를 이유로 매매계약의 취소를 인정한 사례
   [3] 착오에 의한 의사표시에서 취소할 수 없는 표의자의 '중대한 과실'이라 함은 표의자의 직업, 행위의 종류, 목적 등에 비추어 보통 요구되는 주의를 현저히 결여하는 것을 의미한다(2000다12259).
2. 매도인의 대리인이, 매도인이 납부하여야 할 양도소득세 등의 세액이 매수인이 부담하기로 한 금액뿐이므로 매도인의 부담은 없을 것이라는 착오를 일으키지 않았더라면 매수인과 매매계약을 체결하지 않았거나 아니면 적어도 동일한 내용으로 계약을 체결하지는 않았을 것임이 명백하고, 나아가 매도인이 그와 같이 착오를 일으키게 된 계기를 제공한 원인이 매수인측에 있을 뿐만 아니라 매수인도 매도인이 납부하여야 할 세액에 관하여 매도인과 동일한 착오에 빠져 있었다면, 매도인의 위와 같은 착오는 매매계약의 내용의 중요부분에 관한 것에 해당한다[대법원 1994. 6. 10. 선고 93다24810 판결].

판례 | 표시되거나 상대방에 의해 유발된 동기의 착오로 취소 인정한 판례

1. 귀속해제된 토지인데도 귀속재산인 줄 잘못 알고 국가에 증여한 사안에서 이러한 착오는 동기의 착오라 할 것이지만 그 동기를 제공한 것이 관계 공무원이었고 그러한 동기의 제공이 없었더라면 증여하지 않았을 것이라면 그 동기는 법률행위 내용의 중요부분을 이루고 취소할 수 있다(78다719).
2. 기부채납하지 않아도 휴게소 시설 설치허가를 받을 수 있는데 기부채납하여야 허가를 받을 수 있을 것처럼 담당공무원이 법령을 오인하여 회신을 하여 이를 믿고 기부채납한 것이라면 법률행위 내용의 중요 부분의 착오가 있는 경우에 해당한다(90다7460).
3. 수용대상에 포함되었다는 공무원의 말을 믿고 매매계약을 체결한 경우 이는 상대방으로부터 유발·제공된 동기의 착오에 해당한다(90다카27446).

4) 법률의 착오: 법률규정의 유무 또는 그 의미를 착오한 경우를 말한다. 법률의 착오라도 법률행위의 내용의 중요부분에 관한 것인 때에는 표의자는 그 의사표시를 취소할 수 있다(80다2475). 즉, 착오취소의 요건 갖추면 취소 가능

나. 요건

1) 법률행위의 중요부분의 착오일 것

가) 판단기준
- 중요부분의 착오라 함은 표의자가 그러한 착오가 없었더라면 의사표시를 하지 않으리라고 생각될 정도로 중요한 것이어야 하고 보통 일반인도 표의자의 처지에 섰더라면 그러한 의사표시를 하지 않았으리라고 생각될 정도로 중요한 것이어야 한다(대판 1999.4.23, 98다45546).
- 객관적 현저성: 일반인의 입장에서 판단해 보았을 때 착오가 없었더라면 법률행위를 하지 않았을 것이라고 인정될 정도의 중요부분일 것
- 주관적 현저성: 표의자의 입장에서 판단해 보았을 때 착오가 없었더라면 법률행위를 하지 않았을 것이라고 인정될 정도의 중요부분일 것

나) 입증책임
중요부분의 착오가 있다는 점은 착오 취소를 주장하는 표의자가 입증해야 한다.

다) 중요부분인지 여부(후술 - 판례)

2) 표의자에게 중과실이 없을 것
- 중대한 과실이란 표의자의 직업, 행위의 종류, 목적 등에 비추어 보통 요구되는 주의를 현저하게 결여한 것을 말하는 것으로 이러한 경우 표의자의 보호가치가 없다는 것이다. 다만, 상대방이 표의자의 착오를 알고 이를 이용한 경우에는 착오가 표의자의 중대한 과실로 인한 것이라고 하더라도 표의자는 의사표시를 취소할 수 있다.
- 표의자에게 중과실이 있다는 점은 표의자가 법률행위를 취소하지 못하게 하려는 상대방이 입증하여야 한다.

> **판례**
>
> 민법 제109조 제1항 단서는 의사표시의 착오가 표의자의 중대한 과실로 인한 때에는 그 의사표시를 취소하지 못한다고 규정하고 있는데, 위 단서 규정은 표의자의 상대방의 이익을 보호하기 위한 것이므로, <u>상대방이 표의자의 착오를 알고 이를 이용한 경우에는 착오가 표의자의 중대한 과실로 인한 것이라고 하더라도 표의자는 의사표시를 취소할 수 있다</u>(2013다49794).
>
> [중대한 과실이 인정되는 경우]
> 1. 공장을 경영하는 자가 공장이 협소하여 새로운 공장을 설립할 목적으로 토지를 매수함에 있어 토지상에 공장을 건축할 수 있는지 여부를 관할관청에 알아보지 아니한 과실이 "가"항의 "중대한 과실"에 해당한다(92다38881).
> 2. 신용보증기금의 신용보증서를 담보로 금융채권자금을 대출해 준 금융기관이 위 대출자금이 모두 상환되지 않았음에도 착오로 신용보증기금에게 신용보증서 담보설정 해지를 통지한 경우, 그 해지의 의사표시는 민법 제109조 제1항 단서 소정의 중대한 과실에 기한 것이라고 본 사례(99다64995)

[중대한 과실이 부정되는 경우]
1. 법률행위 내용의 중요부분에 착오가 있는 때에는 그 의사표시를 취소할 수 있으나 그 착오가 표의자의 중대한 과실로 인한 때에는 취소하지 못한다. 여기서 '중대한 과실'이란 표의자의 직업, 행위의 종류, 목적 등에 비추어 보통 요구되는 주의를 현저히 게을리한 것을 의미한다. 토지매매에서 특별한 사정이 없는 한 매수인에게 측량을 하거나 지적도와 대조하는 등의 방법으로 매매목적물이 지적도상의 그것과 정확히 일치하는지 여부를 미리 확인하여야 할 주의의무가 있다고 볼 수 없다(2019다288232).
2. 고려청자로 알고 매수한 도자기가 진품이 아닌 것으로 밝혀진 경우, 매수인이 도자기를 매수하면서 자신의 골동품 식별 능력과 매매를 소개한 자를 과신한 나머지 고려청자 진품이라고 믿고 소장자를 만나 그 출처를 물어 보지 아니하고 전문적 감정인의 감정을 거치지 아니한 채 그 도자기를 고가로 매수하고 만일 고려청자가 아닐 경우를 대비하여 필요한 조치를 강구하지 아니한 잘못이 있다고 하더라도, 그와 같은 사정만으로는 매수인이 매매계약 체결시 요구되는 통상의 주의의무를 현저하게 결여하였다고 보기는 어렵다는 이유로 착오를 이유로 매매계약을 취소할 수 있다고 본 사례(96다26657)

다. 중요부분에 대한 착오인지 여부

1) 당사자의 동일성
- 상대방이 누구인지가 중요한 법률행위인 경우(증여, 대차, 위임, 고용 등)에는 중요부분에 해당하나, 매매와 같이 상대방이 누구인지 여부가 중요하지 않은 경우는 중요부분이 아니다.
- 보증계약, 저당권 설정계약에 있어서 주채무자의 동일성에 대한 착오는 중요부분의 착오에 해당한다. 주채무자의 자력유무가 보증인 등에게는 중요한 고려사항이 되기 때문이다.

2) 목적물의 동일성
일반적으로 목적물의 착오는 중요부분의 착오에 해당한다. 판례는 토지의 현황경계에 관한 착오를 중요부분의 착오라고 한다.

판례

본건 토지 답 1,389평을 전부 경작할 수 있는 농지인 줄 알고 매수하여 그 소유권이전등기를 마쳤으나 타인이 경작하는 부분은 인도되지 않고 있을 뿐 아니라 측량결과 약 600평이 하천을 이루고 있어 사전에 이를 알았다면 매매의 목적을 달할 수 없음이 명백하여 매매계약을 체결하지 않았을 것이므로 위 토지의 현황 경계에 관한 착오는 본건 매매계약의 중요부분에 대한 착오라 할 것이다(67다2160).

3) 목적물 성질의 착오
- 법률행위의 객체가 표의자가 생각하였던 성질을 가지지 않는 경우를 말하며 일반적으로 동기의 착오에 해당한다(다만, 판례는 위와 같은 동기의 착오가 있는 경우에 중요부분에 관한 착오가 아니므로 취소할 수 없다는 표현을 쓴 경우가 많다).

4) 법률행위의 성질에 관한 착오
- 임대차를 사용대차인 줄 안 경우, 연대보증을 보통의 보증으로 잘못 안 경우 등 법률행위의 성질에 관한 착오 등은 중요부분의 착오이다.

5) 토지의 현황, 경계에 관한 착오는 중요부분의 착오이다.

> **판례**
> 주위토지 통행권자가 인접대지 위의 담장이 그 대지의 경계선과 일치하는 것으로 잘못 알고, 이 담장을 기준으로 통로 폭을 정하여 주위토지소유자의 담장 설치에 합의하였다면, 이러한 합의는 토지의 현황, 경계에 관한 착오에 기인한 것으로서 그 착오는 법률행위의 중요한 부분에 관한 착오라고 할 수 있다(88다카9364).

6) 중요부분의 착오로 인정되지 않은 경우
- 목적물의 시간에 관한 착오는 중요부분에 대한 착오가 아니다(84다카890).

7) 기타

> **판례 | [2006다41457]**
> [1] 착오가 법률행위 내용의 중요 부분에 있다고 하기 위하여는 표의자에 의하여 추구된 목적을 고려하여 합리적으로 판단하여 볼 때 표시와 의사의 불일치가 객관적으로 현저하여야 하고, 만일 그 착오로 인하여 표의자가 무슨 경제적인 불이익을 입은 것이 아니라면 이를 법률행위 내용의 중요 부분의 착오라고 할 수 없다.
> [2] 주채무자의 차용금반환채무를 보증할 의사로 공정증서에 연대보증인으로 서명·날인하였으나 그 공정증서가 주채무자의 기존의 구상금채무 등에 관한 준소비대차계약의 공정증서이었던 경우, 소비대차계약과 준소비대차계약의 법률효과는 동일하므로 공정증서가 연대보증인의 의사와 다른 법률효과를 발생시키는 내용의 서면이라고 할 수 없어 표시와 의사의 불일치가 객관적으로 현저한 경우에 해당하지 않을 뿐만 아니라, 연대보증인은 주채무자가 채권자에게 부담하는 차용금반환채무를 연대보증할 의사가 있었던 이상 착오로 인하여 경제적인 불이익을 입었거나 장차 불이익을 당할 염려도 없으므로 위와 같은 착오는 연대보증계약의 중요 부분의 착오가 아니다.

라. 적용범위

1) 신분행위, 공법행위 및 소송행위에는 적용되지 않음

2) 상대방 없는 법률행위도 착오취소 가능하다.

3) 화해계약
- 화해계약은 착오를 이유로 취소할 수 없다(제733조 본문).
- 그러나 화해당사자의 자격 또는 화해의 목적인 분쟁 이외의 사항에 착오가 있는 경우에는 취소할 수 있다(제733조 단서).
- '화해의 목적인 분쟁 이외의 사항'이라 함은 분쟁의 대상이 아니라 분쟁의 전제 또는 기초가 된 사항으로서, 쌍방 당사자가 예정한 것이어서 상호 양보의 내용으로 되지 않고 다툼이 없는 사실로 양해된 사항을 말한다(95다48414).

마. 착오와 다른 규정의 경합

1) 제110조(사기)와 착오의 경합 여부
선택적 경합 인정된다는 것이 통설이나 아래 판례 유의(각각 그 요건을 입증하여 주장할 수 있다)

> **⚖ 판례**
>
> 사기에 의한 의사표시란 타인의 기망행위로 말미암아 착오에 빠지게 된 결과 어떠한 의사표시를 하게 되는 경우이므로 거기에는 의사와 표시의 불일치가 있을 수 없고, 단지 의사의 형성과정 즉 의사표시의 동기에 착오가 있는 것에 불과하며, 이 점에서 고유한 의미의 착오에 의한 의사표시와 구분되는데, 신원보증서류에 서명날인한다는 착각에 빠진 상태로 연대보증의 서면에 서명날인한 경우, 결국 위와 같은 행위는 강학상 기명날인의 착오(또는 서명의 착오), 즉 어떤 사람이 자신의 의사와 다른 법률효과를 발생시키는 내용의 서면에, 그것을 읽지 않거나 올바르게 이해하지 못한 채 기명날인을 하는 이른바 표시상의 착오에 해당하므로, 비록 위와 같은 착오가 제3자의 기망행위에 의하여 일어난 것이라 하더라도 그에 관하여는 사기에 의한 의사표시에 관한 법리, 특히 상대방이 그러한 제3자의 기망행위 사실을 알았거나 알 수 있었을 경우가 아닌 한 의사표시자가 취소권을 행사할 수 없다는 민법 제110조 제2항의 규정을 적용할 것이 아니라, 착오에 의한 의사표시에 관한 법리만을 적용하여 취소권 행사의 가부를 가려야 한다(2004다43824).

2) 담보책임과 착오의 경합 여부
- 판례는 경합 긍정한 것이 중요

> **⚖ 판례 | 매매계약 내용의 중요 부분에 착오가 있는 경우, 매수인이 매도인의 하자담보책임이 성립하는지와 상관없이 착오를 이유로 매매계약을 취소할 수 있는지 여부(적극)**
>
> 민법 제109조 제1항에 의하면 법률행위 내용의 중요 부분에 착오가 있는 경우 착오에 중대한 과실이 없는 표의자는 법률행위를 취소할 수 있고, 민법 제580조 제1항, 제575조 제1항에 의하면 매매의 목적물에 하자가 있는 경우 하자가 있는 사실을 과실 없이 알지 못한 매수인은 매도인에 대하여 하자담보책임을 물어 계약을 해제하거나 손해배상을 청구할 수 있다. 착오로 인한 취소 제도와 매도인의 하자담보책임 제도는 취지가 서로 다르고, 요건과 효과도 구별된다. 따라서 매매계약 내용의 중요 부분에 착오가 있는 경우 매수인은 매도인의 하자담보책임이 성립하는지와 상관없이 착오를 이유로 매매계약을 취소할 수 있다(2015다78703).

5. 사기와 담보책임의 경합 여부
통설과 판례는 선택적 경합 긍정

6. 사기와 불법행위
당연히 선택적 경합 긍정

7. 해제와 취소
경합을 긍정하는 것이 판례(해제된 후라도 취소 가능. But 취소된 후에는 해제 불가)

> **⚖ 판례**
>
> 매도인이 매수인의 중도금지급채무불이행을 이유로 매매계약을 적법하게 해제한 후라도 매수인으로서는 상대방이 한 계약해제의 효과로서 발생하는 손해배상 책임을 지거나 매매계약에 따른 계약금의 반환을 받을 수 없는 불이익을 면하기 위해서 착오를 이유로 한 취소권을 행사하여 매매계약 전체를 무효로 돌릴 수 있다(95다24982, 24999).

8. 의사표시의 하자(2) - 사기·강박

> 제110조【사기, 강박에 의한 의사표시】① 사기나 강박에 의한 의사표시는 취소할 수 있다.
> ② 상대방있는 의사표시에 관하여 제삼자가 사기나 강박을 행한 경우에는 상대방이 그 사실을 알았거나 알 수 있었을 경우에 한하여 그 의사표시를 취소할 수 있다.
> ③ 전2항의 의사표시의 취소는 선의의 제삼자에게 대항하지 못한다.

- 사기·강박에 의한 의사표시란 자유이어야 할 의사가 타인의 위법한 간섭으로 말미암아 방해된 상태에서 자유롭지 못하게 행하여진 의사표시를 말한다.

가. 개관

1) 상대방이 기망, 강박한 경우(제110조 제1항): 언제든지 취소가 가능하다.
2) 제3자가 기망, 강박한 경우(제110조 제2항): 상대방이 알았거나 알 수 있었을 경우에만 취소가 가능
    상대방의 대리인 등 상대방과 동일시 할 수 있는 자는 제3자가 아니다.

> **판례**
> 1. 의사표시의 상대방이 아닌 자로서 기망행위를 하였으나 민법 제110조 제2항에서 정한 제3자에 해당되지 아니한다고 볼 수 있는 자란 그 의사표시에 관한 상대방의 대리인 등 상대방과 동일시할 수 있는 자만을 의미하고, 단순히 상대방의 피용자이거나 상대방이 사용자책임을 져야 할 관계에 있는 피용자에 지나지 않는 자는 상대방과 동일시할 수는 없어 이 규정에서 말하는 제3자에 해당한다[96다41496. 이에 따라 상호신용금고의 기획감사실 과장(기망행위를 한 자)으로서 대출업무 등에 대한 감사권한을 갖는 자는 상호신용금고와 동일시 할 수 있는 것으로 볼 수 없어 제3자라고 판시함(피용자에 불과하므로)].
> 2. 은행의 출장소장이 어음할인을 부탁받자 그 어음이 부도날 경우를 대비하여 담보조로 받아두는 것이라고 속이고 금전소비대차 및 연대보증 약정을 체결한 후 그 대출금을 자신이 인출하여 사용한 사안에서, 위 출장소장의 행위는 은행 또는 은행과 동일시할 수 있는 자의 사기일 뿐 제3자의 사기로 볼 수 없으므로, 은행이 그 사기사실을 알았거나 알 수 있었을 경우에 한하여 위 약정을 취소할 수 있는 것은 아니라고 본 사례(98다60828)

3) 상대방 없는 법률행위: 언제나 취소가 가능하다.

나. 민법 제110조의 입법취지

- 피기망자나 피강박자의 재산을 보호하려는 데 취지가 있는 것이 아니라 표의자의 의사결정의 자유를 보장하려는 데 그 취지가 있다.
- 따라서 표의자에게 재산상 손해가 있을 것은 취소권 발생의 요건이 아니다.

다. 사기 취소의 요건

1) 기망행위가 있었을 것
    부작위도 기망이 될 수 있다(신의칙상 고지의무가 있음에도 불구하고 고지하지 않은 경우).
2) 기망행위에 의해 상대방이 착오에 빠졌을 것
    새롭게 착오에 빠진 경우뿐만 아니라 종전의 착오상태를 이용하여 이를 유지 강화시킨 경우도 포함
3) 착오에 기하여 의사표시를 하였을 것
    기망과 착오, 착오와 의사표시 사이에 모두 인과관계가 있어야 한다.

4) 기망자에게 고의가 있을 것
- 이중의 고의로서 기망에 의해 착오에 빠뜨리려는 고의와 이에 기하여 의사표시를 하게끔 하려는 고의가 모두 필요하다.
- 표의자의 과실 유무는 불문한다.

5) 기망행위가 위법할 것
- 과장광고의 위법성: 거래에 있어서 중요한 사실을 구체적으로 적시하여 허위로 광고한 경우에는 위법성이 있지만 그에 이르지 않는 정도의 과장광고는 사회통념상 용인되는 상술이므로 위법성이 없어 기망행위라고 볼 수는 없다는 것이 판례
- 백화점의 변칙세일에 대해서는 상술의 정도를 넘어선 위법성이 있다고 판시하여 사기에 해당된다고 함

> **판례**
> 일반적으로 교환계약을 체결하려는 당사자는 서로 자기가 소유하는 교환 목적물은 고가로 평가하고 상대방이 소유하는 목적물은 염가로 평가하여 보다 유리한 조건으로 교환계약을 체결하기를 희망하는 이해 상반의 지위에 있고 각자가 자신의 지식과 경험을 이용하여 최대한으로 자신의 이익을 도모할 것이 예상되기 때문에, 당사자 일방이 알고 있는 정보를 상대방에게 사실대로 고지하여야 할 신의칙상의 주의의무가 인정된다고 볼 만한 특별한 사정이 없는 한, 어느 일방이 교환 목적물의 시가나 그 가액 결정의 기초가 되는 사항에 관하여 상대방에게 설명 내지 고지를 할 주의의무를 부담한다고 할 수 없고, 일방 당사자가 자기가 소유하는 목적물의 시가를 묵비하여 상대방에게 고지하지 아니하거나 혹은 허위로 시가보다 높은 가액을 시가라고 고지하였다 하더라도 이는 상대방의 의사결정에 불법적인 간섭을 한 것이라고 볼 수 없다[대법원 2002. 9. 4. 선고 2000다54406, 54413 판결].

라. 강박 취소의 요건

1) 사기와 기본적인 구조 동일
- 강박행위(해악의 고지) - 외포심야기 - 의사표시, 각각의 단계에 인과관계가 있어야 하고 강박자에게 이중의 고의가 있어야 한다.
- 강박행위도 위법해야 한다.

2) 쟁점
- 해악의 고지는 구체적인 것이어야 하므로 단지 각서에 서명, 날인할 것을 강력히 요구한 것만으로는 강박행위가 될 수 없다는 것이 판례이다.
- 해악의 종류에는 제한이 없는바 정치적인 압력도 해악의 고지가 될 수 있다.
- 형사상 적법절차의 고지(예 고소하겠다)는 원칙적으로 강박이 될 수 없지만 사회적 상당성을 초과한 행위로서 그 목적과 수단이 위법하다면 강박행위가 될 수 있다.
- 강박에 의해 의사결정의 자유가 완전히 박탈된 상태가 야기되었고 이에 의해 의사표시를 하였다면(절대적 폭력) 이는 의사무능력 상태에 기한 것이므로 무효이고, 이러한 정도에 이르지 않은 경우가 취소 사유로서의 강박이다.

마. 선의의 제3자 보호규정(제110조 제3항)

1) 취소로 선의의 제3자에게 대항하지 못한다.
   이때 선의의 제3자는 통정허위표시와 동일

2) 선의의 제3자의 범위 확대
- 제110조 제3항의 제3자란 취소권이 행사되기 전에 표의자의 상대방과 법률행위를 한 제3자를 의미하는 것이 원칙이다.

- 단, 통설과 판례는 동적 거래 안전을 위해서 취소한 후에 그 상대방과 법률행위를 한 제3자도 선의이면 보호된다는 태도이다. 즉, 취소 전후를 불문하고 선의자라면 보호될 수 있다는 태도

> **판례 | 불법행위에 기한 손해배상청구와의 관계**
>
> 고지의무 위반은 부작위에 의한 기망행위에 해당하므로 원고들로서는 기망을 이유로 분양계약을 취소하고 분양대금의 반환을 구할 수도 있고 분양계약의 취소를 원하지 않을 경우 그로 인한 손해배상만을 청구할 수도 있다(2004다48515). 단, 손해배상청구권은 선택하여 행사할 수 있을 뿐 중첩적으로 행사할 수는 없다(92다56087).

9. 의사표시의 효력발생

> **제111조【의사표시의 효력발생시기】** ① 상대방이 있는 의사표시는 상대방에게 도달한 때에 그 효력이 생긴다.
> ② 의사표시자가 그 통지를 발송한 후 사망하거나 제한능력자가 되어도 의사표시의 효력에 영향을 미치지 아니한다.
>
> **제112조【제한능력자에 대한 의사표시의 효력】** 의사표시의 상대방이 의사표시를 받은 때에 제한능력자인 경우에는 의사표시자는 그 의사표시로써 대항할 수 없다. 다만, 그 상대방의 법정대리인이 의사표시가 도달한 사실을 안 후에는 그러하지 아니하다.
>
> **제113조【의사표시의 공시송달】** 표의자가 과실없이 상대방을 알지 못하거나 상대방의 소재를 알지 못하는 경우에는 의사표시는 민사소송법 공시송달의 규정에 의하여 송달할 수 있다.

가. 기본기

- 표의자의 의사표시가 효력을 발생하기 위해서는 원칙적으로 수령능력 있는 상대방에게 도달해야 한다(도달주의). 다만, 발신 후 표의자가 사망하거나 행위능력을 상실한 경우라 할 지라도 의사표시의 효력에는 아무런 영향이 없다(제111조 제2항).
- 발신 후 도달 전이라면 의사표시를 철회할 수 있다. 다만, 철회는 늦어도 발신한 의사표시와 동시에는 도달하여야 한다.
- 의사표시의 효력발생시기에 관한 규정은 임의규정이고, 다른 의사표시 규정과는 달리, 특별규정 있거나 성질에 반하지 않는 한 공법행위에도 적용되는 것이 원칙이다.
- 상대방 있는 의사표시에만 적용되므로 상대방 없는 의사표시에서는 적용이 없다(표시만으로 곧바로 효력발생).

나. 도달의 의미

상대방이 요지할 수 있는 상태(상대방이 통지의 내용을 알 수 있는 객관적 상태에 놓여졌다고 인정되는 상태)에 이르면 도달한 것으로 본다. 요지 시가 아니라는 점 주의

> **판례**
>
> 1. [1] 민사소송법상의 송달은 당사자나 그 밖의 소송관계인에게 소송상 서류의 내용을 알 기회를 주기 위하여 법정의 방식에 좇아 행하여지는 통지행위로서, 송달장소와 송달을 받을 사람 등에 관하여 구체적으로 법이 정하는 바에 따라 행하여지지 아니하면 부적법하여 송달로서의 효력이 발생하지 아니한다. 한편 채권양도의 통지는 채무자에게 도달됨으로써 효력이 발생하는 것이고, 여기서 <u>도달이라함은 사회통념상 상대방이 통지의 내용을 알 수 있는 객관적 상태에 놓여졌다고 인정되는 상태를 가</u>

제4장 권리의 변동

리킨다. 이와 같이 도달은 보다 탄력적인 개념으로서 송달장소나 수송달자 등의 면에서 위에서 본 송달에서와 같은 엄격함은 요구되지 아니하며, 이에 송달장소 등에 관한 민사소송법의 규정을 유추 적용할 것이 아니다. 따라서 채권양도의 통지는 민사소송법상의 송달에 관한 규정에서 송달장소로 정하는 채무자의 주소·거소·영업소 또는 사무소 등에 해당하지 아니하는 장소에서라도 채무자가 사회통념상 그 통지의 내용을 알 수 있는 객관적 상태에 놓여졌다고 인정됨으로써 족하다.

[2] 채권양도통지서가 배달된 장소가 민사소송법의 적법한 송달장소가 아니라는 이유로 채권양도의 통지가 채무자에게 도달하지 아니하였다고 본 원심판결을 파기한 사례(2010다57)

2. 의사표시에 대한 상대방의 수령거절과 의사표시의 도달

상대방이 정당한 사유 없이 통지의 수령을 거절한 경우에는 상대방이 그 통지의 내용을 알 수 있는 객관적 상태에 놓여 있는 때에 의사표시의 효력이 생기는 것으로 보아야 한다(2008다19973).

다. 도달주의와 발신주의의 실익
- 도달주의를 취하면 표의자가 도달까지 입증해야 하고 발신주의를 취하면 표의자는 발송사실만 입증하면 족하다는 차이가 있다.
- 따라서 발신주의를 취한다면 이는 표의자를 더욱 보호하기 위한 것이다.

라. 수령무능력자 쟁점
1) 수령무능력자(행위무능력)에 대한 송달은 무효가 아니라 표의자가 효력을 주장할 수 없을 뿐. 즉, 대항할 수 없을 뿐이다. 따라서 무능력자 스스로 도달을 주장하는 것은 무방하다.
2) 단, 법정대리인이 안 경우는 표의자는 효력을 주장할 수 있다.
3) 행위능력이 인정되는 사항이라면 수령능력도 당연히 인정

마. 우편제도에 의한 도달에 관한 판례
우편법 소정의 규정에 따라 우편물이 배달되었다 하더라도 의사표시가 언제나 상대방에게 도달하였다고 볼 수는 없다(97다31282).
- 내용증명 우편이나 등기우편과는 달리, 보통우편의 방법으로 발송되었다는 사실만으로는 그 우편물이 상당기간 내에 도달하였다고 추정할 수 없고 송달의 효력을 주장하는 측에서 증거에 의하여 도달사실을 입증하여야 한다(2000다25002).
- 다만, 등기우편이나 내용증명우편의 경우에는 특별한 사정이 없는 한 도달된 것으로 봄(추정의 의미)
- 그러나, 등기우편물이 신원이 분명치 않은 자에게 송달되었다거나 주소지가 상대방이 현실적으로 거주하고 있지 않은 채 주민등록만 되어 있는 경우라면 도달된 것으로 볼 수 없다.

바. 도달주의 예외로서 발신주의를 취하고 있는 것
- 무능력 최고에 대한 확답 발(제15조)
- 사원총회 소집통지 1주일 전 발(제71조)
- 무권대리인의 상대방의 최고에 대한 확답 발(제131조)
- 채무인수 승낙 여부에 최고에 대한 확답 발(제455조)
- 격지자 간 계약의 승낙 발(제531조)
- 연착한 승낙의 도달 전에 지연의 통지 발송(제528조 제2항)

제4절 대리

1. 대리제도 서론

가. 대리제도의 기능
- 대리인이 그 권한 내에서 본인을 위한 것임을 표시한 의사표시는 직접 본인에게 효력이 생기게 하는 것(제114조 제1항)이다.
- 대리의 본질적 기능은 사적자치의 확장이고, 사적자치의 보충은 2차적 기능에 지나지 않는다.
- 사적자치의 확장은 주로 임의대리에서 강하게 나타나고, 사적자치의 보충은 법정대리에서 강하게 나타난다.

나. 대리가 허용되는 범위

1) 법률행위
- 원칙적으로 법률행위에서 대리가 허용된다. 그러나 법률행위라도 대리가 허용되지 않는 경우도 있다.
- 일신전속적 법률행위(신분행위)와 당사자 사이의 약정으로 대리를 금지한 경우(대리에 관한 규정은 임의규정)에는 법률행위라도 대리가 허용되지 않는다.

2) 준법률행위
- 원칙적으로는 대리가 허용되지 않지만 의사의 통지나 관념의 통지와 같은 표현행위로서의 준법률행위는 대리가 허용된다.
- 사실행위에서는 대리가 허용되지 않는다(가공, 물건의 현실인도와 같은 사실행위에서 제3자의 협력은 보조행위에 불과).

3) 불법행위
- 대리가 허용되지 않고 대리인이 피용자인 경우에 사용자배상책임이 성립할 수 있을 뿐이다.

다. 대리와 구별개념

1) 간접대리
- 대리와는 다르다.
- 행위자가 '자기의 이름'으로, 타인을 위하여(타인의 계산으로) 하는 법률행위이다.
- 법률행위의 당사자는 간접대리인과 그 상대방이고, 법적 효과의 귀속주체는 간접대리인
- 위탁매매인이 대표적인 예

2) 사자
판례는 대리인이 아니라 사실행위를 위한 사자(표시기관)라 하더라도 외관상 그에게 어떠한 권한이 있는 것으로 표시 내지 행동이 있어 상대방이 이를 믿었고 그에 정당한 사유가 있었다면 표현대리에 의해 본인에게 책임이 귀속될 수 있다고 판시함

2. 대리권

가. 대리권의 발생원인

1) 법정대리권 발생 원인

가) 법률의 규정에 의한 것(당연히): 친권자와 법정후견인

나) 지정에 의한 것: 유언에 의한 지정후견인, 지정유언집행자

다) 법원의 선임에 의한 것: 부재자 선임재산관리인, 선임후견인, 상속재산관리인, 선임 유언집행자

2) 임의대리권의 발생원인: 대리권의 수여인 수권행위
- 수권행위는 상대방의 수령을 요하는 단독행위이다(통설)

나. 대리권의 범위

1) 법정대리권의 범위
- 각 법정대리인에 관한 법률의 규정에 따라 범위가 결정된다.

2) 임의대리권의 범위(판례)
- 임의대리권의 범위는 본인이 어느 범위까지 대리권을 수여하였는지에 따라 결정된다. 의사표시 해석의 일반원칙에 따라 개별적·구체적으로 정해진다.

> **판례**
> 1. 토지매각의 대리권에는 중도금이나 잔금의 수령 권한, 소유권이전등기를 할 권한, 약정된 대금지급기일을 연기해 줄 권한이 포함된다.
> 2. 소비대차계약의 대리권에는 기한을 연기하는 권한, 이자와 잔여금을 수령할 권한이 포함된다.
> 3. 대여금의 영수권한만을 위임받은 대리인이 그 대여금채무의 일부 면제를 하기 위해서는 본인의 특별한 수권이 필요하다.
> 4. 부동산처분에 관한 소요서류를 준 행위는 처분에 관한 대리권 수여행위임
> 5. 부동산관리인에게 인감을 부여시킨 것은 처분권 부여행위가 아니다. 단, 법률행위와 관련한 인장의 위탁은 대리권부여라고 볼 수 있다.
> 6. 인감증명서를 교부하면서 부동산매매의 알선을 부탁한 것은 처분권 부여가 아니다.
> 7. 금전소비대차계약과 담보권 설정권한을 수여받은 자에게는 특별한 사정이 없는 한 소비대차계약이 체결되고 담보권이 설정된 후 이를 해제할 권한까지 가지고 있다고 볼 수는 없다.
> 8. 어떠한 계약의 체결에 관한 대리권을 수여받은 대리인이 수권된 법률행위를 하게 되면 그것으로 대리권의 원인된 법률관계는 원칙적으로 목적을 달성하여 종료하는 것이고, 법률행위에 의하여 수여된 대리권은 그 원인된 법률관계의 종료에 의하여 소멸하는 것이므로(민법 제128조), 그 계약을 대리하여 체결하였던 대리인이 체결된 계약의 해제 등 일체의 처분권과 상대방의 의사를 수령할 권한까지 가지고 있다고 볼 수는 없다(2008다11276).
> 9. 예금계약의 체결을 수임받은 자가 가지는 대리권에 당연히 그 예금을 담보로 하여 대부를 받거나 기타 이를 처분할 수 있는 대리권이 포함되어 있는 것은 아니다(91다4987).
> 10. 채권자가 채무의 담보의 목적으로 채무자를 대리하여 부동산에 관한 매매 등의 처분행위를 할 수 있는 권한을 위임받은 경우, 채권자는 채무자에 대한 채권의 회수를 위하여 선량한 관리자로서의 주의를 다하여 채무자가 직접 부동산을 처분하는 것과 같이 널리 원매자를 물색하여 부동산을 매매 등의 방법으로 적정한 시기에 매도한 다음 그 대가로 자신의 채권에 충당하고 나머지가 있으면 채무자에게 이를 정산할 의무가 있는 것이지, 자신의 개인적인 채무를 변제하기 위하여 그 채권자와의 사이에 임의로 부동산의 가치를 협의·평가하여 그 가액 상당의 채무에 대한 대물변제조로 양도할 권한이 있는 것은 아니다(97다22720).

3) 규정

> **제118조【대리권의 범위】** 권한을 정하지 아니한 대리인은 다음 각호의 행위만을 할 수 있다.
> 1. 보존행위
> 2. 대리의 목적인 물건이나 권리의 성질을 변하지 아니하는 범위에서 그 이용 또는 개량하는 행위

- 제118조는 수권행위로 정해지지 않거나 명백하지 않은 경우의 보충규정에 불과하다. 특히 표현대리가 성립하면 적용되지 않는다(判).
- 보존행위: 보존행위란 재산의 가치를 현상 그대로 유지하는 것을 목적으로 하는 행위이다. 소멸시효의 중단, 미등기부동산 보존등기, 기한도래채무의 변제(미도래 ×), 채권의 추심 등이 이에 해당한다.
- 관리행위(이용행위, 개량행위): 이용행위란 대리의 목적인 물건이나 권리를 사용·수익하는 행위(예 물건의 임대·금전의 이자부대여 등)를 말하고, 개량행위란 대리의 목적인 물건이나 권리의 사용가치 또는 교환가치를 증가시키는 행위(예 무이자채권 이자부로의 전환)를 말한다. 이러한 관리행위는 성질을 변화시키지 않는 범위 내에서만 가능하다.

다. 대리권의 제한

1) 자기계약·쌍방대리 금지

> **제124조【자기계약, 쌍방대리】** 대리인은 본인의 허락이 없으면 본인을 위하여 자기와 법률행위를 하거나 동일한 법률행위에 관하여 당사자쌍방을 대리하지 못한다. 그러나 채무의 이행은 할 수 있다.

가) 개념

- 대리권의 제한사유로 논의되는 것에 자기계약·쌍방대리 금지와 공동대리가 있다.
- 자기계약이란 대리인이 본인을 대리하면서 동시에 자기 자신의 자격으로 상대방이 되어 본인과 계약을 체결하는 경우이고, 쌍방대리란 대리인이 본인과 상대방을 동시에 대리하여 쌍방의 계약을 맺는 것을 말한다.
- 제124조는 자기계약 쌍방대리행위를 금지하고 있는데, 금지되는 이유는 본인과 대리인 간의 이해관계가 충돌될 경우 본인의 이익을 해칠 우려가 있기 때문이다.
- 따라서 그러한 우려가 없는 경우는 금지할 필요가 없으므로 <u>본인에게 이익을 주는 행위, 본인의 허락이 있는 경우 및 단순 채무의 이행</u>에 있어서는 적용되지 않는다.
- 법정대리, 임의대리 모두 적용된다. 법정대리의 경우 본인은 약자인 경우가 많으므로 더 엄격하게 자기계약, 쌍방대리가 금지된다.
- 자기계약·쌍방대리 금지를 위반한 경우 그 효과는 무효이나, 확정적 무효가 아니라 무권대리가 된다.

나) 채무의 이행과 관련된 쟁점

(1) 허용되는 경우
- 변제, 상계(通), 이전등기신청, 주식의 명의개서

(2) 허용되지 않는 경우
- 대물변제, 경개, 다툼이 있는 채무의 이행, 기한미도래의 채무변제, 항변권 있는 채무의 변제

2) 공동대리

> 제119조 【각자대리】 대리인이 수인인 때에는 각자가 본인을 대리한다. 그러나 법률 또는 수권행위에 다른 정한 바가 있는 때에는 그러하지 아니하다.

가) 대리인이 수인인 경우라도 각자 대리가 원칙이다.

나) 법률 또는 수권행위에 의해 공동대리로 정해진 경우에만 공동대리인이 된다.
- 공동이란 의사결정의 공동을 의미한다는 것이 통설이다(실행행위는 일부가 해도 된다는 의미).
- 공동대리를 위반한 경우는 권한 초과행위로 무권대리와 표현대리의 문제가 된다.
- 이때도 상대방의 의사표시를 수령할 권한인 수동대리는 단독으로 가능하다.

라. 대리권의 소멸

> 제127조 【대리권의 소멸사유】 대리권은 다음 각 호의 어느 하나에 해당하는 사유가 있으면 소멸된다.
> 1. 본인의 사망
> 2. 대리인의 사망, 성년후견의 개시 또는 파산
>
> 제128조 【임의대리의 종료】 법률행위에 의하여 수여된 대리권은 전조의 경우외에 그 원인된 법률관계의 종료에 의하여 소멸한다. 법률관계의 종료전에 본인이 수권행위를 철회한 경우에도 같다.

1) 공통된 소멸원인

가) 본인의 사망
- 원칙상 대리권이 당연 소멸하므로, 상속인을 위해서 대리할 수 없다.
- 예외적으로 특약이 있거나(단, 상속인의 합리적 의사에 반해서는 안 된다)
- 긴박한 사정이 있는 경우에는(위임의 긴급사무처리 규정. 제691조) 상속인을 위해서 대리권이 존속될 수 있다.

나) 대리인의 사망, 파산, 성년후견의 개시
- 대리인 사망 시 원칙상 대리권이 당연소멸하므로 대리인의 지위가 상속되지 않는다.
- 다만, 예외적으로 긴급한 경우 대리권의 존속을 긍정하는 것이 통설
- 피성년후견인이나 파산자도 대리인이 될 수 있지만, 대리인이 된 후 성년후견 개시·파산선고를 받으면 대리권은 당연히 소멸되게 된다.
- 한정후견개시는 소멸사유가 아님

2) 법정대리 특유의 소멸원인
- 법원의 개입
- 대리권(친권)상실 선고
- 법원의 허가를 얻은 사퇴
- 대리권의 발생원인 소멸(성년이 되거나 본인의 성년후견, 한정후견의 취소)

3) 임의대리권 특유의 소멸원인
- 기초적 내부관계의 종료(제128조 전단)
- 수권행위의 철회
- 수권행위의 무효, 취소
- 기초적 내부관계가 무효, 취소된 경우
- 본인의 파산(명문규정이 없어 견해대립이 있으나 제690조를 유추하여 긍정하는 견해가 다수설)

3. 대리행위

가. 현명주의

> **제114조【대리행위의 효력】** ① 대리인이 그 권한 내에서 본인을 위한 것임을 표시한 의사표시는 직접 본인에게 대하여 효력이 생긴다.
> ② 전항의 규정은 대리인에게 대한 제3자의 의사표시에 준용한다

1) 의의
대리행위 시 그 행위가 본인을 위한 것임을 표시하는 것이 현명이다.

2) 현명의 방식
- 현명은 비요식행위이므로 방식에 제한이 없어 반드시 위임장을 제시할 필요도 없고 구두에 의해서도 가능하다.
- 현명 시 본인을 특정할 필요도 없고, 본인의 이름을 명시할 필요도 없다. 즉, 대리인을 위한 것이 아니라 본인을 위한 것이라는 것만 표시하면 족하다는 것이 통설과 판례이다.

3) 현명을 하고 대리행위("나는 누구의 대리인이다")
- 유권대리인이라면 정상적 대리행위
- 무권대리인이라면 무권대리, 표현대리 문제

> **판례**
> 일반적으로 매매계약에서 매도인으로 나온 사람이 위와 같은 소유권자로부터 매매에 관한 권한을 위임받은 내용의 위임장을 제시하고 매매계약을 체결하였다면 특단의 사정이 없는 한 그는 소유권자를 대리하여 매매행위를 한 것으로 보아야 할 것이고, 매매계약서의 매도인란에 대리관계의 표시가 없이 그 자신의 이름을 기재하였다고 하여도 이것만으로 그 자신이 매도인으로서 타인물의 매매를 한 것이라고 볼 수는 없는 것이다(81다1349, 81다카1209).

4) 현명하지 않고 대리행위 한 경우(그냥 자신의 이름 사용)
- 유권대리인이라면 제115조 적용

> **제115조【본인을 위한 것임을 표시하지 아니한 행위】** 대리인이 본인을 위한 것임을 표시하지 아니한 때에는 그 의사표시는 자기를 위한 것으로 본다. 그러나 상대방이 대리인으로서 한 것임을 알았거나 알 수 있었을 때에는 전조 제1항의 규정을 준용한다.

- 무권대리인이라면 권한 없이 타인의 권리에 대한 행위를 한 것으로서 물권행위는 무권리자의 처분 행위가 되고 채권행위는 타인권리매매(계약)가 된다.
  - 무권리자의 처분행위(물권행위, 준물권행위)는 무효. 단, 본인이 사후에 추인한 경우는 소급하여 유효가 된다.
  - 채권행위는 타인권리 매매로 그 자체는 유효이다(제569조).

5) 명의사칭(자신이 타인인 것처럼 타인의 이름을 사용)
- 대행의 문제. 행위자가 자신의 이름이 아닌 타인(대리인인 경우 본인)의 이름을 사용

가) 유권대행의 경우(행위자에게 대리권이 있는 경우)
- 대리인이 본인의 이름을 사용하여 본인의 권리관계에 관한 법률행위를 한 경우, 학설과 판례는 일치하여 본인에게 효과가 귀속된다고 함(그 근거에 차이가 있을 뿐)

- 다만, 인적 색채가 강한 조합이나 소규모 임대차 등에 있어서는 그렇지 않을 수 있음

나) 무권대행의 문제(행위자에게 대리권이 없는 경우)

- 대리인도 아닌 자. 즉, 아무런 권한도 없는 자가 타인의 이름을 사용하여 법률행위를 한 경우의 문제. 당해 법률행위의 당사자를 누구로 보아야 하는지 당사자 확정의 문제가 선행되어야 한다(행위자인지 명의자인지).

> **⚖ 판례 | 당사자확정에 관한 판례**
>
> [1] 계약을 체결하는 행위자가 타인의 이름으로 법률행위를 한 경우에 행위자 또는 명의인 가운데 누구를 계약의 당사자로 볼 것인가에 관하여는, 우선 행위자와 상대방의 의사가 일치한 경우에는 그 일치한 의사대로 행위자 또는 명의인을 계약의 당사자로 확정해야 하고, 행위자와 상대방의 의사가 일치하지 않는 경우에는 그 계약의 성질·내용·목적·체결 경위 등 그 계약 체결 전후의 구체적인 제반 사정을 토대로 상대방이 합리적인 사람이라면 행위자와 명의자 중 누구를 계약 당사자로 이해할 것인가에 의하여 당사자를 결정하여야 한다.
>
> [2] 일방 당사자가 대리인을 통하여 계약을 체결하는 경우에 있어서 계약의 상대방이 대리인을 통하여 본인과 사이에 계약을 체결하려는 데 의사가 일치하였다면 대리인의 대리권 존부 문제와는 무관하게 상대방과 본인이 그 계약의 당사자이다(2003다44059).

- 무권대행의 경우에 제126조 표현대리가 적용될 수 있는지 여부

> **⚖ 판례 | 판례의 기본적인 태도(대법원 2002.6.28. 선고, 2001다49814 판결 등)**
>
> 민법 제126조의 표현대리는 대리인이 본인을 위한다는 의사를 명시 혹은 묵시적으로 표시하거나 대리의사를 가지고 권한 외의 행위를 하는 경우에 성립하고, 사술을 써서 위와 같은 대리행위의 표시를 하지 아니하고 단지 본인의 성명을 모용하여 자기가 마치 본인인 것처럼 기망하여 본인 명의로 직접 법률행위를 한 경우에는 특별한 사정이 없는 한 위 법조 소정의 표현대리는 성립될 수 없다(처가 제3자를 남편으로 가장시켜 관련 서류를 위조하여 남편 소유의 부동산을 담보로 금원을 대출받은 경우, 남편에 대한 민법 제126조 소정의 표현대리책임을 부정한 사례).

- 다만, 이와 같은 때에는 특별한 사정이 있는 경우에 한하여 민법 제126조 소정의 표현대리의 법리를 유추적용할 수 있다고 할 것인데, 여기서 특별한 사정이란 본인을 모용한 사람에게 본인을 대리할 기본대리권이 있었고, 상대방으로서는 위 모용자가 본인 자신으로서 본인의 권한을 행사하는 것으로 믿은데 정당한 사유가 있었던 사정을 의미한다고 할 것이다(이와 같이 판례는 무권대행의 경우에는 원칙적으로 표현대리가 적용될 수 없다고 하면서도, 제126조 요건을 갖추면 특별한 사정이 있다고 하여 표현대리를 유추적용하고 있다. 따라서 결과적으로는 제126조를 적용시키는 것과 마찬가지이다).

> **⚖ 판례**
>
> [표현대리의 유추적용을 긍정한 사안]
>
> 1. 본인으로부터 아파트에 관한 임대 등 일체의 관리권한을 위임받아 본인으로 가장하여 아파트를 임대한 바 있는 대리인이 다시 자신을 본인으로 가장하여 임차인에게 아파트를 매도하는 법률행위를 한 경우에는 권한을 넘은 표현대리의 법리를 유추적용하여 본인에 대하여 그 행위의 효력이 미친다고 볼 수 있다(92다52436).

2. 대리인이 본인임을 사칭하고 본인으로 가장하여 은행과 근저당권설정계약을 체결한 행위에 대해 권한을 넘은 표현대리의 법리를 유추적용한 것은 정당하다(87다카273).

[표현대리의 성립을 부정한 사안(표현대리를 유추할 특별한 사정이 없다면서)]
처가 제3자를 남편으로 가장시켜, 관련 서류를 위조하여 남편 소유의 부동산을 담보로 금원을 대출받은 경우, 남편은 민법 제126조 소정의 표현대리책임을 부담할 수 없다(2001다49814, 그 제3자에게 남편을 대리할 기본대리권이 없었기 때문. 처의 일상가사 대리권이 그 제3자의 기본대리권이 될 수도 없다고 판단함. 또한 원고가 그 제3자에게 기본대리권이 있다는 점에 대해 주장, 입증조차 하지 않았던 사안이었음).

나. 대리행위의 하자와 판단기준

> **제116조【대리행위의 하자】** ① 의사표시의 효력이 의사의 흠결, 사기, 강박 또는 어느 사정을 알았거나 과실로 알지 못한 것으로 인하여 영향을 받을 경우에 그 사실의 유무는 대리인을 표준하여 결정한다.
> ② 특정한 법률행위를 위임한 경우에 대리인이 본인의 지시에 좇아 그 행위를 한 때에는 본인은 자기가 안 사정 또는 과실로 인하여 알지 못한 사정에 관하여 대리인의 부지를 주장하지 못한다.

1) 제116조 규정
- 대리행위의 하자(의사의 흠결 등)에 관해서는 대리인을 표준으로 하여 하자의 유무를 결정하고 과실 유무도 대리인을 기준으로 결정한다(제116조 제1항).
- 다만, 대리인이 본인의 지시에 좇아 법률행위를 한 경우에는 본인은 자신에게 고의 과실이 있는 경우 대리인이 선의, 무과실이라고 하여도 이를 주장하지 못한다(지시에 좇아는 넓게 해석한다).
- 임의대리, 법정대리 모두에 적용된다.
- 주로 제107조~제110조에서 문제되고 하자담보책임에서도 문제된다.
- 대리행위의 하자에서 생기는 효과(예컨대 취소권·무효주장권 등)는 본인에게 귀속한다

2) 제116조의 취지
- 비진의표시, 통정허위표시, 착오, 사기, 강박에 있어서 의사표시의 하자의 기준은 대리인이 기준이다(대리에 있어서 효과의사는 대리인이 결정하므로).
- 본인에게 착오, 사기, 강박 등의 사유가 있더라도 대리인에게 그러한 사유가 없다면 본인은 절대로 취소권을 행사할 수 없다는 것이 핵심임
- 대리인이 선의, 무과실이더라도 본인에게 고의, 과실이 있다면 대리인 측에게는 고의, 과실이 있는 것이 된다.
- 특수문제로서 대리인과 상대방이 본인을 기망할 목적으로 가장행위(통정허위표시)를 한 경우 본인은 선의이더라도 제3자가 아니므로 본인에 대한 관계에서도 무효이다.

> **판례**
> 1. 대리인의 사기에 의하여 상대방이 의사표시를 하였을 경우에 상대방이 사기를 이유로 의사표시를 취소할 수 있음은 재론의 여지가 없다(4291민상101).
> 2. 대리인에 의한 이중매매에 있어서(제 2매수인이 대리인을 통하여 매수한 경우), 매도인의 배임행위에 적극 가담여부는 대리인을 기준으로 판단하여야 하므로 본인이 매도인의 배임행위에 적극 가담한 사정을 몰랐다고 하더라도 이중매매가 사회질서에 위반된다는 점에 지장을 주지 아니한다(97다45532).

다. 대리인의 능력

> 제117조【대리인의 행위능력】 대리인은 행위능력자임을 요하지 아니한다.

1) 개관
- 대리에 있어서 효과의사를 결정하는 자는 대리인이다.
- 대리인에게는 행위능력은 불필요하지만 의사능력은 있어야 한다.
- 본인에게는 행위능력도 의사능력도 불필요하다. 단, 권리능력은 있어야 한다. 단, 본인에게도 수권행위 시에는 의사능력이 필요하고, 행위무능력자가 수권행위를 한 경우에는 수권행위에 취소사유가 있게 된다.

2) 제117조의 취지
- 대리인은 행위능력자가 아니어도 관계없는데 이는 대리인이 권리귀속의 주체가 아니기 때문이다.
- 핵심취지는 본인이 대리인의 행위무능력을 이유로 취소권을 행사할 수는 없다는 것이다.

3) 법정대리인의 행위능력
특별조문에 행위무능력자는 법정대리인이 될 수 없다는 규정이 있다(후견인 결격사유, 유언집행자 결격사유).

라. 대리의 효과

> 제114조【대리행위의 효력】 ① 대리인이 그 권한내에서 본인을 위한 것임을 표시한 의사표시는 직접 본인에게 대하여 효력이 생긴다.
> ② 전항의 규정은 대리인에게 대한 제삼자의 의사표시에 준용한다.

⚖ 판례

계약이 적법한 대리인에 의하여 체결된 경우에 대리인은 다른 특별한 사정이 없는 한 본인을 위하여 계약상 급부를 변제로서 수령할 권한도 가진다. 그리고 대리인이 그 권한에 기하여 계약상 급부를 수령한 경우에, 그 법률효과는 계약 자체에서와 마찬가지로 직접 본인에게 귀속되고 대리인에게 돌아가지 아니한다. 따라서 계약상 채무의 불이행을 이유로 계약이 상대방 당사자에 의하여 유효하게 해제되었다면, 해제로 인한 원상회복의무는 대리인이 아니라 계약의 당사자인 본인이 부담한다. 이는 본인이 대리인으로부터 그 수령한 급부를 현실적으로 인도받지 못하였다거나 해제의 원인이 된 계약상 채무의 불이행에 관하여 대리인에게 책임 있는 사유가 있다고 하여도 다른 특별한 사정이 없는 한 마찬가지라고 할 것이다(2011다30871).

4. 복대리

> 제120조【임의대리인의 복임권】 대리권이 법률행위에 의하여 부여된 경우에는 대리인은 본인의 승낙이 있거나 부득이한 사유있는 때가 아니면 복대리인을 선임하지 못한다.
> 제121조【임의대리인의 복대리인선임의 책임】 ① 전조의 규정에 의하여 대리인이 복대리인을 선임한 때에는 본인에게 대하여 그 선임감독에 관한 책임이 있다.
> ② 대리인이 본인의 지명에 의하여 복대리인을 선임한 경우에는 그 부적임 또는 불성실함을 알고 본인에게 대한 통지나 그 해임을 태만한 때가 아니면 책임이 없다.

> 제122조【법정대리인의 복임권과 그 책임】법정대리인은 그 책임으로 복대리인을 선임할 수 있다. 그러나 부득이한 사유로 인한 때에는 전조제1항에 정한 책임만이 있다.
> 제123조【복대리인의 권한】① 복대리인은 그 권한내에서 본인을 대리한다.
> ② 복대리인은 본인이나 제삼자에 대하여 대리인과 동일한 권리의무가 있다.

가. 복대리인은 대리인이 대리인 자신의 이름으로 선임한 본인의 대리인이다.
- 복대리인은 본인의 대리인(대리인 자신의 이름으로 선임한 자신의 대리인 ×)
- 복임행위는 대리행위가 아니다(대리인 본인의 이름으로 선임한 ×).

나. 복대리인은 언제나 임의대리인(법정대리인이 선임한 복대리인도 임의대리인)
따라서 복대리인이 복대리인은 다시 선임하는 복대리인의 복임행위도 인정되지만, 이는 언제나 임의대리인의 복임행위로서 제120조에 따라 예외적으로만 인정됨

다. 대리권 소멸 시 복대리권도 소멸한다.

라. 임의대리인은 예외적으로만 복대리인 선임가능(본인의 승낙 또는 부득이한 사유 있을 때). 단, 선임이 가능한 경우에는 선임 감독상의 과실에 대해서만 책임. 특히 본인이 복대리인을 지명한 경우에는 책임이 더욱 완화된다.

> **⚖ 판례**
> 1. 임의대리인은 본인의 승낙이 있거나 부득이한 사유가 있지 아니하면 복대리인을 선임할 수 없는 것인바, 아파트 분양업무는 그 성질상 분양 위임을 받은 수임인의 능력에 따라 그 분양사업의 성공 여부가 결정되는 사무로서, 본인의 명시적인 승낙 없이는 복대리인의 선임이 허용되지 아니하는 경우로 보아야 한다(97다56099).
> 2. [1] 대리의 목적인 법률행위의 성질상 대리인 자신에 의한 처리가 필요하지 아니한 경우에는 본인이 복대리 금지의 의사를 명시하지 아니하는 한 복대리인의 선임에 관하여 묵시적인 승낙이 있는 것으로 보는 것이 타당하다.
> [2] 오피스텔의 분양업무는 그 성질상 분양을 위임받은 대리인이 광고를 내거나 그 직원 또는 주변의 부동산중개인을 동원하여 분양사실을 널리 알리고, 분양사무실을 찾아온 사람들에게 오피스텔의 분양가격, 교통 등 입지조건, 오피스텔의 용도, 관리방법 등 분양에 필요한 제반 사항을 설명하고 청약을 유인함으로써 분양계약을 성사시키는 것으로서 대리인의 능력에 따라 본인의 분양사업의 성공 여부가 결정되는 것이므로, 사무처리의 주체가 별로 중요하지 아니한 경우에 해당한다고 보기 어렵다고 한 사례(94다30690)
> 3. 갑이 채권자를 특정하지 아니한 채 부동산을 담보로 제공하여 금원을 차용해 줄 것을 을에게 위임하였고, 을은 이를 다시 병에게 위임하였으며, 병은 정에게 위 부동산을 담보로 제공하고 금원을 차용하여 을에게 교부하였다면, 을에게 위 사무를 위임한 갑의 의사에는 '복대리인 선임에 관한 승낙'이 포함되어 있다고 봄이 타당하다(93다21156).

마. 법정대리인은 자유롭게 복대리인 선임 가능(제122조). 다만, 선임 감독상 과실 유무에 관계없이 모든 책임을 부담한다. 단, 부득이하게 선임한 경우(본인의 승낙×)에는 선임 감독상의 과실에 대한 책임만 진다.

바. 복임권 없는 자가 선임한 복대리인의 행위도 무권대리. 표현대리도 성립가능(판례)

> **판례**
> 1. 표현대리의 법리에 비추어 볼 때 대리인이 대리권 소멸 후 직접 상대방과 사이에 법률행위를 한 경우는 물론 대리인이 대리권 소멸 후 복대리인을 선임하여 복대리인으로 하여금 상대방과 사이에 대리행위를 하도록 한 경우에도, 상대방이 대리권 소멸사실을 알지 못하여 복대리인에게 적법한 대리권이 있는 것으로 믿었고, 그와 같이 믿은 데 과실이 없다면 민법 제129조에 의한 표현대리가 성립할 수 있다(97다55317).
> 2. 대리인이 '사자' 내지 '임의로 선임한 복대리인'을 통하여 권한 외의 법률행위를 한 경우, 상대방이 그 행위자를 대리권을 가진 대리인으로 믿었고 또한 그렇게 믿은 데에 정당한 이유가 있는 때에는, 복대리인 선임권이 없는 대리인에 의하여 선임된 복대리인의 권한도 기본대리권이 될 수 있을 뿐만 아니라, 그 행위자가 사자라고 하더라도 대리행위의 주체가 되는 대리인이 별도로 있고 그들에게 본인으로부터 기본대리권이 수여된 이상, 민법 제126조를 적용함에 있어서 기본대리권의 흠결문제는 생기지 않는다(97다48982).

사. 본래 복대리인과 본인 사이 본래 아무 관계가 없지만, 민법이 대리인과 동일한 권리의무 있다고 규정하여 법정으로 기초적 내부관계 의제된다.

5. 무권대리

가. 무권대리의 효과 - 유동적 무효

> 제130조【무권대리】대리권없는 자가 타인의 대리인으로 한 계약은 본인이 이를 추인하지 아니하면 본인에 대하여 효력이 없다.

나. 무권대리의 추인

> 제131조【상대방의 최고권】대리권없는 자가 타인의 대리인으로 계약을 한 경우에 상대방은 상당한 기간을 정하여 본인에게 그 추인여부의 확답을 최고할 수 있다. 본인이 그 기간내에 확답을 발하지 아니한 때에는 추인을 거절한 것으로 본다.
> 제132조【추인, 거절의 상대방】추인 또는 거절의 의사표시는 상대방에 대하여 하지 아니하면 그 상대방에 대항하지 못한다. 그러나 상대방이 그 사실을 안 때에는 그러하지 아니하다.
> 제133조【추인의 효력】추인은 다른 의사표시가 없는 때에는 계약시에 소급하여 그 효력이 생긴다. 그러나 제삼자의 권리를 해하지 못한다.
> 제134조【상대방의 철회권】대리권없는 자가 한 계약은 본인의 추인이 있을 때까지 상대방은 본인이나 그 대리인에 대하여 이를 철회할 수 있다. 그러나 계약당시에 상대방이 대리권 없음을 안 때에는 그러하지 아니하다.

1) 무권대리의 추인
- 유동적 무효: 무권대리를 추인하면 소급하여 처음부터 유효한 법률행위가 된다.
- 무효, 취소 추인과 비교: 무효행위에 대해서는 추인이 불가능하고 추인은 새로운 법률행위 될 뿐이다. 취소할 수 있는 행위의 추인은 취소권의 소멸을 의미하는 것에 지나지 않는다.
- 추인의 의사표시는 무권대리인에 대해서는 물론, 무권대리행위의 직접의 상대방 및 그 무권대리행위로 인한 권리 또는 법률관계의 승계인에게도 가능하다(80다2314). 그러나 무권대리인에 대하여 추인한 때에는 상대방이 추인의 사실을 알기까지 상대방에 대하여 추인의 효력을 주장할 수 없다(제132조 단서).

그러므로 상대방은 그때까지 철회(제134조)를 할 수 있다. 그러나 상대방은 무권대리인에의 추인이 있었음을 주장할 수도 있다.

2) 무권대리 상대방의 최고권, 철회권

가) 최고권: 선악 불문. 본인에게만
- 상당한 기간 내 확답을 발하지 아니한 때에는 추인을 거절한 것으로 본다.
- 발신주의

나) 철회권: 선의자만. 본인 또는 무권대리인에게
상대방이 철회권 행사하면 상대방은 무권대리인에게 제135조의 책임을 추궁할 수 없다.

> **판례**
>
> 민법 제134조는 "대리권 없는 자가 한 계약은 본인의 추인이 있을 때까지 상대방은 본인이나 그 대리인에 대하여 이를 철회할 수 있다. 그러나 계약 당시에 상대방이 대리권 없음을 안 때에는 그러하지 아니하다."고 규정하고 있다. 민법 제134조에서 정한 상대방의 철회권은, 무권대리행위가 본인의 추인에 따라 효력이 좌우되어 상대방이 불안정한 지위에 놓이게 됨을 고려하여 대리권이 없었음을 알지 못한 상대방을 보호하기 위하여 상대방에게 부여된 권리로서, 상대방이 유효한 철회를 하면 무권대리행위는 확정적으로 무효가 되어 그 후에는 본인이 무권대리행위를 추인할 수 없다. 한편 상대방이 대리인에게 대리권이 없음을 알았다는 점에 대한 주장·입증책임은 철회의 효과를 다투는 본인에게 있다(2017다213838).

다. 무권대리와 상속

1) 쟁점

본인은 추인 또는 추인을 거절할 수 있는 지위에 있고, 무권대리인은 본인이 추인을 거절하면 상대방에게 이행 또는 손해배상을 해주어야 하는 지위에 있는데 지위가 동일인에게 귀속된 경우 법률관계가 어떻게 처리될 것인지가 문제이다. 즉, 동일인에게 귀속된 경우 본인의 지위에서 추인을 거절하면 무권대리인의 지위에서 이행책임을 부담할 수밖에 없는데, 그러한 추인 거절이 가능할지가 문제된다.

2) 무권대리인의 본인상속
- 판례: 당연유효로 보지는 않고 무권대리로서 무효임을 주장하는 것이 신의칙에 반한다는 태도이다.

> **판례**
>
> 갑이 대리권 없이 을 소유 부동산을 병에게 매도하여 부동산소유권이전등기등에관한특별조치법에 의하여 소유권이전등기를 마쳐주었다면 그 매매계약은 무효이고 이에 터잡은 이전등기 역시 무효가 되나, 갑은 을의 무권대리인으로서 민법 제135조 제1항의 규정에 의하여 매수인인 병에게 부동산에 대한 소유권이전등기를 이행할 의무가 있으므로 그러한 지위에 있는 갑이 을로부터 부동산을 상속받아 그 소유자가 되어 소유권이전등기이행의무를 이행하는 것이 가능하게 된 시점에서 자신이 소유자라고 하여 자신으로부터 부동산을 전전매수한 정에게 원래 자신의 매매행위가 무권대리행위여서 무효였다는 이유로 정 앞으로 경료된 소유권이전등기가 무효의 등기라고 주장하여 그 등기의 말소를 청구하거나 부동산의 점유로 인한 부당이득금의 반환을 구하는 것은 금반언의 원칙이나 신의성실의 원칙에 반하여 허용될 수 없다(94다20617).

3) 본인의 무권대리인 상속: 추인거절이 신의칙에 반하지는 않는다고 보는 데 견해가 일치한다.

라. 무권대리인의 상대방에 대한 책임

> 제135조【상대방에 대한 무권대리인의 책임】① 다른 자의 대리인으로서 계약을 맺은 자가 그 대리권을 증명하지 못하고 또 본인의 추인을 받지 못한 경우에는 그는 상대방의 선택에 따라 계약을 이행할 책임 또는 손해를 배상할 책임이 있다.
> ② 대리인으로서 계약을 맺은 자에게 대리권이 없다는 사실을 상대방이 알았거나 알 수 있었을 때 또는 대리인으로서 계약을 맺은 사람이 제한능력자일 때에는 제1항을 적용하지 아니한다.

1) 책임의 법적 성질
   - 법정의 무과실 책임(통설)
   - 따라서 무권대리인의 고의, 과실 유무는 문제되지 않는다.

> **판례** | 무권대리인의 상대방에 대한 책임의 성질 및 무권대리행위가 제3자의 위법행위로 야기된 경우 책임이 부정되는지 여부(소극)
>
> 민법 제135조 제1항은 "타인의 대리인으로 계약을 한 자가 그 대리권을 증명하지 못하고 또 본인의 추인을 얻지 못한 때에는 상대방의 선택에 좇아 계약의 이행 또는 손해배상의 책임이 있다."고 규정하고 있다. 위 규정에 따른 무권대리인의 상대방에 대한 책임은 무과실책임으로서 대리권의 흠결에 관하여 대리인에게 과실 등의 귀책사유가 있어야만 인정되는 것이 아니고, 무권대리행위가 제3자의 기망이나 문서위조 등 위법행위로 야기되었다고 하더라도 책임은 부정되지 아니한다(2013다213038).

2) 책임의 요건
   가) 상대방이 선의, 무과실일 것
   나) 무권대리인이 대리권을 증명하지 못하거나 본인의 추인을 얻지 못할 것
      - 입증책임은 무권대리인에게 있다.
      - 추인을 얻지 못할 때에는 최고권 행사에 대해 추인거절로 간주되는 경우도 포함
   다) 무권대리인이 무능력자가 아닐 것
   라) 상대방이 철회권을 행사한 경우에는 제135조 책임을 추궁할 수 없다.

3) 책임의 내용
   가) 상대방의 선택에 따라 계약의 이행 또는 손해 배상
   나) 선택채권관계
      - 선택권자는 무권대리인 상대방(즉, 채권자에게)
      - 시효기산점은 선택권 행사가능 시. 따라서 대리권의 증명 또는 추인을 얻지 못한 때
      - 시효기간은 대리행위가 목적한 계약의 종류에 따라 결정. 새로운 독자적인 채권의 발생이 아니다 (언제나 일반채권으로서 10년인 것은 아니라는 의미).
   다) 이행의 청구
      - 대체물 급부일 때만 실익이 있다.
      - 무권대리인이 이행을 해줄 경우는 당연히 그에게는 반대급부청구권이 있다. 쌍무계약이라면 동시이행의 항변도 가능
   라) 손해배상청구
      손해배상의 범위는 신뢰이익이 아니라 이행이익

> **판례 | [대법원 2018. 6. 28. 선고 2018다210775 판결]**
>
> [1] 다른 자의 대리인으로서 계약을 맺은 자가 그 대리권을 증명하지 못하고 또 본인의 추인을 받지 못한 경우에는 그는 상대방의 선택에 따라 계약을 이행할 책임 또는 손해를 배상할 책임이 있다(민법 제135조 제1항). 이때 상대방이 계약의 이행을 선택한 경우 무권대리인은 계약이 본인에게 효력이 발생하였더라면 본인이 상대방에게 부담하였을 것과 같은 내용의 채무를 이행할 책임이 있다. 무권대리인은 마치 자신이 계약의 당사자가 된 것처럼 계약에서 정한 채무를 이행할 책임을 지는 것이다.
>
> 무권대리인이 계약에서 정한 채무를 이행하지 않으면 상대방에게 채무불이행에 따른 손해를 배상할 책임을 진다. 위 계약에서 채무불이행에 대비하여 손해배상액의 예정에 관한 조항을 둔 때에는 특별한 사정이 없는 한 무권대리인은 조항에서 정한 바에 따라 산정한 손해액을 지급하여야 한다. 이 경우에도 손해배상액의 예정에 관한 민법 제398조가 적용됨은 물론이다.
>
> [2] 민법 제135조 제2항은 '대리인으로서 계약을 맺은 자에게 대리권이 없다는 사실을 상대방이 알았거나 알 수 있었을 때에는 제1항을 적용하지 아니한다.'고 정하고 있다. 이는 무권대리인의 무과실책임에 관한 원칙 규정인 제1항에 대한 예외 규정이므로 상대방이 대리권이 없음을 알았다는 사실 또는 알 수 있었는데도 알지 못하였다는 사실에 관한 주장·증명책임은 무권대리인에게 있다.

마. 단독행위의 무권대리

> **제136조【단독행위와 무권대리】** 단독행위에는 그 행위당시에 상대방이 대리인이라 칭하는 자의 대리권없는 행위에 동의하거나 그 대리권을 다투지 아니한 때에 한하여 전6조의 규정을 준용한다. 대리권없는 자에 대하여 그 동의를 얻어 단독행위를 한 때에도 같다.

1) 상대방 없는 단독행위
- 무권대리제도(제130조 이하, 추인권 등)는 무권대리 상대방을 보호하려는 제도이다. 따라서 제130조 이하 규정은 원칙적으로 계약에만 적용되고, 상대방 없는 단독행위에서는 아예 적용 여지가 없다(확정적 무효).

2) 상대방 있는 단독행위
- 민법은 계약과 달리 상대방 있는 단독행위의 무권대리를 원칙적으로 무효로 정하고, 상대방이 동의하거나 그 대리권을 다투지 아니한 경우에만 위 계약 상 대리의 법리를 적용한다.
- 상대방 있는 단독행위에서 무권대리규정이 적용되기 위한 요건(제136조)
    - 능동대리: 대리인이 대리권 없이 대리행위를 하는데 상대방이 동의하거나 대리권 다투지 않은 경우에는 계약과 동일한 효과가 발생한다.
        - 《주의》 상대방의 선, 악의는 불문
    - 수동대리: 상대방이 법률행위를 하는데 무권대리인의 동의를 얻어 단독행위를 한 경우에는 계약과 동일한 효과가 발생한다.

6. 표현대리

가. 표현대리 일반론

1) 무권대리의 일종
- 표현대리를 유권대리의 일종으로 볼 것인지 무권대리의 일종으로 볼 것인지의 문제이다.
- 표현대리는 광의의 무권대리에 속하는 것으로서 제130조 이하가 적용되는 것이 원칙이나 제135조는 적용되지 않는다는 점에서 무권대리와 차이가 있다. 즉, 표현대리는 외관대로 본인에게 효력이 인정되는 것이므로 무권대리인이 135조 책임을 질 필요가 없다.
- 소송행위 및 공법행위에는 표현대리 규정이 적용될 수 없다.

2) 인정근거
외관을 신뢰한 선의, 무과실의 상대방을 보호하기 위한 그러한 외관을 형성한 본인에게 책임을 지우는 제도

나. 대리권수여 표시에 의한 표현대리(제125조)

> **제125조【대리권수여의 표시에 의한 표현대리】** 제삼자에 대하여 타인에게 대리권을 수여함을 표시한 자는 그 대리권의 범위 내에서 행한 그 타인과 그 제삼자간의 법률행위에 대하여 책임이 있다. 그러나 제삼자가 대리권없음을 알았거나 알 수 있었을 때에는 그러하지 아니하다.

1) 의의
- 본인이 실제로는 타인에게 대리권을 수여하지 않았음에도 불구하고, 수여하였다고 표시(대리권수여표시)함으로써 대리권 수여의 외관이 존재하는 경우에 관한 규정이다.
- 대리권 수여의 표시는 대리권을 수여한다는 의사표시는 아닌 수권을 했다는 것에 대한 관념의 통지이다(통설).
- 대리권수여표시의 방법에는 제한이 없다(서면·구두, 명시·묵시, 특정인에게·불특정 다수에게 등 불문). 표시는 대리행위가 있기 전에 철회할 수 있지만, 그 철회는 표시와 동일한 방법으로 상대방에게 알려야 한다.

> **판례**
> 대리권을 수여하는 수권행위는 불요식의 행위로서 명시적인 의사표시에 의함이 없이 묵시적인 의사표시에 의하여 할 수도 있으며, 어떤 사람이 대리인의 외양을 가지고 행위하는 것을 본인이 알면서도 이의를 하지 아니하고 방임하는 등 사실상의 용태에 의하여 대리권의 수여가 추단되는 경우도 있다(2016다203315).

- 동조에 의해 보호될 수 있는 상대방은 대리권수여의 표시를 받은 상대방에 한정된다(우연히 옆에서 보고 있던 자 등은 표현대리 주장 불가, 제126조, 제129조도 동일).

2) 법정대리에도 적용되는지 여부
수권행위가 없는 법정대리에 제125조는 적용되지 않는다(다수설, 제126조와 제129조 표현대리와 차이).

3) 입증책임
제삼자가 대리권 없음을 알았거나 알 수 있었는지(상대방의 선의, 무과실)는 본인에게 입증책임이 있다.

다. 권한을 넘은 표현대리(제126조)

> **제126조【권한을 넘은 표현대리】** 대리인이 그 권한외의 법률행위를 한 경우에 제삼자가 그 권한이 있다고 믿을 만한 정당한 이유가 있는 때에는 본인은 그 행위에 대하여 책임이 있다.

1) 기본대리권의 존재
- 법정대리권, 공법상 대리권, 전혀 별개의 행위에 대한 대리권도 기본대리권이 될 수 있다(통설, 판례). 기본대리권의 공법상 대리권이고 대리행위가 사법상 행위인 경우의 문제로 기본대리권이 부동산 보존 등기신청이고, 대리행위가 부동산처분, 대물변제인 경우에도 가능하다.
- 인장의 사실상 위탁(부동산 관리인)은 기본대리권이 될 수 없지만, 법률행위와 관련된 위탁은 기본대리권이 될 수 있다(판례).

2) 정당한 이유의 의미와 판단시기(판례)

- 다른 경우와 마찬가지로 선의, 무과실을 의미한다.
- 보통인, 일반인을 기준으로 객관적으로 판단한다.
- 판단시기는 법률행위 당시, 즉 계약성립 당시의 사정을 기준으로 판단하고 법률행위 이후의 사정을 고려해서는 안 된다.

3) 적용범위

가) 법정대리인에게도 적용

나) 제125조, 제129조와 경합하는 경우: 예컨대 대리권소멸 후 그 대리권 초과하여 대리행위한 경우에도 제126조가 적용된다고 보는 것이 통설과 판례이다.

다) 복대리: 복임권 없는 대리인에 의해 선임된 복대리인의 행위에도 제125조, 제126조가 적용될 수 있다는 것이 판례의 태도

라) 어음행위의 위조에 관하여도 제126조 표현대리가 인정된다(98다27470).

4) 사실행위에 관한 권한 수여가 기본대리권이 될 수 있는지 여부

가) 긍정설(다수설): 안전을 보호할 필요

나) 부정설(소수설): 사실행위까지 포함시키면 제126조의 취지가 잠탈될 우려

다) 판례: 판례는 두 입장 모두 있음

> **⚖️ 판례**
> 1. 대리인이 아니고 사실행위를 위한 사자라 하더라도 외관상 그에게 어떠한 권한이 있는 것의 표시 내지 행동이 있어 상대방이 그를 믿었고 또 그를 믿음에 있어 정당한 이유가 있다면 표현대리의 법리에 의하여 본인에게 책임이 있다(4294민상192, 97다48982 판결도 긍정하는 취지).
> 2. 본조의 표현대리가 성립하기 위하여는 무권대리인에게 법률행위에 관한 기본대리권이 있어야 하는바, 증권회사로부터 위임받은 고객의 유치, 투자상담 및 권유등의 업무는 사실행위에 불과하므로, 이를 기본대리권으로 하여서는 본조의 표현대리가 성립할 수 없다(91다32190).

5) 일상가사권이 기본대리권이 될 수 있는지 여부

가) 일상가사대리권의 범위

(1) 의의와 법적 성질

> **제827조【부부간의 가사대리권】** ① 부부는 일상의 가사에 관하여 서로 대리권이 있다.

- 법정대리설(通, 判)

(2) 일상가사대리권의 일반적 범위

- 부부가 공동생활을 영위하는데 통상 필요한 법률행위를 말하므로 그 내용과 범위는 그 부부공동체의 생활 구조, 정도와 그 부부의 생활 장소인 지역사회의 사회통념에 의하여 결정된다.
- 판례는 부동산의 매도, 담보제공, 연대보증 등은 일상가사대리의 범위를 초과한 것이라고 판시. 다만, 아파트 구입비용 명목으로 차용한 경우 그와 같은 비용의 지출이 부부공동체 유지에 필수적인 주거 공간을 마련하기 위한 것이라면 일상가사에 속한다고 볼 수 있다고 판시

(3) 일상가사대리권의 확장과 제한
- 판례: 부부일방의 장기여행, 입원 등의 경우 등을 인정하여 범위를 확장할 수 있는지와 관련하여 판례는 추상적으로만 파악하여 비상가사대리권은 인정하지 않는다.

나) 일상가사대리권과 표현대리(제126조)
- 판례는 기본대리권이 될 수 있다고는 하지만 신중하게 판단하는 경향
- 일상가사대리권을 기본대리권으로 하여 문제된 행위에 특별한 수권이 있었다고 믿은 것에 정당한 이유가 있는지 여부를 판단함

6) 입증책임
- 표현대리 행위로 인정된다는 점의 주장 입증책임은 그것을 유효하다고 주장하는 자에게 있다(68다694).
- 제125조, 제129조와의 차이(이는 조문이 문구 자체가 다르다는 이유)

> **판례**
> 1. 비법인사단인 교회의 대표자는 총유물인 교회 재산의 처분에 관하여 교인총회의 결의를 거치지 아니하고는 이를 대표하여 행할 권한이 없다. 그리고 교회의 대표자가 권한 없이 행한 교회 재산의 처분행위에 대하여는 민법 제126조의 표현대리에 관한 규정이 준용되지 아니한다(2006다23312).
> 2. 종중으로부터 임야의 매각과 관련한 권한을 부여받은 갑이 임야의 일부를 실질적으로 자기가 매수하여 그 처분권한이 있다고 하면서 을로부터 금원을 차용하고 그 담보를 위하여 위 임야에 대하여 양도담보계약을 체결한 경우, 이는 종중을 위한 대리행위가 아니어서 그 효력이 종중에게 미치지 아니하고, 민법 제126조의 표현대리의 법리가 적용될 수도 없다고 한 사례(99다67598)

라. 대리권소멸 후의 표현대리(제129조)

> 제129조【대리권소멸후의 표현대리】대리권의 소멸은 선의의 제삼자에게 대항하지 못한다. 그러나 제삼자가 과실로 인하여 그 사실을 알지 못한 때에는 그러하지 아니하다.

1) 요건
- 존재하였던 대리권이 소멸하였을 것
- 소멸된 대리권의 범위 내에서 한 행위
- 상대방은 선의, 무과실이어야 함

2) 적용범위
임의대리와 법정대리 모두에 적용된다.

> **판례** | 대리인이 대리권 소멸 후 선임한 복대리인과 상대방 사이의 법률행위에도 민법 제129조의 표현대리가 성립하는지 여부(적극)
> 표현대리의 법리는 거래의 안전을 위하여 어떠한 외관적 사실을 야기한 데 원인을 준 자는 그 외관적 사실을 믿음에 정당한 사유가 있다고 인정되는 자에 대하여는 책임이 있다는 일반적인 권리외관 이론에 그 기초를 두고 있는 것인 점에 비추어 볼 때, 대리인이 대리권 소멸 후 직접 상대방과 사이에 대리행위를 하는 경우는 물론 대리인이 대리권 소멸 후 복대리인을 선임하여 복대리인으로 하여금 상대방과 사이에 대리행위를 하도록 한 경우에도, 상대방이 대리권 소멸 사실을 알지 못하여 복대리인에게 적법한 대리권이 있는 것으로 믿었고 그와 같이 믿은 데 과실이 없다면 민법 제129조에 의한 표현대리가 성립할 수 있다(97다55317).

3) 입증책임

상대방의 선의, 무과실은 본인이 입증해야 함

마. 표현대리 관련 판례

> **판례**
>
> 1. 표현대리가 성립하는 경우, 과실상계의 법리를 유추적용하여 본인의 책임을 경감할 수 있는지 여부(소극)
>   표현대리행위가 성립하는 경우에 그 본인은 표현대리행위에 의하여 전적인 책임을 져야 하고, 상대방에게 과실이 있다고 하더라도 과실상계의 법리를 유추적용하여 본인의 책임을 경감할 수 없다(95다49554).
>
> 2. 유권대리에 관한 주장 가운데 표현대리의 주장이 포함되는지 여부(소극)
>   유권대리에 있어서는 본인이 대리인에게 수여한 대리권의 효력에 의하여 법률효과가 발생하는 반면 표현대리에 있어서는 대리권이 없음에도 불구하고 법률이 특히 거래상대방 보호와 거래안전유지를 위하여 본래 무효인 무권대리행위의 효과를 본인에게 미치게 한 것으로서 표현대리가 성립된다고 하여 무권대리의 성질이 유권대리로 전환되는 것은 아니므로, 양자의 구성요건 해당사실 즉 주요사실은 다르다고 볼 수밖에 없으니 유권대리에 관한 주장 속에 무권대리에 속하는 표현대리의 주장이 포함되어 있다고 볼 수 없다(83다카1489).

제5장 무효와 취소

제1절 무효와 취소

1. 무효와 취소의 구별

가. 기본적인 효과
- 무효는 특정인의 주장을 기다리지 않고 처음부터 당연히 효력이 발생하지 않는다(절대적 무효가 원칙).
- 취소는 취소권자의 취소라는 적극적인 행위가 있어야 비로소 소급적으로 무효가 되고 취소권을 행사하기 전에는 유효한 법률행위이다.

나. 주장권자
- 무효는 누구라도 주장할 수 있다.
- 취소권은 취소권자에 한하여 행사할 수 있다.

다. 주장 기간
- 무효는 제한이 없다.
- 취소는 단기 제척기간이 있다(추인할 수 있는 날로부터 3년, 법률행위를 한 날로부터 10년).

라. 방치한 경우
- 무효원인은 치유되지 않는다.
- 취소원인은 제척기간이 도과하면 치유되어 확정적으로 유효가 된다.

마. 추인
- 무효는 추인이 있어도 효력이 치유되지 않는 것이 원칙이다.
- 취소는 추인이 있으면 확정적으로 유효가 된다(취소권의 소멸, 포기).

제2절 무효

1. 무효의 종류

가. 재판상 무효
- 재판을 통해서만 무효를 주장할 수 있는 것인데 민법상 규정은 없음
- 상법상 회사 설립무효의 소(상법 제184조), 회사합병무효의 소(상법 제236조)가 있다.

나. 절대적 무효·상대적 무효

1) 절대적 무효는 누구에 대해서도 무효를 주장할 수 있는 경우(원칙)
- 의사무능력, 제103조·제104조 위반, 강행법규 위반, 제606조·제607조·제608조 위반

2) 상대적 무효는 당사자 사이에서는 무효이지만 선의의 제3자에게 대항하지 못하는 경우
- 비진의표시가 무효로 되는 경우, 통정허위표시

3) 확정적 무효·유동적 무효(후술)
- 사후에 어떤 요건이 갖추어진 경우라도 소급적으로 유효하게 되지 않는 경우가 확정적 무효
- 요건을 갖추지 못해 현재는 무효이지만 사후에 특별한 요건을 갖춘 경우 법률행위 당시로 소급하여 유효가 되는 경우를 유동적 무효라고 한다.

2. 무효의 일반적인 효과

가. 무효와 부당이득
법률행위에 따른 법적 효과가 발생하지 않으므로 미이행부분은 소멸하고 기이행부분은 부당이득반환의 문제가 발생(부당이득은 후술)

나. 무효의 소급효
- 무효가 되면 처음부터 효력이 발생하지 않는다.
- 누구든지 아무 사람에게나 주장할 수 있다.
- 다만, 소송을 통해서 무효의 확인을 받으려면 확인의 이익이 있어야 한다.
- 조합이나 고용계약에 있어서는 예외적으로 장래를 향하여 무효가 된다(통설).

3. 무효의 재생

가. 무효행위의 재생
- 일부무효의 법리, 무효행위 전환, 무효행위 추인이 무효행위 재생의 종류이다.
- 일부무효와 무효행위 전환은 성질상 동일한 법리(가상적 의사에 기한 재생)에 기초한 것인바, 일부무효는 양적 일부무효, 무효행위 전환은 질적 일부무효라고 한다.
- 무효행위의 추인은 현실적 의사에 의한 재생이고 소급효가 없는 것이 원칙인 반면 일부무효와 무효행위 전환은 법률행위 당시의 가상적 의사에 기한 재생이고 법률행위 시부터 소급하여 유효한 것이 된다.

나. 일부무효의 법리

> 제137조【법률행위의 일부무효】법률행위의 일부분이 무효인 때에는 그 전부를 무효로 한다. 그러나 그 무효부분이 없더라도 법률행위를 하였을 것이라고 인정될 때에는 나머지 부분은 무효가 되지 아니한다.

1) 개념
- 전부무효의 원칙: 법률행위의 일부가 무효인 때에는 원칙적으로 전부가 무효이다.
- 일부무효의 예외: 다만, 그 무효부분이 없었더라도 법률행위를 하였을 것이라는 가상적 의사가 인정되는 경우에 한하여 나머지 부분은 유효하다.

2) 요건

가) 법률행위의 일체성과 분할 가능성(객관적 요건)
- 일체성: 당사자가 법률행위의 여러 부분을 하나의 전체로서 의욕한 경우 일체성이 인정된다(예: 토지와 건물의 매매).
- 분할가능성: 단, 그 여러 부분이 각각 분할 가능성이 인정되어야 일부무효의 법리가 적용될 수 있다(금전소비대차와 근저당권 설정계약은 일체성은 인정되나 분할가능성이 없어 그중 하나에 무효사유가 있는 경우 일부무효의 법리가 적용될 여지가 없고 언제나 전부가 무효이다(93다31191).

나) 가상적 의사(주관적 요건)
- 나머지 부분만으로도 법률행위를 하였을 것이라는 가상적 의사가 필요
- 현실적인 의사, 실재하는 의사가 아니라는 점에서 무효행위 추인과 다르다.
- 판단시점은 법률행위 당시(현재시점 ×)

다) 효과
- 원칙적으로 전부무효이나 위 요건을 갖춘 경우 그 일부분만은 유효하다.
- 유효가 되는 시점은 법률행위 당시로 소급(추인과 다른 점)

판례

1. 민법 제137조는 임의규정으로서 의사자치의 원칙이 지배하는 영역에서 적용된다고 할 것이므로, 법률행위의 일부가 강행법규인 효력규정에 위배되어 무효가 되는 경우 그 부분의 무효가 나머지 부분의 유효·무효에 영향을 미치는가의 여부를 판단함에 있어서는 개별 법령이 일부무효의 효력에 관한 규정을 두고 있는 경우에는 그에 따라야 하고, 그러한 규정이 없다면 원칙적으로 민법 제137조가 적용될 것이나, 당해 효력규정 및 그 효력규정을 둔 법의 입법 취지를 고려하여 볼 때 나머지 부분을 무효로 한다면 당해 효력규정 및 그 법의 취지에 명백히 반하는 결과가 초래되는 경우에는 나머지 부분까지 무효가 된다고 할 수는 없다(2006다38161).
2. 복수의 당사자 사이에 중간생략등기의 합의를 한 경우 그 합의는 전체로서 일체성을 가지는 것이므로, 그 중 한 당사자의 의사표시가 무효인 것으로 판명된 경우 나머지 당사자 사이의 합의가 유효한지의 여부는 민법 제137조에 정한 바에 따라 당사자가 그 무효 부분이 없더라도 법률행위를 하였을 것이라고 인정되는지의 여부에 의하여 판정되어야 할 것이고, 그 당사자의 의사는 실재하는 의사가 아니라 법률행위의 일부분이 무효임을 법률행위 당시에 알았다면 당사자 쌍방이 이에 대비하여 의욕하였을 가정적 의사를 말한다(95다38875).

다. 법률행위의 일부취소
- 하나의 법률행위 중 일부에만 취소사유가 있는 경우에 그 일부만을 취소할 수 있을지의 문제이다(취소에는 규정이 없음).
- 판례는 일부무효의 법리에 준하여 일부취소를 인정한다(요건 동일).

> **판례**
> 하나의 법률행위의 일부분에만 취소사유가 있다고 하더라도 그 법률행위가 가분적이거나 그 목적물의 일부가 특정될 수 있다면, 그 나머지 부분이라도 이를 유지하려는 당사자의 가정적 의사가 인정되는 경우 그 일부만의 취소도 가능하다고 할 것이고, 그 일부의 취소는 법률행위의 일부에 관하여 효력이 생긴다(2002다21509).

라. 무효행위의 전환

> **제138조【무효행위의 전환】** 무효인 법률행위가 다른 법률행위의 요건을 구비하고 당사자가 그 무효를 알았더라면 다른 법률행위를 하는 것을 의욕하였으리라고 인정될 때에는 다른 법률행위로서 효력을 가진다.

1) 개념
- 원래 법률행위가 무효이지만 이러한 법률행위가 동시에 다른 법률행위로서의 요건을 갖추고 있는 경우에, 당사자가 무효임을 알았다면 그 다른 법률행위를 하였을 것이라고 인정되는 경우 다른 법률행위로서의 효력을 인정하는 것이다.
- 일부무효의 법리와 동일한 법리이고 질적 일부무효라고 한다.
- 현실적 의사가 아니라 가상적 의사를 기초로 한다는 점에서 추인과 다르다.

2) 요건
가) 일단 성립한 법률행위가 무효이어야 한다.

나) 가상적 의사가 인정되어야 한다.
- 판단시점은 전환 시가 아니라 법률행위 당시 다른 법률행위로서의 요건을 갖추어야 한다.
- 다른 법률행위의 내포성: 다른 법률행위란 원래의 법률행위보다 작은 것으로서 내포될 수 있는 것이어야 한다. 따라서 압류명령이 송달을 흠결하여 무효인 경우 채권양도로 전환될 수는 없다. 불요식행위로의 전환은 자유롭게 인정되지만, 불요식행위에서 요식행위로의 전환은 인정될 수 없다.

3) 효과
- 요건을 갖추면 다른 법률행위로서의 효력이 발생한다.
- 애초 법률행위 시점부터 효력이 발생한다.
- 즉, 무효인 행위가 새롭게 유효가 되는 것은 아니다.

4) 적용범위
가) 단독행위의 전환

민법은 비밀증서요건 흠결시 자필증서유언 요건 갖추면 자필증 = 증서유언으로의 전환을 인정하고 있고, 연착한 승낙과 변경을 가한 승낙도 새로운 청약으로의 전환을 인정하고 있다.

나) 신분행위의 전환
- 학설은 대립하나 판례는 인정
- 혼인외의 출생자를 허위로 혼인 중 출생자로 출생신고한 경우 그 출생신고는 무효이지만 인지신고로서의 효력은 인정할 수 있다(71다1983).
- 타인의 子를 자기의 자로서 출생신고한 경우 출생신고는 무효이나 입양신고로서의 효력은 인정할 수 있다(전합 77다492).

> **판례 | [2009다50308 판결]**
>
> [판시사항]
> [1] 매매계약 등 쌍무계약이 '불공정한 법률행위'에 해당하여 무효인 경우, 그 계약에 관한 부제소합의의 효력(무효)
> [2] 민법 제104조에서 정하는 '불공정한 법률행위'의 성립요건 및 그 판단 기준
> [3] 매매계약이 약정된 매매대금의 과다로 말미암아 '불공정한 법률행위'에 해당하여 무효인 경우에도 무효행위의 전환에 관한 민법 제138조가 적용될 수 있는지 여부(적극)
> [4] 매매계약이 매매대금의 과다로 말미암아 불공정한 법률행위에 해당하지만 그 매매대금을 적정한 금액으로 감액하여 매매계약의 유효성을 인정한 사례
>
> [판결요지]
> [1] 매매계약과 같은 쌍무계약이 급부와 반대급부와의 불균형으로 말미암아 민법 제104조에서 정하는 '불공정한 법률행위'에 해당하여 무효라고 한다면, 그 계약으로 인하여 불이익을 입는 당사자로 하여금 위와 같은 불공정성을 소송 등 사법적 구제수단을 통하여 주장하지 못하도록 하는 부제소합의 역시 다른 특별한 사정이 없는 한 무효이다.
> [2] (중략)
> [3] 매매계약이 약정된 매매대금의 과다로 말미암아 민법 제104조에서 정하는 '불공정한 법률행위'에 해당하여 무효인 경우에도 무효행위의 전환에 관한 민법 제138조가 적용될 수 있다. 따라서 당사자 쌍방이 위와 같은 무효를 알았더라면 대금을 다른 액으로 정하여 매매계약에 합의하였을 것이라고 예외적으로 인정되는 경우에는, 그 대금액을 내용으로 하는 매매계약이 유효하게 성립한다. 이때 당사자의 의사는 매매계약이 무효임을 계약 당시에 알았다면 의욕하였을 가정적 효과의사로서, 당사자 본인이 계약 체결 시와 같은 구체적 사정 아래 있다고 상정하는 경우에 거래관행을 고려하여 신의성실의 원칙에 비추어 결단하였을 바를 의미한다. 이와 같이 여기서는 어디까지나 당해 사건의 제반 사정 아래서 각각의 당사자가 결단하였을 바가 탐구되어야 하는 것이므로, 계약 당시의 시가와 같은 객관적 지표는 그러한 가정적 의사의 인정에 있어서 하나의 참고자료로 삼을 수는 있을지언정 그것이 일응의 기준이 된다고도 쉽사리 말할 수 없다. 이와 같이 가정적 의사에 기한 계약의 성립 여부 및 그 내용을 발굴·구성하여 제시하게 되는 법원으로서는 그 '가정적 의사'를 함부로 추단하여 당사자가 의욕하지 아니하는 법률효과를 그에게 또는 그들에게 계약의 이름으로 불합리하게 강요하는 것이 되지 아니하도록 신중을 기하여야 한다.
> [4] 재건축사업부지에 포함된 토지에 대하여 재건축사업조합과 토지의 소유자가 체결한 매매계약이 매매대금의 과다로 말미암아 불공정한 법률행위에 해당하지만, 그 매매대금을 적정한 금액으로 감액하여 매매계약의 유효성을 인정한 사례

마. 무효행위의 추인

> 제139조【무효행위의 추인】무효인 법률행위는 추인하여도 그 효력이 생기지 아니한다. 그러나 당사자가 그 무효임을 알고 추인한 때에는 새로운 법률행위로 본다.

1) 개념
- 당사자가 그 행위가 무효임을 알고서 추인한 때에는 새로운 법률행위를 한 것으로 간주한다(제139조 단서).
- 즉, 무효행위 추인에는 소급효가 없다. 장래를 향해서만 유효하게 될 뿐인 것이 원칙

2) 요건상 쟁점
- 무효임을 알고서 추인해야 한다.

> **판례**
>
> 무효인 법률행위를 추인에 의하여 새로운 법률행위로 보기 위하여서는 당사자가 이전의 법률행위가 무효임을 알고 그 행위에 대하여 추인하여야 한다. 한편 추인은 묵시적으로도 가능하나, 묵시적 추인을 인정하기 위해서는 본인이 그 행위로 처하게 된 법적 지위를 충분히 이해하고 그럼에도 진의에 기하여 그 행위의 결과가 자기에게 귀속된다는 것을 승인한 것으로 볼만한 사정이 있어야 할 것이므로 이를 판단함에 있어서는 관계되는 여러 사정을 종합적으로 검토하여 신중하게 하여야 한다. 위와 같은 법리를 고려하면, 당사자가 이전의 법률행위가 존재함을 알고 그 유효함을 전제로 하여 이에 터 잡은 후속행위를 하였다고 해서 그것만으로 이전의 법률행위를 묵시적으로 추인하였다고 단정할 수는 없고, 묵시적 추인을 인정하기 위해서는 이전의 법률행위가 무효임을 알거나 적어도 무효임을 의심하면서도 그 행위의 효과를 자기에게 귀속시키도록 하는 의사로 후속행위를 하였음이 인정되어야 할 것이다(2012다106607 판결).

- 추인은 현실적인 의사표시이다.
- 추인은 새로운 법률행위의 요건을 구비해야 한다.
- 법률행위가 제103조, 제104조 위반이거나 강행법규에 위반된 경우에는 추인하여도 새로운 법률행위로서 유효할 수 없다.
- 묵시적 추인도 가능하다. 법정추인 규정은 적용되지 않으나 묵시적 추인을 인정하므로 법정추인과 동일한 효과를 거둘 수 있다.

3) 효과상 쟁점

  가) 무효인 법률행위에 대한 추인은 소급효가 없는 것이 원칙이다.

> **판례**
>
> 1. 당사자의 양도금지의 의사표시로써 채권은 양도성을 상실하며 양도금지의 특약에 위반해서 채권을 제3자에게 양도한 경우에 악의 또는 중과실의 채권양수인에 대하여는 채권 이전의 효과가 생기지 아니하나, 악의 또는 중과실로 채권양수를 받은 후 채무자가 그 양도에 대하여 승낙을 한 때에는 채무자의 사후승낙에 의하여 무효인 채권양도행위가 추인되어 유효하게 되며 이 경우 다른 약정이 없는 한 소급효가 인정되지 않고 양도의 효과는 승낙시부터 발생한다. 이른바 집합채권의 양도가 양도금지특약을 위반하여 무효인 경우 채무자는 일부 개별 채권을 특정하여 추인하는 것이 가능하다(2009다47685).
> 2. 무효인 법률행위는 당사자가 무효임을 알고 추인할 경우 새로운 법률행위를 한 것으로 간주할 뿐이고 소급효가 없는 것이므로 무효인 가등기를 유효한 등기로 전용키로 한 약정은 그때부터 유효하고 이로써 위 가등기가 소급하여 유효한 등기로 전환될 수 없다(91다26546).

  나) 당사자의 약정에 따라 소급하여 유효로 할 수 있다(임의규정).
   - 무효인 채권행위에 대한 추인은 원칙적으로 행위 시부터 소급하여 유효인 것으로 본다(통설).
   - 무권리자의 처분행위로서 무효인 처분행위도 제3자의 이익을 해치지 않는 한 소급적으로 추인하여 유효로 할 수 있다(판례는 무권대리 추인을 유추한 것과 사적자치의 원칙에 따라 유효하다는 것이 있다).

> ⚖️ **판례**
>
> 1. 무권리자가 타인의 권리를 자기의 이름으로 또는 자기의 권리로 처분한 경우에, 권리자는 후일 이를 추인함으로써 그 처분행위를 인정할 수 있고, 특별한 사정이 없는 한 이로써 권리자 본인에게 위 처분행위의 효력이 발생함은 사적 자치의 원칙에 비추어 당연하고, 이 경우 추인은 명시적으로뿐만 아니라 묵시적인 방법으로도 가능하며 그 의사표시는 무권대리인이나 그 상대방 어느 쪽에 하여도 무방하다(2001다44291).
> 2. 권리자가 무권리자의 처분을 추인하면 무권대리에 대해 본인이 추인을 한 경우와 당사자들 사이의 이익상황이 유사하므로, 무권대리의 추인에 관한 민법 제130조, 제133조 등을 무권리자의 추인에 유추 적용할 수 있다. 따라서 무권리자의 처분이 계약으로 이루어진 경우에 권리자가 이를 추인하면 원칙적으로 계약의 효과가 계약을 체결했을 때에 소급하여 권리자에게 귀속된다고 보아야 한다(2017다3499 판결).

4) 무효행위 추인의 한계

강행규정, 제103조·제104조 위반으로 무효인 경우에는 추인이 있더라도 무효이다.

> ⚖️ **판례**
>
> 취득시효 완성 후 경료된 무효인 제3자 명의의 등기에 대하여 시효완성 당시의 소유자가 무효행위를 추인하여도 그 제3자 명의의 등기는 그 소유자의 불법행위에 제3자가 적극 가담하여 경료된 것으로서 사회질서에 반하여 무효(2001다77352, 77369)

바. 유동적 무효

- 유동적 무효란 사인 간의 법률행위에 있어서 법률상 그 법률행위를 유효하게 할 요건으로 제3자 또는 관청의 허가나 추인 등을 필요로 할 때, 그 허가 등이 있기까지 당해 법률행위의 효력이 유동적으로 무효인 상태를 말한다

1) 유동적 무효의 법리

- 국토이용관리법 제21조의3 장관이 지정한 허가구역 안에 있는 토지에 관한 권리의 이전, 설정계약이나 예약 시 허가받지 아니하면 무효라고 규정. 허가 없이 체결한 토지거래계약의 효력: 유동적 무효(90다12243 전원합의체 판결)
- 처음부터 허가의 배제나 잠탈을 기도한 경우라면 확정적 무효. 허가를 전제로 한 계약은 허가를 받을 때까지는 미완성의 법률행위로서 확정적 무효(물권적 효력, 채권적 효력 발생하지 아니함)의 경우와 별반 다를 것이 없지만, 일단 허가를 받으면 소급하여 유효한 계약이 되어 새로운 계약을 체결할 필요가 없다. 이때 허가를 받기 전까지의 상태를 유동적무효의 상태라 한다.
- 법률행위의 유효요건이 갖추어지지 않아 완전한 유효는 아니지만 사후에 그 요건이 갖추어지는 경우 소급적으로 유효가 되는 경우를 일컫는 개념. 민법상 무권대리의 추인제도가 유동적 무효의 예임.

2) 유동적 무효인 상태에서의 구체적인 쟁점(전부 판례)

가) 계약의 이행청구권(소유권이전등기청구권 또는 매매대금지급청구권)

- 이행청구권의 인정 여부: 계약이 무효인 상태. 따라서 채권의 효력이 없다. 즉, 이행청구권이 없고, 강제이행이 불가능하고, 이행지체 등 채무불이행책임(손해배상청구)도 인정될 수 없고, 채무불이행을 원인으로 하는 법정해제도 할 수 없다.
- 허가조건부 소유권이전등기청구권도 부정

> **판례**
>
> 1. 국토이용관리법상 토지거래허가구역 내에 있는 토지에 관하여 소유권 등 권리를 이전 또는 설정하는 내용의 거래계약은 관할 시장·군수 또는 구청장의 허가를 받아야만 효력이 발생하고 허가를 받기 전에는 물권적 효력은 물론 채권적 효력도 발생하지 아니하여 무효라고 보아야 할 것이므로, 따라서 허가받을 것을 전제로 하는 거래계약은 허가를 받을 때까지는 법률상 미완성의 법률행위로서 소유권 등 권리의 이전 또는 설정에 관한 거래의 효력이 전혀 발생하지 않으나 일단 허가를 받으면 그 계약은 소급하여 유효한 계약이 되고, 이와 달리 불허가가 된 때에 무효로 확정되므로 허가를 받기까지는 유동적 무효의 상태에 있다고 볼 것인바, 허가를 받을 것을 전제로 한 거래계약은 허가받기 전의 상태에서는 거래계약의 채권적 효력도 전혀 발생하지 않으므로 권리의 이전 또는 설정에 관한 어떠한 내용의 이행청구도 할 수 없고, 그러한 거래계약의 당사자로서는 허가받기 전의 상태에서 상대방의 거래계약상 채무불이행을 이유로 거래계약을 해제하거나 그로 인한 손해배상을 청구할 수 없다(97다4357).
> 2. **손해배상예정은 가능**
>   국토이용관리법상 토지거래허가를 받지 않아 유동적 무효의 상태에 있는 계약을 체결한 당사자는 쌍방이 그 계약이 효력이 있는 것으로 완성될 수 있도록 서로 협력할 의무가 있으므로, 이러한 매매계약을 체결할 당시 당사자 사이에 그 일방이 토지거래허가를 받기 위한 협력 자체를 이행하지 아니하거나 허가신청에 이르기 전에 매매계약을 철회하는 경우 상대방에게 일정한 손해액을 배상하기로 하는 약정을 유효하게 할 수 있으며, 토지거래허가 구역 내의 토지에 관한 매매계약을 체결함에 있어서 토지거래허가를 받을 수 없는 경우 이외에 당사자 일방의 계약 위반으로 인한 손해배상액의 약정에 있어서 계약 위반이라 함은 당사자 일방이 그 협력의무를 이행하지 아니하거나 매매계약을 일방적으로 철회하여 그 매매계약이 확정적으로 무효가 되는 경우를 포함하는 것으로 봄이 상당하다(96다49933).

나) 협력의무

> **판례**
>
> 1. 규제지역 내의 토지에 대하여 거래계약이 체결된 경우에 계약을 체결한 당사자 사이에 있어서는 그 계약이 효력 있는 것으로 완성될 수 있도록 서로 협력할 의무가 있음이 당연하므로, 계약의 쌍방 당사자는 공동으로 관할 관청의 허가를 신청할 의무가 있고, 이러한 의무에 위배하여 허가신청절차에 협력하지 않는 당사자에 대하여 상대방은 협력의무의 이행을 소송으로써 구할 이익이 있다(90다12243).
> 2. 토지이용관리법상 토지거래허가구역 내에 있는 토지에 관하여 관할관청의 허가 없이 체결된 매매계약의 매수인이 매도인에 대한 토지거래허가신청절차청구권을 피보전권리로 하여 매매목적 토지의 처분을 금하는 가처분을 구할 수 있다(98다443776).
> 3. **협력의무청구권과 채권자대위권**
>   국토이용관리법상의 토지거래규제구역 내의 토지에 관하여 관할 관청의 허가 없이 체결된 매매계약이라고 하더라도, 거래 당사자 사이에는 그 계약이 효력이 있는 것으로 완성될 수 있도록 서로 협력할 의무가 있어, 그 매매계약의 쌍방 당사자는 공동으로 관할 관청의 허가를 신청할 의무가 있고, 이러한 의무에 위배하여 허가신청에 협력하지 아니하는 당사자에 대하여 상대방은 협력의무의 이행을 청구할 수 있는 것이므로, 이와 같은 매수인이 매도인에 대하여 가지는 토지거래허가신청 절차의 협력의무의 이행청구권도 채권자대위권의 행사에 의하여 보전될 수 있는 채권에 해당한다(95다22917).

- 매수인의 잔대금지급이 협력의무에 대한 선이행의무라거나 동시이행관계에 있는 것이 아니다. 즉, 잔대금 지급 없이도 협력의무 이행청구 가능(유동적 무효인 상태에서는 잔대금지급청구권이 존재할 수 없기 때문)
- 거래허가를 받을 수 없을 것이라는 이유로 협력의무 자체를 거절할 수는 없음
- 협력의무 위반 시 손해배상을 청구할 수 있다(판례는 유동적 무효 상태에 있는 계약을 효력이 있는 것으로 완성하여야 할 협력의무를 부담하는 한도 내에서의 당사자의 의사표시까지 무효상태에 있는 것은 아니므로, 허가신청을 하여야 할 협력의무를 이행하지 아니하고 매수인이 그 매매계약을 일방적으로 철회함으로써 매도인이 손해를 입은 경우에 매수인은 이 협력의무 불이행과 인과관계가 있는 손해를 배상하여야 한다고 판시).
- 협력의무 위반을 이유로 유동적 무효인 상태에 있는 거래계약 자체를 해제할 수는 없다(98다40459).

다) 이미 지급한 계약금·매매대금과 부당이득반환청구권 인정 여부

서로 계약의 완성을 협력해야 할 의무가 있으므로 확정적으로 무효가 되기 전에는 계약금이든 매매대금이든 부당이득을 이유로 반환청구할 수 없다.

라) 계약해제권 정리
- 법정해제권: 잔대금 등의 이행기가 약정되어 있어도 유동적 무효 상태에서는 이행의무가 없으므로 허가 전에는 채무불이행을 이유로 한 해제 불가
- 협력의무 위반을 이유로 한 해제권: 불가
단, 해약금약정(계약금약정)은 유효하다고 판시. 따라서 계약금 교부자는 포기하고, 수령자는 배액을 상환하여 해제권 행사 가능. 참고로 허가 후에는 이행지체 시 최고 후 법정해제 당연히 가능

마) 유동적 무효의 무효·취소 주장 가부

> **판례 | 토지거래허가를 받지 않아 유동적 무효 상태에 있는 거래계약에 관하여 사기 또는 강박에 의한 계약의 취소를 주장할 수 있는지 여부(적극)**
>
> 국토이용관리법상 규제구역 내에 속하는 토지거래에 관하여 관할 도지사로부터 거래허가를 받지 아니한 거래계약은 처음부터 위 허가를 배제하거나 잠탈하는 내용의 계약이 아닌 한 허가를 받기까지는 유동적 무효의 상태에 있고 거래 당사자는 거래허가를 받기 위하여 서로 협력할 의무가 있으나, 그 토지거래가 계약 당사자의 표시와 불일치한 의사(비진의표시, 허위표시 또는 착오) 또는 사기, 강박과 같은 하자 있는 의사에 의하여 이루어진 경우에는, 이들 사유에 의하여 그 거래의 무효 또는 취소를 주장할 수 있는 당사자는 그러한 거래허가를 신청하기 전 단계에서 이러한 사유를 주장하여 거래허가신청 협력에 대한 거절의사를 일방적으로 명백히 함으로써 그 계약을 확정적으로 무효화시키고 자신의 거래허가절차에 협력할 의무를 면할 수 있다(97다36118).

바) 관할관청의 허가를 받거나 토지거래허가구역 지정 해제시 유동적 무효가 확정적 유효가 된다.

> **판례**
>
> 국토이용관리법상 토지거래허가구역으로 지정된 토지에 대한 거래계약이, 유동적 무효인 상태에서(그 토지에 대한 토지거래허가구역지정이 해제되거나 허가구역지정기간이 만료되었음에도 불구하고 허가구역 재지정을 하지 아니한 경우) 그 토지거래계약은 확정적으로 유효가 된다(98다40459 전합).

사) 확정적 무효가 되는 경우
- 애초부터 허가를 배제·잠탈하는 계약은 확정적 무효
- 관청의 불허가가 있는 경우

> **판례**
> 단지 매매계약의 일방당사자만이 임의로 토지거래허가신청에 대한 불허가처분을 유도할 의도로 허가신청서에 계약내용과 토지의 이용계획 등에 관하여 사실과 다르게 또는 불성실하게 기재한 경우라면, 실제로 토지거래허가신청에 대한 불허가처분이 있었다는 사유만으로는 곧바로 매매계약이 확정적 무효상태에 이르렀다고 할 수 없다(97다36965).

- 당사자 쌍방이 허가신청하지 않을 것을 명백히 한 때 쌍방 모두 그러한 의사표시를 명백히 하였을 경우이어야 한다. 따라서 일방만 허가신청하지 않을 것을 표시한 경우라면 그 상대방이 허가신청절차에 협력할 것을 청구하고 그 승소판결을 받아 허가절차를 이행할 수 있다(단, 아래 3번 판례는 별도로 정리할 것).

> **판례**
> 1. 거래허가 전의 거래계약이 정지조건부 계약인 경우에 있어서 그 정지조건이 토지거래허가를 받기 전에 이미 불성취로 확정되었다면, 장차 토지거래허가를 받더라도 그 거래계약의 효력이 발생될 여지는 없게 되므로, 허가 전 거래계약의 유동적 무효 상태가 더 이상 지속된다고 볼 수 없고, 그 계약관계는 확정적으로 무효로 된다(97다36996).
> 2. 유동적 무효 상태에 있는, 토지거래허가구역 내 토지에 관한 매매계약에서 계약의 쌍방 당사자는 공동허가신청절차에 협력할 의무가 있고, 이러한 의무에 위배하여 허가신청절차에 협력하지 않는 당사자에 대하여 상대방은 협력의무의 이행을 소구할 수도 있다. 그러므로 매매계약 체결 당시 일정한 기간 안에 토지거래허가를 받기로 약정하였다고 하더라도, 그 약정된 기간 내에 토지거래허가를 받지 못할 경우 계약해제 등의 절차 없이 곧바로 매매계약을 무효로 하기로 약정한 취지라는 등의 특별한 사정이 없는 한, 이를 쌍무계약에서 이행기를 정한 것과 달리 볼 것이 아니므로 위 약정기간이 경과하였다는 사정만으로 곧바로 매매계약이 확정적으로 무효가 된다고 할 수 없다(2008다50615).
> 3. 유동적 무효상태하에서 당사자 일방이 허가신청협력의무의 이행거절의사를 명백히 표시한 경우에는 허가 전 거래계약관계, 즉 계약의 유동적 무효상태가 더 이상 지속한다고 볼 수는 없고 그 계약관계는 확정적으로 무효라고 인정되는 상태에 이르렀다고 하여야 할 것(91다21435 판결)

제3절 취소

1. 일반론

가. 협의의 취소
- 행위무능력, 착오, 사기·강박만이 원인이다.
- 취소 전까지는 유효한 법률행위이다. 취소권은 형성권이다.
- 취소권을 행사하면 소급적으로 무효가 된다.
- 반드시 재판상 행사할 필요가 없는 것이 원칙이다(다만, 예외적으로 재판상으로만 행사하여야 하는 경우 있다).

> **판례**
> 甲과 乙 사이에 계약이 있은 후 甲은 그 계약이 강박에 의하여 이루어졌다는 이유로, 乙은 착오에 의하여 계약이 이루어졌다는 이유로 각기 그 계약을 취소하는 의사표시를 하였으나, 위 계약에 각기 주장하는 바와 같은 취소사유가 존재하지 아니하는 이상, 甲과 乙 쌍방이 모두 위 계약을 취소하는 의사표시를 하였다는 사정만으로는, 위 계약이 취소되어 그 효력이 상실되는 것은 아니다(93다58431).

나. 광의의 취소
- 협의의 취소 이외에 취소라는 용어가 사용되더라도, 취소에 관한 제140조 이하 규정이 적용되지 않는다.
- 재판상으로만 취소권을 행사할 수 있는 경우(채권자취소권, 신분행위상 취소 일부, 행정행위의 취소 등)
- 영업허가의 취소(제8조 제2항) 등은 성질상 철회에 해당한다.
- 혼인이나 입양의 취소 등에는 소급효가 없다.

2. 취소권

가. 취소권자

> 제140조 【법률행위의 취소권자】 취소할 수 있는 법률행위는 제한능력자, 착오로 인하거나 사기·강박에 의하여 의사표시를 한 자, 그의 대리인 또는 승계인만이 취소할 수 있다.

- 취소권은 반드시 취소권이 있는 자가 그 적법한 상대방에게 행사해야 효과가 발생한다.
- 묵시적 취소도 가능하다.
- 무능력자, 착오·사기·강박에 의한 의사표시자: 취소권을 행사하는 자는 능력이 있을 필요도 없고, 하자 상태에서 벗어나 있을 필요도 없다.
- 법정대리인: 자신의 고유한 취소권을 가지고 있다(단, 임의대리인은 자신이 착오에 빠지거나 사기 강박을 당했더라도 자신에게 취소권이 발생하지는 않고 본인에게 취소권이 인정된다. 이때 임의대리인이 수권을 받아 본인의 취소권을 대리할 수 있을 뿐이다).
- 승계인: 특정승계인, 포괄승계인 모두 취소권을 행사할 수 있다.

나. 취소의 상대방

> 제142조 【취소의 상대방】 취소할 수 있는 법률행위의 상대방이 확정한 경우에는 그 취소는 그 상대방에 대한 의사표시로 하여야 한다.

- 언제나 의사표시의 직접 상대방에게만 취소권을 행사할 수 있다.
- 특정승계인에게는 행사할 수 없다. 따라서 취소할 수 있는 법률행위에 의하여 취득된 권리가 이전되어 있더라도, 취소는 원래의 상대방에 대하여 하여야 하고 전득자에 대하여 할 것은 아니다.
- 포괄승계인은 동일한 인격체이므로 상대방이 된다.

다. 취소의 효과

> 제141조【취소의 효과】취소된 법률행위는 처음부터 무효인 것으로 본다. 다만, 제한능력자는 그 행위로 인하여 받은 이익이 현존하는 한도에서 상환(償還)할 책임이 있다.

- 소급적 무효가 된다(예외 근로계약의 취소는 소급효가 인정되지 않는다).
- 미이행한 부분은 소멸한다.
- 기이행한 부분은 부당이득반환(무효와 동일한 문제 발생)의 문제가 된다.
- 제한능력자 특칙: 제한능력자는 선, 악의 불문하고 언제나 현존이익만 반환하면 된다. 금전상의 이득은 특별한 사정이 없는 한 현존하는 것으로 추정된다(판례).

라. 추인

> 제143조【추인의 방법, 효과】① 취소할 수 있는 법률행위는 제140조에 규정한 자가 추인할 수 있고 추인후에는 취소하지 못한다.
> ② 전조의 규정은 전항의 경우에 준용한다.
> 제144조【추인의 요건】① 추인은 취소의 원인이 소멸된 후에 하여야만 효력이 있다.
> ② 제1항은 법정대리인 또는 후견인이 추인하는 경우에는 적용하지 아니한다.

1) 개념
- 취소할 수 있는 법률행위의 추인은 취소권의 포기에 불과. 확정적으로 유효가 될 뿐이다.
- 묵시적 추인도 가능하다(주로 법정추인이 된다).

2) 추인권자
- 취소권자와 동일하다.
- 단, 반드시 취소원인이 종료해야 추인할 수 있다. 따라서 무능력자나 사기·강박·착오상태에 있는 자는 추인해도 효력이 없다. 즉, 능력을 회복하거나 이러한 상태에서 벗어나야 추인 가능

3) 추인의 상대방
- 추인의 상대방의 취소의 상대방과 같이 법률행위의 상대방이다.

4) 취소할 수 있는 법률행위임을 알고서 해야 한다(단, 법정추인은 알고 추인할 필요가 없다는 점이 법정추인과의 차이점).

5) 일방에게 여러 명의 추인권자가 있는 경우 1인이 추인하면 취소권은 전부 소멸

6) 취소권을 행사하여 소급무효가 된 후의 추인은 무효행위의 추인에 해당한다.

마. 법정추인

> 제145조【법정추인】취소할 수 있는 법률행위에 관하여 전조의 규정에 의하여 추인할 수 있는 후에 다음 각 호의 사유가 있으면 추인한 것으로 본다. 그러나 이의를 보류한 때에는 그러하지 아니하다.
> 1. 전부나 일부의 이행
> 2. 이행의 청구

3. 경개
   4. 담보의 제공
   5. 취소할 수 있는 행위로 취득한 권리의 전부나 일부의 양도
   6. 강제집행

1) 기본 이론
- 법정추인이란 취소할 수 있는 행위에 관하여 일반적으로 추인이라고 인정할 수 있는 일정한 사실이 있는 때에는 취소권자의 추인의사의 유무를 묻지 않고서 법률상 당연히 추인이 있었던 것으로 보아 버리는 것을 말한다.
- 취소할 수 있는 법률행위에서만 적용된다(취소 전에는 유효 상태이므로 일정 행위로 추인으로 인정하는 효과).
- 사유가 발생하면 당연히 취소권이 소멸한다.
- 취소원인이 종료한 후에만 법정추인이 가능하다(추인과 동일).
- 행위자가 취소할 수 있는 법률행위인지를 알고 있을 필요가 없다(판례. 추인과 차이점).

2) 사유
- 전부 또는 일부의 이행: 수령도 포함한다.
- 이행의 청구: 이행청구를 받는 것은 법정추인 사유가 아니다.
- 경개나 권리양도, 처분
- 담보제공: 인적, 물적 담보 모두 포함. 제공뿐만 아니라 제공받는 것도 포함
- 강제집행(압류): 집행하는 것뿐만 아니라 집행받는 경우도 소송상 이의를 제기할 수 있었음에도 불구하고 이를 하지 않는 경우에는 포함
- 이러한 사유가 있어도 이의를 보류함으로서 법정추인이 되는 것을 막을 수 있다.

바. 단기제척기간

> 제146조 【취소권의 소멸】 취소권은 추인할 수 있는 날로부터 3년내에 법률행위를 한 날로부터 10년내에 행사하여야 한다.

1) 기간의 성질
- 제척기간이다.
- 법률관계를 조속히 확정하여 상대방을 보호하기 위한 제도이다.

2) 추인할 수 있는 때로부터 3년
- 취소할 수 있는 때로부터가 아니다.
- 따라서 무능력자는 능력을 회복한 때로부터 기간이 진행(성년, 후견의 취소)

3) 법률행위를 한 날로부터 10년

4) 양 기간의 관계
- 둘 중 먼저 도달한 것이 있으면 그때 완전히 소멸
- 법정대리인과 무능력자 중 일인에게 먼저 기간이 도과하면 전부 취소권 소멸

5) 취소에 의해 발생한 청구권(부당이득반환청구권)의 존속기간
- 판례는 전혀 별개의 문제이므로 취소권은 단기제척기간 내에 행사해야 하지만, 그 효과로서 생긴 부당이득반환청구권은 취소권을 행사한 때로부터 10년의 소멸시효가 진행된다는 입장이다.

제6장 조건과 기한

제1절 조건과 기한

1. 조건과 기한의 개념
- 조건이란 법률행위 효력의 발생 또는 소멸을 좌우하는 장래의 불확실한 사실의 부관
- 기한이란 법률행위 효력의 발생 또는 소멸을 좌우하는 장래의 확실한 사실의 부관
- 조건과 기한은 법률행위의 특별한 효력요건이다.
- 부담은 부관의 일종이지만 법률행위의 효력을 좌우하지는 않는다. 즉, 부담을 이행하지 않았다고 하여 법률행위가 무효가 되는 것은 아니다.
- 장래의 사실만이 조건이나 기한이 될 수 있다. 즉, 현재의 사실이나 과거의 사실은 조건이나 기한이 될 수 없다.

2. 조건
- 조건이란 법률행위의 효력의 발생 또는 소멸을 장래의 불확실한 사실의 성부에 의존케 하는 법률행위의 부관을 말한다. 조건은 법률행위에 있어서의 효과의사와 일체적인 내용을 이루는 의사표시 그 자체이고, 따라서 조건의사가 법률행위의 내용으로 외부에 표시되어야 한다(2000다30349).

> **판례**
> 조건은 법률행위의 효력의 발생 또는 소멸을 장래의 불확실한 사실의 성부에 의존하게 하는 법률행위의 부관으로서 해당 법률행위를 구성하는 의사표시의 일체적인 내용을 이루는 것이므로, 의사표시의 일반원칙에 따라 조건을 붙이고자 하는 의사 즉 조건의사와 그 표시가 필요하며, 조건의사가 있더라도 그것이 외부에 표시되지 않으면 법률행위의 동기에 불과할 뿐이고 그것만으로는 법률행위의 부관으로서의 조건이 되지는 아니한다[대법원 2003. 5. 13. 선고 2003다10797 판결].

가. 조건부 법률행위의 효력 판단시점
- 효력의 판단시점은 법률행위 시이지 조건성취 시가 아니다. 따라서 법률행위 시에 목적이 불능이면 원시적 불능
- 법률행위 성립 후 조건성취 전에 목적이 불능이면 후발적 불능
- 소멸시효 기산점은 조건성취 시

나. 조건의 종류
1) 정지조건 · 해제조건
- 법률행위의 효력을 그 성취에 의해 발생하게 하는 조건이 정지조건
- 법률행위의 효력을 그 성취에 의해 소멸하게 하는 조건이 해제조건

> **판례**
> 매매토지 중 공장부지에 편입되지 않은 부분을 매도인에게 원가로 반환하기로 한 약정은 환매계약이 아니라, 공장부지로 사용되지 아니하는 것을 해제조건으로 하는 매매이다(80다3195).

2) 기성조건

> **제151조【불법조건, 기성조건】** ① 조건이 선량한 풍속 기타 사회질서에 위반한 것인 때에는 그 법률행위는 무효로 한다.
> ② 조건이 법률행위의 당시 이미 성취한 것인 경우에는 그 조건이 정지조건이면 조건 없는 법률행위로 하고 해제조건이면 그 법률행위는 무효로 한다.
> ③ 조건이 법률행위의 당시에 이미 성취할 수 없는 것인 경우에는 그 조건이 해제조건이면 조건 없는 법률행위로 하고 정지조건이면 그 법률행위는 무효로 한다.

- 법률행위 성립 시 이미 성취된 조건
- 기성조건이 정지조건이면 조건없는 법률행위가 되고, 기성조건이 해제조건이면 그 법률행위는 무효이다.

3) 불능조건

- 실현이 불가능한 조건
- 불능조건이 정지조건이면 그 법률행위는 무효이고, 불능조건이 해제조건이면 그 법률행위는 조건없는 법률행위로 된다.

4) 불법조건

- 조건이 제103조나 제104조에 반하는 경우는 불법조건이다. 불법행위를 하지 않을 것을 조건으로 하는 것도 역시 불법조건이다.
- 그 조건만 무효가 아니라 법률행위 전부가 무효이다.
- 상대방의 동의가 있어도 무효이다.
- 부부관계의 종료를 해제조건으로 하는 증여는 그 조건은 물론 증여계약 자체가 무효이다(66다530).

5) 수의조건과 비수의조건

- 법률행위의 효력을 당사자 일방의 임의의사에 전적으로 의존케 하는 순수수의 조건이 유효한지 여부에 대해 견해가 대립
- 언제나 무효라는 다수설, 언제나 유효라는 견해, 제한적 무효설(정지조건이면 무효, 해제조건이면 유효)

다. 조건 성취에 대한 입증책임

- 조건이 성취되었다는 사실에 의하여 법률행위의 효과가 확정되었음을 주장하는 자가 조건의 성취 사실을 입증해야 한다는 것이 판례
- 그러나 어떠한 법률행위가 조건의 성취 시 법률행위의 효력이 발생하는 소위 '정지조건부 법률행위에 해당한다는 사실'은 그 법률행위로 인한 법효과의 발생을 저지하는 사유로서 그 법률효과의 발생을 다투려는 자에게 주장 입증책임이다(93다20832).
- 승인이 조건인 경우 수정하여 승인한 경우에는 조건 성취가 아니다(判).

라. 조건 성취에 따른 효력

> 제147조【조건성취의 효과】① 정지조건있는 법률행위는 조건이 성취한 때로부터 그 효력이 생긴다.
> ② 해제조건 있는 법률행위는 조건이 성취한 때로부터 그 효력을 잃는다.
> ③ 당사자가 조건성취의 효력을 그 성취전에 소급하게 할 의사를 표시한 때에는 그 의사에 의한다.

1) 법률행위의 효력이 발생 또는 소멸로 확정된다.

2) 비소급적 효력
- 조건부 법률행위는 성취한 때로부터 효력이 발생하는 것이 원칙이다.
- 그러나 당사자가 소급하게 할 의사를 표시한 때 소급효가 인정된다(제147조 제3항).
- 이러한 소급효는 제3자에 대해서도 인정되는지 여부에 견해가 대립하고 있는데 소급효로서 제3자의 권리를 해칠 수는 없다는 것이 통설
- 기한의 도래 효과도 소급효가 없는 것이 원칙인데, 기한에서는 당사자의 의사에 기하여도 소급하게 할 수 없다는 점 주의

마. 조건부 권리의 보호

> 제150조【조건성취, 불성취에 대한 반신의행위】① 조건의 성취로 인하여 불이익을 받을 당사자가 신의성실에 반하여 조건의 성취를 방해한 때에는 상대방은 그 조건이 성취한 것으로 주장할 수 있다.
> ② 조건의 성취로 인하여 이익을 받을 당사자가 신의성실에 반하여 조건을 성취시킨 때에는 상대방은 그 조건이 성취하지 아니한 것으로 주장할 수 있다.

1) 반신의행위
- 조건의 성취 불성취로 불이익을 받을 자가 신의칙에 반하는 방법으로 조건의 성취를 방해하거나 조건을 성취시킨 경우에는, 그 조건을 성취되지 않은 것으로 또는 성취된 것으로 주장할 수 있다.
- 주관적 요건은 불필요하다.
- 의제가 아닌 주장으로서 형성권으로 구성하고 있다.
- 조건부 권리의 침해를 수반하므로 손해배상청구권을 선택적으로 행사할 수 있다.

판례 | [98다42356]

[판시사항]
[1] 조건의 불성취로 의무를 면하게 될 자가 신의성실에 반하여 조건의 성취를 방해한 경우에 해당한다고 보아 상대방이 조건의 성취를 주장할 수 있다고 인정한 사례
[2] 조건의 성취로 인하여 불이익을 받을 당사자가 신의성실에 반하여 조건의 성취를 방해한 경우, 조건이 성취된 것으로 의제되는 시점

[판결요지]
[1] 상대방이 하도급받은 부분에 대한 공사를 완공하여 준공필증을 제출하는 것을 정지조건으로 하여 공사대금채무를 부담하거나 위 채무를 보증한 사람은 위 조건의 성취로 인하여 불이익을 받을 당사자의 지위에 있다고 할 것이므로, 이들이 위 공사에 필요한 시설을 해주지 않았을 뿐만 아니라 공사장에의 출입을 통제함으로써 위 상대방으로 하여금 나머지 공사를 수행할 수 없게 하였다면, 그것이 고의에 의한 경우만이 아니라 과실에 의한 경우에도 신의성실에 반하여 조건의 성취를 방해한 때에 해당한다고 할 것이므로, 그 상대방은 민법 제150조 제1항의 규정에 의하여 위 공사대금채무자 및 보증인에 대하여 그 조건이 성취된 것으로 주장할 수 있다고 한 사례

> [2] 조건의 성취로 인하여 불이익을 받을 당사자가 신의성실에 반하여 조건의 성취를 방해한 경우, 조건이 성취된 것으로 의제되는 시점은 이러한 신의성실에 반하는 행위가 없었더라면 조건이 성취되었으리라고 추산되는 시점이다.

2) 조건부 권리의 실현

> 제148조【조건부권리의 침해금지】조건있는 법률행위의 당사자는 조건의 성부가 미정한 동안에 조건의 성취로 인하여 생길 상대방의 이익을 해하지 못한다.
>
> 제149조【조건부 권리의 처분 등】조건의 성취가 미정한 권리의무는 일반규정에 의하여 처분, 상속, 보존 또는 담보로 할 수 있다

- 조건성취 전에도 일정한 기대권을 가지며 따라서 처분, 상속, 보존 및 담보로 할 수 있다.
- 처분에는 양도뿐만 아니라 질권설정도 포함한다고 한다.
- 보존에는 가등기, 파산절차 참가 등이 있다.
- '담보로 할 수 있다'는 의미는 조건부 권리를 위해 담보를 설정할 수 있다는 의미이지 조건부 권리를 담보로 제공할 수 있다는 의미는 아니라는 것이 통설(조건부 권리의 담보제공은 위의 처분에 포함된다는 보는 것이 일반적)

3) 조건부 권리의 침해 금지

- 침해하면 손해배상을 청구할 수 있다. 손해배상의 범위는 이행이익이라고 본다.
- 손배청구권의 근거에 대해 견해대립이 있는데, 불법행위설(多), 채무불이행설(少), 절충설(少)이 있다.
- 제148조를 위반한 처분행위의 효력은 나중에 조건성취에 의하여 발생할 효과를 멸실 또는 훼손한 한도에서 무효이다. 다만, 제3자에 대해서는 조건부 권리의 목적이 부동산일 경우에는 가등기를 해야 대항할 수 있고, 동산일 경우에 제3자는 선의취득에 의해 보호받는다.
- 조건부 권리를 침해한 처분행위의 무효 또는 손해배상청구권의 성립은 조건이 성취된 때이다.

> **판례**
> 해제조건부증여로 인한 부동산소유권이전등기를 마쳤다 하더라도 그 해제조건이 성취되면 그 소유권은 증여자에게 복귀한다고 할 것이고, 이 경우 당사자간에 별단의 의사표시가 없는 한 그 조건성취의 효과는 소급하지 아니하나, 조건성취 전에 수증자가 한 처분행위는 조건성취의 효과를 제한하는 한도 내에서는 무효라고 할 것이고, 다만 그 조건이 등기되어 있지 않는 한 그 처분행위로 인하여 권리를 취득한 제3자에게 위 무효를 대항할 수 없다(92다5584 판결).

바. 조건과 친하지 않은 법률행위

1) 효과
조건과 친하지 않은 법률행위에 조건을 붙이면, 그 법률행위는 전체가 무효로 된다(원칙).

2) 단독행위
- 원칙적으로 불가능(상계, 취소, 해제, 철회, 선택, 환매 등)
- 다만, 단독행위에 조건을 붙일 수 없게 하는 것은 상대방 보호를 위한 것이므로 상대방의 동의 있으면 가능하다.
- 또한 상대방에게 이익만 주는 단독행위는 가능하다(채무면제, 유증).

- 상대방이 결정할 수 있는 사실을 조건으로 하는 경우도 가능(해제권 행사 시 최고를 하면서 일정한 기간 내에 이행이 없으면 자동적으로 해제된 것으로 하겠다는 의사표시는 유효하다는 것이 통설과 판례)

> **판례 l [92다28549]**
> [1] 소정의 기간 내에 이행이 없으면 계약은 당연히 해제된 것으로 한다는 뜻을 포함하고 있는 이행청구는 이행청구와 동시에 그 기간 내에 이행이 없는 것을 정지조건으로 하여 미리 해제의 의사를 표시한 것으로 볼 수 있다.
> [2] 동시이행관계에 있는 의무자의 일방이 상대방의 이행지체를 이유로 한 해제권을 적법하게 취득하기 위하여는 이행청구에 표시된 이행기가 "일정한 기간 내"로 정하여진 경우라면 이행을 청구한 자가 원칙으로 그 기간 중 이행제공을 계속하여야 할 것이고, "일정한 일시"등과 같이 기일로 정하여진 경우에는 그 기일에 이행제공이 있어야 한다.

3) 신분행위

3. 기한

가. 기한의 종류

1) 시기와 종기
- 법률행위의 효력의 발생시기를 정한 것이 시기
- 법률행위의 효력의 소멸시기를 정한 것이 종기

2) 확정기한과 불확정기한
- 도래시기가 확정되어 있는 것이 확정기한, 도래시기가 확정되어 있지 않는 것이 불확정기한이다.
- 불확정기한과 조건의 구별이 곤란. 조건은 장래 성취 여부가 불확실하지만, 불확정기한은 도래 여부는 확실하나 언제 도래할지를 확정할 수 없는 경우. 법률행위 해석에 의해 판단한다.
- 사망 시는 불확정기한이다.
- '이 집이 팔리면 당신 채무를 변제한다'는 것은 변제의사는 있고 이행이 연기된 취지라면 불확정기한(通)
- 임대차계약의 기한을 '임차인에게 임대인이 매도할 때'까지로 정한 것은 그 도래 여부가 불확실하므로 기한을 정한 것이라고 볼 수 없다.

> **판례**
> 1. [1] 부관이 붙은 법률행위에 있어서 부관에 표시된 사실이 발생하지 아니하면 채무를 이행하지 아니하여도 된다고 보는 것이 상당한 경우에는 조건으로 보아야 하고, 표시된 사실이 발생한 때에는 물론이고 반대로 발생하지 아니하는 것이 확정된 때에도 그 채무를 이행하여야 한다고 보는 것이 상당한 경우에는 표시된 사실의 발생 여부가 확정되는 것을 불확정기한으로 정한 것으로 보아야 한다.
> [2] 이미 부담하고 있는 채무의 변제에 관하여 일정한 사실이 부관으로 붙여진 경우에는 특별한 사정이 없는 한 그것은 변제기를 유예한 것으로서 그 사실이 발생한 때 또는 발생하지 아니하는 것으로 확정된 때에 기한이 도래한다(2003다24215).
> 2. 도급계약의 당사자들이 '수급인이 공급한 목적물을 도급인이 검사하여 합격하면, 도급인은 수급인에게 보수를 지급한다.'고 정한 경우 도급인의 수급인에 대한 보수지급의무와 동시이행관계에 있는 수급인의 목적물 인도의무를 확인한 것에 불과하고 '검사 합격'은 법률행위의 효력 발생을 좌우하는 조건이 아니라 보수지급시기에 관한 불확정기한이다. 따라서 수급인이 도급계약에서 정한 일을 완성한 다음 검사에 합격한 때 또는 검사 합격이 불가능한 것으로 확정된 때 보수지급청구권의 기한이 도래한다(2017다272486).

3. 법률행위에 붙은 부관이 조건인지 기한인지가 명확하지 않은 경우 법률행위의 해석을 통해서 이를 결정해야 한다. 부관에 표시된 사실이 발생하지 않으면 채무를 이행하지 않아도 된다고 보는 것이 합리적인 경우에는 조건으로 보아야 한다. 그러나 부관에 표시된 사실이 발생한 때에는 물론이고 반대로 발생하지 않는 것이 확정된 때에도 그 채무를 이행하여야 한다고 보는 것이 합리적인 경우에는 표시된 사실의 발생 여부가 확정되는 것을 불확정기한으로 정한 것으로 보아야 한다[대법원 2013. 8. 22. 선고 2013다27800 판결 등 참조].

4. 이러한 부관이 화해계약의 일부를 이루고 있는 경우에도 마찬가지이다[대법원 1956. 1. 12. 선고 4288민상281 판결 참조].

나. 기한과 친하지 않은 행위
- 조건과 기본적으로 동일하다.
- 특히, 취소, 추인, 상계와 같이 소급효가 있는 법률행위에는 시기를 붙일 수 없다.
- 그러나, 어음 수표행위는 시기를 붙일 수 있다.

다. 기한 도래 전 기한부 법률행위의 보호
반신의행위만을 제외하고 조건에 관한 규정이 준용된다.

라. 기한 도래의 효과

제152조【기한도래의 효과】① 시기있는 법률행위는 기한이 도래한 때로부터 그 효력이 생긴다.
② 종기있는 법률행위는 기한이 도래한 때로부터 그 효력을 잃는다.

- 소급할 수 없다(당사자들의 합의로도 소급할 수 없다).

마. 기한의 이익

제153조【기한의 이익과 그 포기】① 기한은 채무자의 이익을 위한 것으로 추정한다.
② 기한의 이익은 이를 포기할 수 있다. 그러나 상대방의 이익을 해하지 못한다.

1) 기한의 이익 추정
- 어느 당사자를 위한 것인지 불분명하다면 채무자를 위한 것으로 추정된다.
- 따라서 기한의 이익이 채권자 또는 쌍방을 위해서 존재하는 경우에는 이를 주장하는 자가 입증해야 한다.

2) 기한의 이익의 포기
- 기한의 이익은 포기할 수 있다. 다만, 상대방의 이익을 해치지 못한다(제152조 제2항).
- 기한의 이익이 상대방을 위하여 존재하는 경우에는 상대방의 손해를 배상하고 포기할 수 있다. 즉, 기한의 이익은 언제나 포기할 수 있고 상대방에게 손해만 배상하면 된다.
- 무이자소비대차의 차주나 무상임치인은 손해배상 없이 언제든지 기한의 이익을 포기할 수 있다.
- 단, 이자부소비대차의 차주는 변제기까지의 이자를 손해배상하고 기한의 이익을 포기하여 변제할 수 있다.
- 포기는 소급효가 없고 장래를 향해서만 효과가 있다.
- 포기는 일방적 의사표시로서 상대방 있는 단독행위이다.

3) 기한의 이익의 상실

> 제388조【기한의 이익의 상실】① 채무자는 다음 각 호의 경우에는 기한의 이익을 주장하지 못한다.
> 1. 채무자가 담보를 손상, 감소 또는 멸실하게 한 때
> 2. 채무자가 담보제공의 의무를 이행하지 아니한 때

- 민법상: 채무자가 담보를 손상 감소 멸실케 한 경우. 채무자가 담보제공의무를 이행하지 않는 경우
- 파산법상: 파산선고 시
- 민법상 기한의 이익 상실 사유가 발생한 경우는 즉시 기한 도래가 의제하는 것이 아니라 채권자가 기한의 이익을 상실하여 즉시 변제를 청구할 수도 있고, 변제기를 기다려 청구할 수도 있다.
- 그러나 파산선고를 받은 경우는 기한의 도래가 의제된다.

제2절 기간

가. 기간의 기본기
- 기간은 기한(부관)과 전혀 다르다.
- 기간은 사건이다.
- 기간에 관한 민법규정은 보충규정이다(약정이나 법률이 없을 때만 적용).

> 제155조【본장의 적용범위】기간의 계산은 법령, 재판상의 처분 또는 법률행위에 다른 정한 바가 없으면 본장의 규정에 의한다.

- 공법행위에도 적용된다.

나. 계산방법

1) 자연적 계산(時로 정한 기간)

> 제156조【기간의 기산점】기간을 시, 분, 초로 정한 때에는 즉시로부터 기산한다.

- 즉시로 기산하고 시, 분, 초 단위로 산정하고 정해진 시, 분, 초가 종료한 때에 기간이 만료한다.

2) 역법적 계산(달력이 기준)

> 제157조【기간의 기산점】기간을 일, 주, 월 또는 연으로 정한 때에는 기간의 초일은 산입하지 아니한다. 그러나 그 기간이 오전 영시로부터 시작하는 때에는 그러하지 아니하다.
>
> 제158조【연령의 기산점】연령계산에는 출생일을 산입한다.

- 기간을 주, 월, 년으로 정한 경우 日로 환산하지 않는다.
- 초일 불산입이 원칙
- 예외적으로 초일을 산입하는 경우: 연령계산, 오전 0시로부터 계산하는 경우(내일부터, 오는 몇 일부터)

3) 공휴일
- 임시공휴일도 포함
- 기일에도 준용(10월 10일이 변제기일인데 10일이 일요일이라면, 11일이 기간만료일임)
- 기산일은 공휴일이어도 관계없이 그날부터 기산

4) 만료일

> **제159조【기간의 만료점】** 기간을 일, 주, 월 또는 연으로 정한 때에는 기간 말일의 종료로 기간이 만료한다.
>
> **제160조【역에 의한 계산】** ① 기간을 주, 월 또는 연으로 정한 때에는 역에 의하여 계산한다.
> ② 주, 월 또는 연의 처음으로부터 기간을 기산하지 아니한 때에는 최후의 주, 월 또는 연에서 그 기산일에 해당한 날의 전일로 기간이 만료한다.
> ③ 월 또는 연으로 정한 경우에 최종의 월에 해당일이 없는 때에는 그 월의 말일로 기간이 만료한다.
>
> **제161조【공휴일 등과 기간의 만료점】** 기간의 말일이 토요일 또는 공휴일에 해당한 때에는 기간은 그 익일로 만료한다.

- 기간말일의 종료로 기간은 만료되는 것이 원칙
- 다만, 정년 53세라는 것은 만 53세에 달하는 날을 의미하지 만 53세가 만료하는 날을 의미하지는 않는다는 것이 판례(71다2669)
- 민법의 계산방법은 일정한 기산일로부터 과거에 소급하여 역산되는 기간에도 유추적용된다. 이 경우에도 초일은 산입하지 않는다(대판 1989.4.11, 87다카2901).

제7장 소멸시효

제1절 시효제도 총론

1. 소멸시효와 제척기간

가. 시효제도의 의의

> 제184조【시효의 이익의 포기 기타】 ① 소멸시효의 이익은 미리 포기하지 못한다.
> ② 소멸시효는 법률행위에 의하여 이를 배제, 연장 또는 가중할 수 없으나 이를 단축 또는 경감할 수 있다.

- 사회질서의 안정 및 유지(조속한 권리관계의 확정): 제184조의 취지
- 권리행사의 태만에 대한 제재(권리 위에 잠자는 자는 보호하지 않는다)
- 입증곤란의 구제(변제 사실의 증거를 잃은 채무자를 보호하여 이중변제 방지)

나. 시효와 제척기간의 구별기준

1) 기준
- 법문에 '소멸시효로 인하여', '시효로 인하여 소멸한다' 등으로 표현되어 있으면 소멸시효
- 형성권의 행사기간은 제척기간. 기간이 정함이 없으면 10년

2) 문제되는 경우
- 상속재산의 승인 포기의 취소권(제1024조 제1항)과 유증의 승인 포기의 취소권(제1075조 제2항)에 대한 기간 제한은 제척기간으로 보는 것이 통설
- 유류분 반환청구권의 행사기간을 학설은 제척기간으로 본다(판례는 법문에 따라 소멸시효기간으로 본다).
- 선박우선특권의 소멸시효도 학설은 제척기간으로 이해하지만, 판례는 소멸시효로 본다.

3) 불법행위에 기한 손해배상청구권(제766조)
- 제1항의 3년 기간은 소멸시효라고 보는 데 이견이 없다.
- 제2항의 10년 기간에 대해 통설은 제척기간으로 보지만, 판례는 소멸시효라고 본다.

4) 제척기간의 기산점에 관한 판례

> **판례**
> 1. 기산점을 약정한 판례
> 제척기간은 그 기간의 경과 자체만으로 권리소멸의 효과를 가져오므로 기간 진행의 기산점은 원칙적으로 권리가 발생한 때이므로, 당사자 사이에 매매예약완결권(형성권)을 행사할 수 있는 시기를 특별히 약정한 경우라도 그 제척기간은 권리행사가능시가 기산점이 아니라 당초 그 권리가 발생한 날이 된다고 보아야 하고 이때로부터 10년이 지나면 기간이 만료하게 된다. 따라서 그 기간을 넘어서 그 약정에 따라 권리를 행사할 수 있는 날로부터 10년이 되는 날까지로 연장된다고 볼 수는 없다(94다22682).

2. 기산점은 그대로도 예약완결권 행사기간을 30년으로 정했던 사례

민법 제564조가 정하고 있는 매매의 일방예약에서 예약자의 상대방이 매매예약 완결의 의사표시를 하여 매매의 효력을 생기게 하는 권리, 즉 매매예약의 완결권은 일종의 형성권으로서 당사자 사이에 행사기간을 약정한 때에는 그 기간 내에, 약정이 없는 때에는 예약이 성립한 때로부터 10년 내에 이를 행사하여야 하고, 그 기간을 지난 때에는 예약 완결권은 제척기간의 경과로 인하여 소멸한다. 한편 당사자 사이에 약정하는 예약 완결권의 행사기간에 특별한 제한은 없다(2016다42077).

5) 제척기간의 법적 성질
- 출소기간설(通): 기간 내에 재판상 행사되어야 기간을 준수한 것이 된다.
- 권리행사기간설(判): 기간 내에 재판 외라도 권리를 행사하면 되고 반드시 재판상 청구를 하여야만 청구권이 보전되는 것은 아니다(다만, 판례는 일정한 경우 출소기간으로 보고 있음).

판례
1. 보험계약의 해지권은 형성권이고, 해지권 행사기간은 제척기간이며, 해지권은 재판상이든 재판외든 그 기간 내에 행사하면 되는 것이나 해지의 의사표시는 민법의 일반원칙에 따라 보험계약자 또는 그의 대리인에 대한 일방적 의사표시에 의하며, 그 의사표시의 효력은 상대방에게 도달한 때에 발생하므로 해지권자가 해지의 의사표시를 담은 소장 부본을 피고에게 송달함으로써 해지권을 재판상 행사하는 경우에는 그 소장 부본이 피고에게 도달할 때에 비로소 해지권 행사의 효력이 발생한다 할 것이어서, 해지의 의사표시가 담긴 소장 부본이 제척기간 내에 피고에게 송달되어야만 해지권자가 제척기간 내에 적법하게 해지권을 행사하였다고 할 것이고, 그 소장이 제척기간 내에 법원에 접수되었다고 하여 달리 볼 것은 아니다(99다50712).
2. 민법 제582조 소정의 매도인의 하자담보책임에 관한 매수인의 권리행사기간은 재판상 또는 재판외의 권리행사기간이고 재판상 청구를 위한 출소기간은 아니다(84다카2344).
3. 매도인에 대한 하자담보에 기한 손해배상청구권에 대하여는 민법 제582조의 제척기간이 적용되고, 이는 법률관계의 조속한 안정을 도모하고자 하는 데에 취지가 있다. 그런데 하자담보에 기한 매수인의 손해배상청구권은 권리의 내용·성질 및 취지에 비추어 민법 제162조 제1항의 채권 소멸시효의 규정이 적용되고, 민법 제582조의 제척기간 규정으로 인하여 소멸시효 규정의 적용이 배제된다고 볼 수 없으며, 이때 다른 특별한 사정이 없는 한 무엇보다도 매수인이 매매 목적물을 인도받은 때부터 소멸시효가 진행한다고 해석함이 타당하다(2011다10266).
4. 민법 제204조 제3항과 제205조 제2항에 의하면 점유를 침탈 당하거나 방해를 받은 자의 침탈자 또는 방해자에 대한 청구권은 그 점유를 침탈 당한 날 또는 점유의 방해행위가 종료된 날로부터 1년 내에 행사하여야 하는 것으로 규정되어 있는데, 여기에서 제척기간의 대상이 되는 권리는 형성권이 아니라 통상의 청구권인 점과 점유의 침탈 또는 방해의 상태가 일정한 기간을 지나게 되면 그대로 사회의 평온한 상태가 되고 이를 복구하는 것이 오히려 평화질서의 교란으로 볼 수 있게 되므로 일정한 기간을 지난 후에는 원상회복을 허용하지 않는 것이 점유제도의 이상에 맞고 여기에 점유의 회수 또는 방해제거 등 청구권에 단기의 제척기간을 두는 이유가 있는 점 등에 비추어 볼 때, 위의 제척기간은 재판외에서 권리행사하는 것으로 족한 기간이 아니라 반드시 그 기간 내에 소를 제기하여야 하는 이른바 출소기간으로 해석함이 상당하다(2001다8097).

6) 소멸시효와 제척기간의 차이점
- 시효는 소급효 있지만, 제척기간은 소급효가 없다.
- 시효중단은 제척기간에 인정되지 않는다.
- 시효의 정지도 제척기간에 인정되지 않는다(多, 소수설은 천재지변 등은 준용하자는 의견).
- 시효의 이익포기는 제척기간에서 인정되지 않는다.
- 시효는 변론주의 사항, 제척기간은 직권조사사항
- 제척기간은 절대적 소멸(판례는 소멸시효도 절대적 소멸로 판단함)

제2절 소멸시효 요건

1. 소멸시효 대상이 되는 권리인지 여부

가. 담보물권(질권, 저당권, 유치권)은 피담보채권이 존속하는 한 독립하여 시효로 소멸하는 일이 없다. 다만, 피담보채권이 시효소멸하면 부종성 상 말소등기 등 없이도 당연히 소멸

나. 점유권과 유치권은 점유라는 사실상태에 의존하므로 소멸시효 문제가 전혀 발생하지 않는다.

다. 소유권 및 소유권에 기한 물권적청구권은 소멸시효에 걸리지 않는다. 소유권에서 파생되는 상린관계상의 권리(주위토지통행권 등), 공유물 분할 청구권 등도 독립하여 소멸시효의 대상이 될 수 없다.

> 《주의》 채권의 소멸시효 기간은 10년, 매매계약에 따른 소유권이전등기청구권은 10년의 소멸시효 기간에 걸림. 반면 소유자가 행사하는 소유권이전 또는 말소등기청구권은 소멸시효에 걸리지 않음

라. 광업권, 어업권, 특허권, 상표권, 의장권 등은 소유권과 같은 성질을 갖기 때문에 시효소멸하지 않는다(通). 다만, 이들 권리는 존속기간이 따로 정해져 있다.

마. 지역권: 시효의 대상이 된다는 점에 견해 대립이 없다.

바. 전세권, 지상권 견해 대립

판례

1. 매매대금을 완납한 미등기 매수인의 매도인에 대한 소유권이전등기청구권 소멸시효 쟁점

[1] 시효제도는 일정 기간 계속된 사회질서를 유지하고 시간의 경과로 인하여 곤란해지는 증거보전으로부터의 구제를 꾀하며 자기 권리를 행사하지 않고 소위 권리 위에 잠자는 자는 법적 보호에서 이를 제외하기 위하여 규정된 제도라 할 것인바, 부동산에 관하여 인도, 등기 등의 어느 한 쪽만에 대하여서라도 권리를 행사하는 자는 전체적으로 보아 그 부동산에 관하여 권리 위에 잠자는 자라고 할 수 없다 할 것이므로, 매수인이 목적 부동산을 인도받아 계속 점유하는 경우에는 그 소유권이전등기청구권의 소멸시효가 진행하지 않는다.

[2] [다수의견] 부동산의 매수인이 그 부동산을 인도받은 이상 이를 사용·수익하다가 그 부동산에 대한 보다 적극적인 권리 행사의 일환으로 다른 사람에게 그 부동산을 처분하고 그 점유를 승계하여 준 경우에도 그 이전등기청구권의 행사 여부에 관하여 그가 그 부동산을 스스로 계속 사용·수익만 하고 있는 경우와 특별히 다를 바 없으므로 위 두 어느 경우에나 이전등기청구권의 소멸시효는 진행되지 않는다고 보아야 한다[대법원 1999. 3. 18. 선고 98다32175 전원합의체 판결].

2. 취득시효완성자의 소유권이전등기청구권의 소멸시효

점유하고 있는 동안에는 시효로 소멸하지 않음은 미등기 매수인과 동일. 그러나 취득시효가 완성된 점유자가 점유를 상실한 경우 취득시효 완성으로 인한 소유권이전등기청구권은 그 점유자가 점유를 상실한 때로부터 10년간 등기청구권을 행사하지 아니하면 소멸시효가 완성한다(대판 1996.3.8. 95다34866).

3. 주택임대차보호법에 따른 임대차에서 임차인이 임대차 종료 후 동시이행항변권을 근거로 임차목적물을 계속 점유하고 있는 경우, 보증금반환채권에 대한 소멸시효가 진행하는지 여부(소극)

임대차가 종료함에 따라 발생한 임차인의 목적물반환의무와 임대인의 보증금반환의무는 동시이행관계에 있다. 임차인이 임대차 종료 후 동시이행항변권을 근거로 임차목적물을 계속 점유하는 것은 임대인에 대한 보증금반환채권에 기초한 권능을 행사한 것으로서 보증금을 반환받으려는 계속적인 권리행사의 모습이 분명하게 표시되었다고 볼 수 있다. 따라서 임대차 종료 후 임차인이 보증금을 반환받기 위해 목적물을 점유하는 경우 보증금반환채권에 대한 권리를 행사하는 것으로 보아야 하고, 임차인이 임대인에 대하여 직접적인 이행청구를 하지 않았다고 해서 권리의 불행사라는 상태가 계속되고 있다고 볼 수 없다[대법원 2020. 7. 9. 선고 2016다244224, 244231 판결].

2. 소멸시효의 기산점

> 제166조【소멸시효의 기산점】① 소멸시효는 권리를 행사할 수 있는 때로부터 진행한다.
> ② 부작위를 목적으로 하는 채권의 소멸시효는 위반행위를 한 때로부터 진행한다.

가. 기산점(일반론)

권리행사 가능시가 기산점인데, 법률상 장애사유는 권리행사 장애사유로 보지만, 사실상 장애사유는 권리행사를 방해하는 것으로 보지 않는다. 즉, 법률상 장애사유가 있어야 시효가 진행하지 않는다.

판례

1. 불법행위를 원인으로 한 손해배상청구권에도 소멸시효의 기산점에 관한 규정인 민법 제166조 제1항이 적용되어 시효기간은 권리를 행사할 수 있는 때로부터 진행하고, 이때 권리를 행사할 수 있는 때라 함은 권리행사에 법률상의 장애 사유가 없는 경우를 가리킨다(98다7001).
2. 소멸시효의 기산일은 채무의 소멸이라고 하는 법률효과 발생의 요건에 해당하는 소멸시효 기간 계산의 시발점으로서 소멸시효 항변의 법률요건을 구성하는 구체적인 사실에 해당하므로 이는 변론주의의 적용 대상이고, 따라서 본래의 소멸시효 기산일과 당사자가 주장하는 기산일이 서로 다른 경우에는 변론주의의 원칙상 법원은 당사자가 주장하는 기산일을 기준으로 소멸시효를 계산하여야 하는데, 이는 당사자가 본래의 기산일보다 뒤의 날짜를 기산일로 하여 주장하는 경우는 물론이고 특별한 사정이 없는 한 그 반대의 경우에 있어서도 마찬가지이다[대법원 1995. 8. 25. 선고 94다35886 판결].

1) 법률상 장애의 예

- 정지조건의 미성취. 기한의 미도래
- 위헌인 법률이 청구권을 부정하고 있다면 이는 법률상 장애로서 헌법재판소의 위헌 결정으로 인하여 그 장애가 해소되므로 소멸시효는 위헌결정일로부터 진행한다(94다752195).
- 건물에 관한 소유권이전등기청구권에 있어서 그 건물이 완공되지 않아 이를 행사할 수 없었다는 사유는 법률상 장애사유에 해당한다(2007다28024).

2) 사실상 장애에 불과한 예
- 대법원 판례가 청구권을 부정하고 있다는 사실은 사실상 장애에 불과하므로 판례변경의 시점이 기산점이 된다고 볼 수 없고, 당초 청구권이 발생한 시점이 기산점이다.
- 법률지식의 부족, 채무자의 부재, 권리존재의 부지

나. 각종 기산점

1) 확정기한부 채무
- 언제나 예외 없이 그 확정기한이 기산점[동시이행의 항변권이 있건, 추심채무(지시채권 등)이건 관계없이 권리행사가능 시는 언제나 확정기한이므로]
- 지체책임의 시점과는 다르다(확정기가 원칙이지만, 추심채무, 동시이행 항변권 있는 경우 등은 이행청구 시).

> **판례**
>
> 1. 부동산에 대한 매매대금 채권이 소유권이전등기청구권과 동시이행의 관계에 있다고 할지라도 매도인은 매매대금의 지급기일 이후 언제라도 그 대금의 지급을 청구할 수 있는 것이며, 다만 매수인은 매도인으로부터 그 이전등기에 관한 이행의 제공을 받기까지 그 지급을 거절할 수 있는 데 지나지 아니하므로 매매대금 청구권은 그 지급기일 이후 시효의 진행에 걸린다(90다9797).
> 2. [1] 매매계약이 취소된 경우에 당사자 쌍방의 원상회복의무는 동시이행의 관계에 있다.
>   [2] 쌍무계약에서 쌍방의 채무가 동시이행관계에 있는 경우 일방의 채무의 이행기가 도래하더라도 상대방 채무의 이행제공이 있을 때까지는 그 채무를 이행하지 않아도 이행지체의 책임을 지지 않는 것이며, 이와 같은 효과는 이행지체의 책임이 없다고 주장하는 자가 반드시 동시이행의 항변권을 행사하여야만 발생하는 것은 아니므로, 동시이행관계에 있는 쌍무계약상 자기채무의 이행을 제공하는 경우 그 채무를 이행함에 있어 상대방의 행위를 필요로 할 때에는 언제든지 현실로 이행을 할 수 있는 준비를 완료하고 그 뜻을 상대방에게 통지하여 그 수령을 최고하여야만 상대방으로 하여금 이행지체에 빠지게 할 수 있는 것이다(2001다3764).

2) 불확정기한부 채무
- 기한의 객관적 도래 시가 기산점
- 지체책임은 채무자가 기한도래를 안 때 또는 채권자의 기한도래 후 이행청구 시

3) 기한 없는 채무
- 채권의 성립 시가 기산점(언제든지 이행청구할 수 있으므로)
- 지체책임은 채권자의 이행청구 시

4) 조건부권리
- 조건성취 시가 기산점
- 채권의 효력 발생시기도 조건성취 시
- 단, 원시적 불능의 판단시점은 법률행위 성립 시(따라서, 성립 시부터 조건성취 시까지의 불능은 후발적 불능)

5) 기한의 이익상실 특약이 있는 경우

> **판례 |** [2002다28340]
> [1] 기한이익 상실의 특약은 그 내용에 의하여 일정한 사유가 발생하면 채권자의 청구 등을 요함이 없이 당연히 기한의 이익이 상실되어 이행기가 도래하는 것으로 하는 정지조건부 기한이익 상실의 특약과 일정한 사유가 발생한 후 채권자의 통지나 청구 등 채권자의 의사행위를 기다려 비로소 이행기가 도래하는 것으로 하는 형성권적 기한이익 상실의 특약의 두 가지로 대별할 수 있고, 기한이익 상실의 특약이 위의 양자 중 어느 것에 해당하느냐는 당사자의 의사해석의 문제이지만 일반적으로 기한이익 상실의 특약이 채권자를 위하여 둔 것인 점에 비추어 명백히 정지조건부 기한이익 상실의 특약이라고 볼 만한 특별한 사정이 없는 이상 형성권적 기한이익 상실의 특약으로 추정하는 것이 타당하다.
> [2] 형성권적 기한이익 상실의 특약이 있는 경우에는 그 특약은 채권자의 이익을 위한 것으로서 기한이익의 상실 사유가 발생하였다고 하더라도 채권자가 나머지 전액을 일시에 청구할 것인가 또는 종래대로 할부변제를 청구할 것인가를 자유로이 선택할 수 있으므로, 이와 같은 기한이익 상실의 특약이 있는 할부채무에 있어서는 1회의 불이행이 있더라도 각 할부금에 대해 그 각 변제기의 도래시마다 그 때부터 순차로 소멸시효가 진행하고 채권자가 특히 잔존 채무 전액의 변제를 구하는 취지의 의사를 표시한 경우에 한하여 전액에 대하여 그 때부터 소멸시효가 진행한다.
> [3] 약정한 이행의무를 한번이라도 지체하였을 때 기한의 이익을 잃고 즉시 채무금 전액을 완제하여야 한다고 되어 있는 기한이익 상실약정을 정지조건부 기한이익 상실특약으로 보아 할부금 채무의 1회 불이행시부터 전체 채무에 관하여 소멸시효가 진행된다고 판단한 원심판결을 파기한 사례

6) 구상권(현실로 출연행위를 한 때)

> **판례**
> 1. 주채무자의 사후구상권과 사전구상권은 그 발생원인을 달리하는 별개의 독립된 권리이므로, 그 소멸시효는 각각 그 권리가 발생되어 이를 행사할 수 있는 때로부터 별도로 진행한다(80다2699).
> 2. 공동불법행위자 중 1인이 다른 공동불법행위자에 대한 구상금채권은 구상권자가 피해자에게 현실로 손해배상금을 지급한 때로부터 소멸시효가 진행하는 것이고, 공동불법행위자 1인에 대한 채권자(피해자)의 손해배상채권의 소멸시효가 완성되었다고 하더라도 그자에 대한 구상권자의 구상금채권은 손해배상채권과는 별개의 권리이므로 구상금채권까지 소멸되는 것은 아니다(78다7528).
> 3. 물상보증인의 채무자에 대한 구상권은 그들 사이의 물상보증위탁계약의 법적 성질과 관계없이 민법에 의하여 인정된 별개의 독립한 권리이고, 그 소멸시효에 있어서는 민법상 일반채권에 관한 규정(10년)이 적용된다(2001다6237).

7) 기타
- 부작위채권은 위반행위 시

> 제166조【소멸시효의 기산점】② 부작위를 목적으로 하는 채권의 소멸시효는 위반행위를 한 때로부터 진행한다.

- 보험금청구권은 보험사고 발생 시(다만, 보험사고가 발생한 것인지의 여부가 객관적으로 분명하지 아니하여 보험금청구권자가 과실 없이 보험사고의 발생을 알 수 없었던 경우에는 보험금청구권자가 보험사고의 발생을 알았거나 알 수 있었던 때로부터 보험금액청구권의 소멸시효가 진행한다(2000다31168).

- 선택채권은 선택권 행사가능 시부터 소멸시효가 진행된다.
- 조세의 과·오납에 있어 과·오납한 조세의 부당이득반환청구권의 경우에는, 취소할 수 있는 행정처분(과세처분)에 의해 납부한 경우는 취소판결 확정 시, 당연 무효인 행정처분(과세처분)에 의해 납부한 경우는 과오납 시
- 법률행위의 취소로 인한 부당이득반환청구권 또는 계약의 해제로 인한 원상회복청구권은 그 취소 또는 해제의 의사표시에 의하여 발생하므로 그 의사표시가 행해진 시점부터 소멸시효가 진행한다. 이러한 청구권은 그 발생원인이 되는 취소권이나 해제권과는 별개의 권리로서 다루어진다. 부당이득반환청구권은 기한의 정함이 없는 채권이다.
- 계속적 거래로 인한 외상대금채권도 각 외상대금채권이 발생한 때로부터 소멸시효가 진행된다.

3. 소멸시효의 기간

가. 일반채권

> **제162조【채권, 재산권의 소멸시효】** ① 채권은 10년간 행사하지 아니하면 소멸시효가 완성한다.
> ② 채권 및 소유권 이외의 재산권은 20년간 행사하지 아니하면 소멸시효가 완성한다.

- 민법상 채권은 10년이 원칙
- 상행위로 인한 것은 5년이 원칙

나. 단기시효

1) 3년 시효

> **제163조【3년의 단기소멸시효】** 다음 각호의 채권은 3년간 행사하지 아니하면 소멸시효가 완성한다.
> 1. 이자, 부양료, 급료, 사용료 기타 1년 이내의 기간으로 정한 금전 또는 물건의 지급을 목적으로 한 채권
> 2. 의사, 조산사, 간호사 및 약사의 치료, 근로 및 조제에 관한 채권
> 3. 도급받은 자, 기사 기타 공사의 설계 또는 감독에 종사하는 자의 공사에 관한 채권
> 4. 변호사, 변리사, 공증인, 공인회계사 및 법무사에 대한 직무상 보관한 서류의 반환을 청구하는 채권
> 5. 변호사, 변리사, 공증인, 공인회계사 및 법무사의 직무에 관한 채권(세무사는 ×)
> 6. 생산자 및 상인이 판매한 생산물 및 상품의 대가
> 7. 수공업자 및 제조자의 업무에 관한 채권

- 1년 이내로 기간을 정한 정기급채권은 변제기를 1년으로 정한 경우를 의미하는 것이 아니라 그 정기가 1년 이내라는 의미이다.

> **판례**
> 민법 제163조 제1호 소정의 '1년 이내의 기간으로 정한 금전 또는 물건의 지급을 목적으로 하는 채권'이란 1년 이내의 정기에 지급되는 채권을 의미하는 것이지, 변제기가 1년 이내의 채권을 말하는 것이 아니므로, 이자채권이라고 하더라도 1년 이내의 정기에 지급하기로 한 것이 아닌 이상 위 규정 소정의 3년의 단기소멸시효에 걸리는 것이 아니다(96다25302).

- 이자, 사용료 등이 이에 해당하는데 이때 이자란 약정이자를 의미하는 것이지 지연이자는 아니다. 지연이자는 채무불이행에 기한 손해배상청구권이므로 원칙상 10년
- 이때 사용료는 부동산 사용료이고 동산사용료는 1년

- 3년의 단기소멸시효에 걸리는 '도급받은 자의 공사에 관한 채권'은 도급받은 공사대금채권뿐만 아니라 그 공사에 부수되는 채권도 포함한다[대법원 1987. 6. 23. 선고 86다카2549 판결]. 그러나 수급인이 채권자로서 나서는 경우가 아니라 도급인이 수급인을 상대로 그 공사의 과급금의 반환을 청구하는 채권은 이에 포함되지 않는다.

2) 1년 시효

> **제164조 【1년의 단기소멸시효】** 다음 각호의 채권은 1년간 행사하지 아니하면 소멸시효가 완성한다.
> 1. 여관, 음식점, 대석, 오락장의 숙박료, 음식료, 대석료, 입장료, 소비물의 대가 및 체당금의 채권
> 2. 의복, 침구, 장구 기타 동산의 사용료의 채권
> 3. 노역인, 연예인의 임금 및 그에 공급한 물건의 대금채권
> 4. 학생 및 수업자의 교육, 의식 및 유숙에 관한 교주, 숙주, 교사의 채권

3) 판결이 확정된 채권은 10년

> **제165조 【판결 등에 의하여 확정된 채권의 소멸시효】** ① 판결에 의하여 확정된 채권은 단기의 소멸시효에 해당한 것이라도 그 소멸시효는 10년으로 한다.
> ② 파산절차에 의하여 확정된 채권 및 재판상의 화해, 조정 기타 판결과 동일한 효력이 있는 것에 의하여 확정된 채권도 전항과 같다.
> ③ 전2항의 규정은 판결확정당시에 변제기가 도래하지 아니한 채권에 적용하지 아니한다.

가) 취지
10년보다 단기였던 것이 10년으로 연장된다는 의미이지 그보다 장기인 것이 감축된다는 의미는 아니다. 시효에 걸리지 않던 것이 시효에 걸리게 된다는 의미도 아니다.

나) 확정판결만을 의미한다.
- 판결, 파산절차, 재판상화해, 조정, 인낙조서, 지급명령(○)
- 확정되지 않은 판결(가집행 선고부 판결)(×)

다) 시효연장의 효과는 상대적이다.
- 판결 등의 당사자에게만 연장된다.
- 채권자와 주채무자 사이의 판결에 의해 대금채권이 확정되어. 소멸시효가 10년으로 연장되었다 하더라도 이러한 시효연장의 효과는 보증인에게 미치지 아니한다. 단, 시효중단의 효력은 당연히 보증인에게도 미친다(제440조)(86다카1569. 사안은 상사시효가 적용되었던 경우).

라) 확정판결 당시에 채권의 변제기가 도래하지 않은 경우에는 적용이 없다.

마) 기판력이 발생한 시점, 즉 재판이 확정된 때로부터 새로운 시효가 진행한다.

> **판례**
> 1. 유치권이 성립된 부동산의 매수인은 피담보채권의 소멸시효가 완성되면 시효로 인하여 채무가 소멸되는 결과 직접적인 이익을 받는 자에 해당하므로 소멸시효의 완성을 원용할 수 있는 지위에 있다고 할 것이나, 매수인은 유치권자에게 채무자의 채무와는 별개의 독립된 채무를 부담하는 것이 아니라 단지 채무자의 채무를 변제할 책임을 부담하는 점 등에 비추어 보면, 유치권의 피담보채권의 소멸시효기간이 확정판결 등에 의하여 10년으로 연장된 경우 매수인은 그 채권의 소멸시효기간이 연장된 효과를 부정하고 종전의 단기소멸시효기간을 원용할 수는 없다(2009다39530).

2. 채권자와 주채무자 사이의 확정판결에 의하여 주채무가 확정되어 그 소멸시효기간이 10년으로 연장되었다 할지라도 그 보증채무까지 당연히 단기소멸시효의 적용이 배제되어 10년의 소멸시효기간이 적용되는 것은 아니고, 채권자와 연대보증인 사이에 있어서 연대보증채무의 소멸시효기간은 여전히 종전의 소멸시효기간에 따른다(2004다26287).

제3절 소멸시효의 중단과 정지

1. 재판상청구에 의한 시효중단

> 제168조【소멸시효의 중단사유】 소멸시효는 다음 각호의 사유로 인하여 중단된다.
> 1. 청구
> 2. 압류 또는 가압류, 가처분
> 3. 승인
>
> 제169조【시효중단의 효력】 시효의 중단은 당사자 및 그 승계인간에만 효력이 있다.
>
> 제170조【재판상의 청구와 시효중단】 ① 재판상의 청구는 소송의 각하, 기각 또는 취하의 경우에는 시효중단의 효력이 없다.
> ② 전항의 경우에 6월내에 재판상의 청구, 파산절차참가, 압류 또는 가압류, 가처분을 한 때에는 시효는 최초의 재판상 청구로 인하여 중단된 것으로 본다.

가. 사법상 권리의 행사이어야 하므로 민사소송에 한하는 것이 원칙
- 민사소송이라면, 이행의 소, 형성의 소, 확인의 소, 반소 불문

> **판례**
> 1. 민법 제149조의 "조건의 성취가 미정한 권리의무는 일반규정에 의하여 처분, 상속, 보존 또는 담보로 할 수 있다."는 규정은 대항요건을 갖추지 못하여 채무자에게 대항하지 못한다고 하더라도 채권양도에 의하여 채권을 이전받은 양수인의 경우에도 그대로 준용될 수 있는 점, 채무자를 상대로 재판상의 청구를 한 채권의 양수인을 '권리 위에 잠자는 자'라고 할 수 없는 점 등에 비추어 보면, <u>비록 대항요건을 갖추지 못하여 채무자에게 대항하지 못한다고 하더라도 채권의 양수인이 채무자를 상대로 재판상의 청구를 하였다면 이는 소멸시효 중단사유인 재판상의 청구에 해당한다고 보아야 한다</u>(2005다41818).
> 2. 시효중단을 위한 후소로서 이행소송 외에 전소 판결로 확정된 채권의 시효를 중단시키기 위한 재판상의 청구가 있다는 점에 대하여만 확인을 구하는 형태의 '새로운 방식의 확인소송'이 허용되는지 여부(적극)
> [다수의견] 종래 대법원은 시효중단사유로서 재판상의 청구에 관하여 반드시 권리 자체의 이행청구나 확인청구로 제한하지 않을 뿐만 아니라, 권리자가 재판상 그 권리를 주장하여 권리 위에 잠자는 것이 아님을 표명한 것으로 볼 수 있는 때에는 널리 시효중단사유로서 재판상의 청구에 해당하는 것으로 해석하여 왔다. 이와 같은 법리는 이미 승소 확정판결을 받은 채권자가 그 판결상 채권의 시효중단을 위해 후소를 제기하는 경우에도 동일하게 적용되므로, 채권자가 전소로 이행청구를 하여 승소 확정판결을 받은 후 그 채권의 시효중단을 위한 후소를 제기하는 경우, 후소의 형태로서 항상 전소와 동일한 이행청구만이 시효중단사유인 '재판상의 청구'에 해당한다고 볼 수는 없다.

시효중단을 위한 이행소송은 다양한 문제를 야기한다. 그와 같은 문제들의 근본적인 원인은 시효중단을 위한 후소의 형태로 전소와 소송물이 동일한 이행소송이 제기되면서 채권자가 실제로 의도하지도 않은 청구권의 존부에 관한 실체 심리를 진행하는 데에 있다. 채무자는 그와 같은 후소에서 전소 판결에 대한 청구이의사유를 조기에 제출하도록 강요되고 법원은 불필요한 심리를 해야 한다. 채무자는 이중집행의 위험에 노출되고, 실질적인 채권의 관리·보전비용을 추가로 부담하게 되며 그 금액도 매우 많은 편이다. 채권자 또한 자신이 제기한 후소의 적법성이 10년의 경과가 임박하였는지 여부라는 불명확한 기준에 의해 좌우되는 불안정한 지위에 놓이게 된다.

위와 같은 종래 실무의 문제점을 해결하기 위해서, 시효중단을 위한 후소로서 이행소송 외에 전소 판결로 확정된 채권의 시효를 중단시키기 위한 조치, 즉 '재판상의 청구'가 있다는 점에 대하여만 확인을 구하는 형태의 '새로운 방식의 확인소송'이 허용되고, 채권자는 두 가지 형태의 소송 중 자신의 상황과 필요에 보다 적합한 것을 선택하여 제기할 수 있다고 보아야 한다(2015다232316, 전원합의체 판결).

판례 | 응소와 시효중단

1. 민법 제168조 제1호, 제170조 제1항에서 시효중단사유의 하나로 규정하고 있는 재판상의 청구라 함은, 통상적으로는 권리자가 원고로서 시효를 주장하는 자를 피고로 하여 소송물인 권리를 소의 형식으로 주장하는 경우를 가리키지만, 이와 반대로 시효를 주장하는 자가 원고가 되어 소를 제기한 데 대하여 피고로서 응소하여 그 소송에서 적극적으로 권리를 주장하고 그것이 받아들여진 경우도 마찬가지로 이에 포함되는 것으로 해석함이 타당하다(92다47861).

2. 시효를 주장하는 자가 원고가 되어 소를 제기한 경우에 있어서, 피고가 응소행위를 하였다고 하여 바로 시효중단의 효과가 발생하는 것은 아니고, 변론주의 원칙상 시효중단의 효과를 원하는 피고로서는 당해 소송 또는 다른 소송에서의 응소행위로서 시효가 중단되었다고 주장하지 않으면 아니되고, 피고가 변론에서 시효중단의 주장 또는 이러한 취지가 포함되었다고 볼 만한 주장을 하지 아니하는 한, 위와 같은 피고의 응소행위가 있었다는 사정만으로 당연히 시효중단의 효력이 발생한다고 할 수는 없다(96다26190).

3. 권리자가 시효를 주장하는 자로부터 제소당하여 직접 응소행위로서 상대방의 청구를 적극적으로 다투면서 자신의 권리를 주장하여 그것이 받아들여진 경우에는 민법 제247조 제2항에 의하여 취득시효기간에 준용되는 민법 제168조 제1호, 제170조 제1항에서 시효중단사유의 하나로 규정하고 있는 재판상의 청구에 포함되는 것으로 해석함이 상당하다 할 것이나, 점유자가 소유자를 상대로 소유권이전등기 청구소송을 제기하면서 그 청구원인으로 '취득시효 완성'이 아닌 '매매'를 주장함에 대하여, 소유자가 이에 응소하여 원고 청구기각의 판결을 구하면서 원고의 주장 사실을 부인하는 경우에는, 이는 원고 주장의 매매 사실을 부인하여 원고에게 그 매매로 인한 소유권이전등기청구권이 없음을 주장함에 불과한 것이고 소유자가 자신의 소유권을 적극적으로 주장한 것이라 볼 수 없으므로 시효중단사유의 하나인 재판상의 청구에 해당한다고 할 수 없다(97다30288).

4. 시효를 주장하는 자의 소 제기에 대한 응소행위가 민법상 시효중단사유로서의 재판상 청구에 준하는 행위로 인정되려면 의무 있는 자가 제기한 소송에서 권리자가 의무 있는 자를 상대로 응소하여야 할 것이므로, 담보가등기가 설정된 후에 그 목적 부동산의 소유권을 취득한 제3취득자나 물상보증인 등 시효를 원용할 수 있는 지위에 있으나 직접 의무를 부담하지 아니하는 자가 제기한 소송에서의 응소행위는 권리자의 의무자에 대한 재판상 청구에 준하는 행위에 해당한다고 볼 수 없다(2003다30890).

> ⚖️ **판례 | 소송의 각하, 기각 또는 취하의 경우**
>
> 1. 재판상 청구는 소송의 각하, 기각, 취하의 경우에는 시효중단의 효력이 없고 다만 각하 또는 취하되었다가 6월 내에 다시 재판상 청구를 하면 시효는 중단되나 기각판결이 확정된 경우에는 청구권의 부존재가 확정됨으로써 중단의 효력이 생길 수 없으므로 청구기각판결의 확정 후 재심을 청구하였다 하더라도 시효의 진행이 중단된다고 할 수 없다(92다6983).
>
> 2. **민법 제168조 제1호**
>   제170조 제1항에서 시효중단사유의 하나로 규정하고 있는 재판상의 청구란, 통상적으로는 권리자가 원고로서 시효를 주장하는 자를 피고로 하여 소송물인 권리를 소의 형식으로 주장하는 경우를 가리키나, 이와 반대로 시효를 주장하는 자가 원고가 되어 소를 제기한 데 대하여 피고로서 응소하여 소송에서 적극적으로 권리를 주장하고 그것이 받아들여진 경우도 이에 포함되고, 위와 같은 응소행위로 인한 시효중단의 효력은 피고가 현실적으로 권리를 행사하여 응소한 때에 발생하지만, 권리자인 피고가 응소하여 권리를 주장하였으나 소가 각하되거나 취하되는 등의 사유로 본안에서 권리주장에 관한 판단 없이 소송이 종료된 경우에는 민법 제170조 제2항을 유추적용하여 그때부터 6월 이내에 재판상의 청구 등 다른 시효중단조치를 취한 경우에 한하여 응소 시에 소급하여 시효중단의 효력이 있다고 보아야 한다(2011다78606).
>
> 3. 채권양도 후 대항요건이 구비되기 전의 양도인은 채무자에 대한 관계에서는 여전히 채권자의 지위에 있으므로 채무자를 상대로 시효중단의 효력이 있는 재판상의 청구를 할 수 있고, 이 경우 양도인이 제기한 소송 중에 채무자가 채권양도의 효력을 인정하는 등의 사정으로 인하여 양도인의 청구가 기각됨으로써 민법 제170조 제1항에 의하여 시효중단의 효과가 소멸된다고 하더라도, 양도인의 청구가 당초부터 무권리자에 의한 청구로 되는 것은 아니므로, 양수인이 그로부터 6월 내에 채무자를 상대로 재판상의 청구 등을 하였다면, 민법 제169조 및 제170조 제2항에 의하여 양도인의 최초의 재판상 청구로 인하여 시효가 중단된다(2008두20109).
>
> 4. 재판상의 청구는 소송의 각하, 기각 또는 취하의 경우에는 시효중단의 효력이 없지만, 그 경우 6개월 내에 재판상의 청구, 파산절차참가, 압류 또는 가압류, 가처분을 한 때에는 시효는 최초의 재판상 청구로 인하여 중단된 것으로 본다(민법 제170조). 그러므로 채무자가 제3채무자를 상대로 제기한 금전채권의 이행소송이 압류 및 추심명령으로 인한 당사자적격의 상실로 각하되더라도, 위 이행소송의 계속 중에 피압류채권에 대하여 채무자에 갈음하여 당사자적격을 취득한 추심채권자가 위 각하판결이 확정된 날로부터 6개월 내에 제3채무자를 상대로 추심의 소를 제기하였다면, 채무자가 제기한 재판상 청구로 인하여 발생한 시효중단의 효력은 추심채권자의 추심소송에서도 그대로 유지된다고 보는 것이 타당하다(2019다212945).

나. 형사소송은 시효중단이 안 되지만, 예외적으로 소촉법에 따른 배상명령신청은 시효중단의 효과가 있다(判).

다. 행정소송은 시효중단 안 되지만, 예외적으로 과·오납한 조세의 부당이득반환청구권에 있어 과세처분의 취소, 무효확인의 소송을 제기하는 것은 그 청구권의 시효를 중단시키는 효과가 있다는 것이 판례

라. 기본적 법률관계에 관하여 재판상 청구를 하면 그에 기초한 파생적 청구권의 시효가 중단된다(파면처분무효확인의 소를 제기하여 승소하면 파면된 이후의 보수금청구권에 대한 시효도 중단된다. 93다21606등).

마. 일부청구의 시효중단범위
  - 당해청구가 일부청구임을 특정하였거나 명시한 경우에는 그 일부에 대해서만 시효가 중단
  - 일부의 청구임을 특정하지 않았거나 명시한 적이 없는 경우에는 비록 일부만을 청구했다 하더라도 채권의 동일성이 인정되는 전부에 대해 시효가 중단

- 반면, 가압류의 경우에는 언제나 그 가압류의 청구금액만큼만 시효중단(가분채권의 일부분을 피보전권리로 하여 채무자 소유재산에 대하여 가압류한 경우에는 그 일부인 피보전채권의 부분에 한하여 시효중단의 효력이 있으며, 가압류에 의한 보전 채권에 포함되지 아니한 나머지 채권에 대하여는 시효중단의 효력이 발생할 수 없다(75다1240).

2. 최고 등 시효중단

가. 최고와 시효중단

> **제174조【최고와 시효중단】** 최고는 6월내에 재판상의 청구, 파산절차참가, 화해를 위한 소환, 임의출석, 압류 또는 가압류, 가처분을 하지 아니하면 시효중단의 효력이 없다.

- 재판 외의 청구인 최고도 시효중단사유로서의 청구에 속하나 최고는 그것만으로는 시효중단의 효과가 없고 반드시 최고 후 6월 내에 재판상 청구등을 하여야 최고 시에 시효가 중단된 것으로 인정된다.
- 최고란 채권자가 채무자에 대하여 재판외에서 채무이행을 청구하는 것으로서, 그 법적 성질은 채권자의 의사통지(준법률행위)이다.

🔨 판례

1. 최고를 여러 번 거듭한 후에 재판상 청구 등을 한 경우, 항상 최초의 최고시에 시효중단의 효과가 발생하는 것이 아니라 재판상 청구 등을 한 시점을 기준으로 이로부터 소급하여 6개월 이내에 한 최고 시에 시효중단의 효과가 발생한다(87다카2337).
2. 민사소송법 소정의 재산관계명시신청을 하고 그 결정이 채무자에게 송달된 경우, 민법 제168조 제2호 소정의 소멸시효 중단사유인 압류 또는 가압류, 가처분에 준하는 효력이 인정될 수는 없고 최고로서의 효력만 인정될 수 있다(2000다32161).
3. 소멸시효제도 특히 시효중단제도는 그 제도의 취지에 비추어 볼 때 이에 관한 기산점이나 만료점은 원권리자를 위하여 너그럽게 해석하는 것이 상당하므로 민법 제174조 소정의 시효중단사유로서의 최고도 채무이행을 최고받은 채무자가 그 이행의무의 존부 등에 대하여 조사를 해 볼 필요가 있다는 이유로 채권자에 대하여 그 이행의 유예를 구한 경우에는 채권자가 그 회답을 받을 때까지는 최고의 효력이 계속된다고 보아야 하고 따라서 같은 조 소정의 6월의 기간은 채권자가 채무자로부터 회답을 받은 때로부터 기산되는 것이라고 해석하여야 한다(94다24336).
4. [1] 채권자가 채무자의 제3채무자에 대한 채권을 압류 또는 가압류한 경우에 채무자에 대한 채권자의 채권에 관하여 시효중단의 효력이 생긴다고 할 것이나, 압류 또는 가압류된 채무자의 제3채무자에 대한 채권에 대하여는 민법 제168조 제2호 소정의 소멸시효 중단사유에 준하는 확정적인 시효중단의 효력이 생긴다고 할 수 없다.
   [2] 소멸시효 중단사유의 하나로서 민법 제174조가 규정하고 있는 최고는 채무자에 대하여 채무이행을 구한다는 채권자의 의사통지(준법률행위)로서, 이에는 특별한 형식이 요구되지 아니할 뿐 아니라 행위 당시 당사자가 시효중단의 효과를 발생시킨다는 점을 알거나 의욕하지 않았다 하더라도 이로써 권리 행사의 주장을 하는 취지임이 명백하다면 최고에 해당하는 것으로 보아야 할 것이므로, 채권자가 확정판결에 기한 채권의 실현을 위하여 채무자의 제3채무자에 대한 채권에 관하여 압류 및 추심명령을 받아 그 결정이 제3채무자에게 송달이 되었다면 거기에 소멸시효 중단사유인 최고로서의 효력을 인정하여야 한다(2003다16238).

5. 소송고지의 요건이 갖추어진 경우에 소송고지서에 고지자가 피고지자에 대하여 채무의 이행을 청구하는 의사가 표명되어 있으면 민법 제174조에 정한 시효중단사유로서의 최고의 효력이 인정된다. 나아가 시효중단제도는 제도의 취지에 비추어 볼 때 기산점이나 만료점을 원권리자를 위하여 너그럽게 해석하는 것이 바람직하고, 소송고지에 의한 최고는 보통의 최고와는 달리 법원의 행위를 통하여 이루어지는 것이므로 만일 법원이 소송고지서의 송달사무를 우연한 사정으로 지체하는 바람에 소송고지서의 송달 전에 시효가 완성된다면 고지자가 예상치 못한 불이익을 입게 된다는 점 등을 고려하면, 소송고지에 의한 최고의 경우에는 민사소송법 제265조를 유추 적용하여 당사자가 소송고지서를 법원에 제출한 때에 시효중단의 효력이 발생한다(2014다16494).

나. 파산절차 참가와 시효중단

제171조【파산절차참가와 시효중단】파산절차참가는 채권자가 이를 취소하거나 그 청구가 각하된 때에는 시효중단의 효력이 없다.

다. 지급명령과 시효중단(제172조는 사문화된 규정)

제172조【지급명령과 시효중단】지급명령은 채권자가 법정기간내에 가집행신청을 하지 아니함으로 인하여 그 효력을 잃은 때에는 시효중단의 효력이 없다.

민사소송법 제472조 제2항은 "채무자가 지급명령에 대하여 적법한 이의신청을 한 경우에는 지급명령을 신청한 때에 이의신청된 청구목적의 값에 관하여 소가 제기된 것으로 본다."라고 규정하고 있는바, 지급명령 사건이 채무자의 이의신청으로 소송으로 이행되는 경우에 지급명령에 의한 시효중단의 효과는 소송으로 이행된 때가 아니라 지급명령을 신청한 때에 발생한다(2014다228440).

라. 화해를 위한 소환, 임의출석과 시효중단

제173조【화해를 위한 소환, 임의출석과 시효중단】화해를 위한 소환은 상대방이 출석하지 아니 하거나 화해가 성립되지 아니한 때에는 1월내에 소를 제기하지 아니하면 시효중단의 효력이 없다. 임의출석의 경우에 화해가 성립되지 아니한 때에도 그러하다.

3. 압류·가압류·가처분에 의한 시효중단

제175조【압류, 가압류, 가처분과 시효중단】압류, 가압류 및 가처분은 권리자의 청구에 의하여 또는 법률의 규정에 따르지 아니함으로 인하여 취소된 때에는 시효중단의 효력이 없다.

제176조【압류, 가압류, 가처분과 시효중단】압류, 가압류 및 가처분은 시효의 이익을 받은 자에 대하여 하지 아니한 때에는 이를 그에게 통지한 후가 아니면 시효중단의 효력이 없다.

가. 시효중단의 효력 발생

- 집행신청 시에 발생한다. 다만, 집행의 신청이 있었어도 채무자의 주소불명 등으로 집행에 착수하지 못한 때에는 시효중단의 효력이 소급적으로 소멸(즉, 시효중단의 효력이 발생하지 않는다)
- 그러나, 일단 집행에 착수하였으나 압류할 물건이 없어 집행불능이 된 때에는 시효중단의 효력이 유지된다(2000다12419).

나. 강제처분이 취소된 경우는 시효중단의 효력이 소급적으로 소멸한다.

다. 집행당사자 이외의 자에게 시효중단의 효력이 미치지 않는 것이 원칙인데(시효중단은 당사자와 승계인에게만 미치므로), 당사자 외의 자에게 압류 등의 사실을 통지하면 그 자에게도 미친다(주로 물상보증인과 보증인에게 집행할 때 채무자나 주채무자에 대해 시효를 중단시키려 할 때 실익). 따라서 주채무자등이 통지를 받으면 주채무도 시효가 중단된다.

> **판례**
> 경매절차에서 이해관계인인 주채무자에게 경매개시결정이 송달되었다면 주채무자는 민법 제176조에 의하여 당해 피담보채권의 소멸시효중단의 효과를 받는다고 할 것이나 민법 제176조의 규정에 따라 압류사실이 통지된 것으로 볼 수 있기 위하여는 압류사실을 주채무자가 알 수 있도록 경매개시결정이나 경매기일통지서가 교부송달의 방법으로 주채무자에게 송달되어야만 하는 것이지, 이것이 우편송달(발송송달)이나 공시송달의 방법에 의하여 채무자에게 송달됨으로써 채무자가 압류사실을 알 수 없었던 경우까지도 압류사실이 채무자에게 통지되었다고 볼 수 있는 것은 아니다(94다26097).

라. 강제집행 종료 시부터 다시 시효 기산된다.

마. 주요 판례

> **판례**
> 1. <u>가압류의 피보전채권에 관하여 본안의 승소판결이 확정된 경우라도 가압류에 의한 시효중단의 효력이 소멸되는 것은 아니다</u>(2000다11102. 가압류에 의한 시효중단의 효력은 가압류의 집행보전의 효력이 존속하는 동안은 계속되는 것이고, 민법 제168조에서 가압류와 재판상의 청구를 별도의 시효중단사유로 규정하고 있는데 비추어 보면, 가압류의 피보전채권에 관하여 본안의 승소판결이 확정되었다고 하더라도 가압류에 의한 시효중단의 효력이 이에 흡수되어 소멸된다고 할 수 없다).
> 2. 사망한 사람을 피신청인으로 한 가압류신청은 부적법하고 그 신청에 따른 가압류결정이 내려졌다고 하여도 그 결정은 당연 무효로서 그 효력이 상속인에게 미치지 않으며, 이러한 당연 무효의 가압류는 민법 제168조 제1호에 정한 소멸시효의 중단사유에 해당하지 않는다(2004다26287).
> 3. 유체동산에 대한 가압류결정을 집행한 경우 가압류에 의한 시효중단 효력은 가압류 집행보전의 효력이 존속하는 동안 계속된다. 그러나 유체동산에 대한 가압류 집행절차에 착수하지 않은 경우에는 시효중단 효력이 없고, 집행절차를 개시하였으나 가압류할 동산이 없기 때문에 집행불능이 된 경우에는 집행절차가 종료된 때로부터 시효가 새로이 진행된다(2011다10044).
> 4. 원인채권의 지급을 확보하기 위하여 어음이 수수된 당사자 사이에서 채권자가 어음채권을 청구채권으로 하여 채무자의 재산을 압류함으로써 그 권리를 행사한 경우에는 그 원인채권의 소멸시효를 중단시키는 효력이 있다. 그러나 이미 어음채권의 소멸시효가 완성된 후에는 그 채권이 소멸되고 시효중단을 인정할 여지가 없으므로, 시효로 소멸된 어음채권을 청구채권으로 하여 채무자의 재산을 압류한다 하더라도 이를 어음채권 내지는 원인채권을 실현하기 위한 적법한 권리행사로 볼 수 없어, 그 압류에 의하여 그 원인채권의 소멸시효가 중단된다고 볼 수 없다(2010다6345).
> 5. 채권자가 가분채권의 일부분을 피보전채권으로 주장하여 채무자 소유의 재산에 대하여 가압류를 한 경우에 있어서는 그 피보전채권 부분만에 한하여 시효중단의 효력이 있다 할 것이고 가압류에 의한 보전채권에 포함되지 아니한 나머지 채권에 대하여는 시효중단의 효력이 발생할 수 없다 할 것이다(75다1240).

4. 시효중단 사유로서의 채무 승인

가. 개념 등

> **제177조【승인과 시효중단】** 시효중단의 효력있는 승인에는 상대방의 권리에 관한 처분의 능력이나 권한있음을 요하지 아니한다.

- 관념의 통지로서 처분권은 불필요하고 관리권만 있으면 족하다.
- 시효완성 후의 승인은 시효이익의 포기로서 의사표시다. 또한 처분권이 필요하다.
- 승인방법에는 제한이 없고 채무의 일부변제는 묵시적 승인이고 그 승인의 효과는 전부의 채무에 미친다(判. 따라서 전부 시효중단, 완성 후에는 전부 시효이익 포기).
- 승인을 할 수 있는 자는 시효이익을 받을 자 및 그의 대리인이고, 승인의 상대방은 시효의 완성으로 권리를 잃게 될 자 및 그의 대리인이다.

나. 중요 판례

> **📌 판례**
> 1. 객관적으로는 수건의 미변제 대출금 채무 중 일부의 변제이지만, 주관적으로는 수건의 채무 전부를 변제한다는 의사가 있었던 경우, 이는 채무전부에 대한 승인에 해당한다(2000다65864).
> 2. 동일당사자 사이에 동종급부를 내용으로 하는 수개의 채권관계에 있어서 그 중 일부 채무에 대한 지연이자의 변제는 나머지 채무의 전부에 대한 승인이 된다(78다1790).
> 3. 채무자가 채권자에 대하여 자기소유의 부동산에 담보목적의 가등기를 설정하여 주는 것은 민법 제168조 소정의 채무의 승인에 해당한다(97다22676).
> 4. 검사 작성의 피의자신문조서는 검사의 신문에 대하여 피의자가 응답하는 형태를 취하여 피의자의 진술은 어디까지나 검사를 상대로 이루어지는 것이므로, 그 진술기재 가운데 채무의 일부를 승인하는의사가 표시되어 있다고 하더라도, 그 기재부분만으로 곧바로 소멸시효 중단사유로서의 승인의 의사표시가 있는 것으로 볼 수는 없다(98다18124).
> 5. 甲이 행정소송에서 乙 측 증인으로 출석을 하여 乙의 소송대리인의 신문에 대답함에 있어서, 乙로부터 금3,500만 원을 차용한 적이 있다고 진술하였다면 이는 자신의 乙에 대한 대여금채무를 승인한 것으로 소멸시효의 중단사유인 채무의 승인에 해당한다(92다947).
> 6. 면책적 채무인수는 채무의 동일성이 유지되면서 신채무자에게 이전되는 것이므로 인수채무가 원래 상사채무로서 5년의 시효의 적용을 받던 것이라면 그 후 면책적 채무인수에 따라 그 채무자가 인수인으로 교체되었다고 하더라도 그 소멸시효의 기간은 여전히 5년의 상사시효의 적용을 받는다고 할 것이고, 이는 채무인수행위가 상행위가 아니더라도 달리 볼것이 아니며, 면책적 채무인수가 있는 경우, 이는 소멸시효의 중단사유로서 채무의 승인에 해당하므로 그 인수채무의 소멸시효기간은 채무인수일로부터 새로이 진행한다(99다12376).
> 7. 이행인수는 채무자와 인수인 사이의 계약에 따라 인수인이 채권자에 대한 채무를 변제하기로 약정하는 것을 말한다. 이 경우 인수인은 채무자의 채무를 변제하는 등으로 면책시킬 의무를 부담하지만 채권자에 대한 관계에서 직접 이행의무를 부담하게 되는 것은 아니다. 한편 소멸시효 중단사유인 채무의 승인은 시효이익을 받을 당사자나 대리인만 할 수 있으므로 이행인수인이 채권자에 대하여 채무자의 채무를 승인하더라도 다른 특별한 사정이 없는 한 시효중단 사유가 되는 채무승인의 효력은 발생하지 않는다(2015다239744).

8. 담보가등기를 경료한 부동산을 인도받아 점유하더라도 담보가등기의 피담보채권의 소멸시효가 중단되는 것은 아니지만, 채무의 일부를 변제하는 경우에는 채무 전부에 관하여 시효중단의 효력이 발생하는 것이므로, 채무자가 채권자에게 담보가등기를 경료하고 부동산을 인도하여 준 다음 피담보채권에 대한 이자 또는 지연손해금의 지급에 갈음하여 채권자로 하여금 부동산을 사용수익할 수 있도록 한 경우라면, 채권자가 부동산을 사용수익하는 동안에는 채무자가 계속하여 이자 또는 지연손해금을 채권자에게 변제하고 있는 것으로 볼 수 있으므로 피담보채권의 소멸시효가 중단된다고 보아야 한다(2009다51028).

9. 소멸시효의 중단사유로서의 승인은 시효이익을 받을 당사자인 채무자가 그 권리의 존재를 인식하고 있다는 뜻을 표시함으로써 성립하는 것이므로 이는 소멸시효의 진행이 개시된 이후에만 가능하고 그 이전에 승인을 하더라도 시효가 중단되지는 않는다고 할 것이고, 또한 현존하지 아니하는 장래의 채권을 미리 승인하는 것은 채무자가 그 권리의 존재를 인식하고서 한 것이라고 볼 수 없어 허용되지 않는다(2001다52568 판결).

5. 시효중단의 효과

제169조【시효중단의 효력】시효의 중단은 당사자 및 그 승계인간에만 효력이 있다.

제178조【중단 후에 시효진행】① 시효가 중단된 때에는 중단까지에 경과한 시효기간은 이를 산입하지 아니하고 중단사유가 종료한 때로부터 새로이 진행한다.

가. 주관적 범위

1) 연대채무
- 이행청구에는 절대효가 있으므로 연대채무자 1인에 대한 재판상청구로 인한 시효중단의 효과는 다른 연대채무자에게도 미치지만(최고도 마찬가지), 그 이외의 시효중단 사유는 다른 연대채무자에게는 영향이 없다.
- 따라서 연대채무자 1인의 소유 부동산에 대한 경매개시결정(압류)에 따른 시효중단의 효력은 다른 연대채무자에게 미치지 아니하나, 채권자가 연대채무자 1인의 소유 부동산에 대하여 경매신청(이는 최고로서의 효력을 가지고 있음)을 하고 6월내에 다른 연대채무자를 상대로 재판상 청구를 한 경우에는 그 다른 연대채무자에 대하여 시효중단의 효력이 발생한다(2001다22840).

2) 보증인(2019다212945 판례 참조)

나. 객관적 범위

- 채권자가 동일한 목적을 달성하기 위하여 복수의 채권을 갖고 있는 경우, 어느 하나의 청구권을 행사하더라도 특별한 사정이 없는 한 다른 채권에 대한 소멸시효 중단의 효력은 없다(2002.6.14. 2002다11441).
- 채권자가 채무자를 상대로 공동불법행위자에 대한 구상금 청구의 소를 제기하였다고 하여 이로써 채권자의 사무관리로 인한 비용상환청구권의 소멸시효가 중단될 수는 없다(2001.3.23. 2001다6145).
- 원인채권의 지급을 확보하기 위하여 어음이 수수된 경우, 어음채권에 관한 시효 중단의 효력은 원인채권에 대하여도 미치나, 원인채권에 대한 시효중단의 효력은 어음채권에 대하여는 미치지 아니한다는 것이 확립된 판례
- 부동산경매절차에서 집행력 있는 채무명의 정본을 가진 채권자가 하는 배당요구는 민법 제168조 제2호의 압류에 준하는 것(단순한 최고가 아니다)이므로, 어음채권에 관한 집행력 있는 채무명의 정본에 기한 배당요구는 원인채권의 소멸시효를 중단시키는 효력이 있다(2002.2.26. 2000다25484).
- 위자료청구의 소에서의 승소판결은 재산상손해배상청구권에 대한 시효중단의 효력이 없다(66다2280).

6. 소멸시효의 정지

- 시효기간이 거의 완성할 무렵에 권리자가 중단행위를 하는 것이 불가능하거나 또는 대단히 곤란한 사정이 있는 경우에 그 시효기간의 진행을 일시적으로 멈추게 하고 그러한 사정이 없어졌을 때에 다시 나머지 기간을 진행시키는 것을 뜻한다.
- 정지는 중단과 달리 이미 소멸시효가 경과한 기간이 없던 것이 되지 않는다.

가. 제한능력자의 시효정지

> 제179조【제한능력자의 시효정지】소멸시효의 기간만료 전 6개월 내에 제한능력자에게 법정대리인이 없는 경우에는 그가 능력자가 되거나 법정대리인이 취임한 때부터 6개월 내에는 시효가 완성되지 아니한다.
>
> 제180조【재산관리자에 대한 제한능력자의 권리, 부부 사이의 권리와 시효정지】① 재산을 관리하는 아버지, 어머니 또는 후견인에 대한 제한능력자의 권리는 그가 능력자가 되거나 후임 법정대리인이 취임한 때부터 6개월 내에는 소멸시효가 완성되지 아니한다.

나. 혼인관계 종료에 의한 시효정지

> 제180조【재산관리자에 대한 제한능력자의 권리, 부부간의 권리와 시효정지】② 부부의 일방의 타방에 대한 권리는 혼인관계의 종료한 때로부터 6월 내에는 소멸시효가 완성하지 아니한다.

다. 상속재산에 관한 권리와 시효정지

> 제181조【상속재산에 관한 권리와 시효정지】상속재산에 속한 권리나 상속재산에 대한 권리는 상속인의 확정, 관리인의 선임 또는 파산선고가 있는 때로부터 6월내에는 소멸시효가 완성하지 아니한다.

라. 사변에 의한 정지

> 제182조【천재 기타 사변과 시효정지】천재 기타 사변으로 인하여 소멸시효를 중단할 수 없을 때에는 그 사유가 종료한 때로부터 1월 내에는 시효가 완성하지 아니한다.

제4절 소멸시효 완성의 효과

1. 효과의 법적 성질

가. 효과에 대한 견해 대립

1) 절대적 소멸설과 상대적 소멸설
- 시효완성으로 절대적으로 당연히 권리는 소멸한다는 절대적 소멸설과 시효완성으로 권리가 당연히 소멸하지는 않고, 다만 시효의 이익을 받을 자가 권리의 소멸을 주장할 권리가 생길 뿐이라는 상대적 소멸설이 대립한다.
- 판례는 절대적 소멸설을 취하는 것으로 평가

2) 재판상 시효완성 사실을 주장해야 하는지 여부
시효는 직권조사사항이 아닌 주장, 입증해야 하는 사항이므로 변론주의 원칙상 당연히 소송상 시효완성의 주장, 항변을 해야 한다.

나. 시효완성의 원용권자
- 소멸시효가 완성된 경우 이를 원용할 수 있는 자는 시효로 인하여 채무가 소멸되는 결과 직접적인 이익을 받는 자인 채무자만이 원용할 수 있음이 원칙이다. 목적물을 매수한 제3취득자, 보증인 등이 직접 이익을 받는 자이다.

> **판례**
> 1. 소멸시효가 완성된 경우 이를 주장할 수 있는 사람은 시효로 인하여 채무가 소멸되는 결과 직접적인 이익을 받는 사람에 한정되므로, 채무자에 대한 일반 채권자는 자기의 채권을 보전하기 위하여 필요한 한도 내에서 채무자를 대위하여 소멸시효 주장을 할 수 있을 뿐 채권자의 지위에서 독자적으로 소멸시효의 주장을 할 수 없다(97다22676).
> 2. 사해행위취소소송에서 수익자가 취소채권자의 채권에 대하여 시효소멸을 주장할 수 있는지 여부(적극)
> 소멸시효를 원용할 수 있는 사람은 권리의 소멸에 의하여 직접 이익을 받는 자에 한정되는바, 사해행위취소소송의 상대방이 된 사해행위의 수익자는, 사해행위가 취소되면 사해행위에 의하여 얻은 이익을 상실하고 사해행위취소권을 행사하는 채권자의 채권이 소멸하면 그와 같은 이익의 상실을 면하는 지위에 있으므로, 그 채권의 소멸에 의하여 직접 이익을 받는 자에 해당하는 것으로 보아야 한다(2007다54849).
> 3. 채권자가 채권자대위권을 행사하여 제3자에 대하여 하는 청구에 있어서, 제3채무자는 채무자가 채권자에 대하여 가지는 항변으로 대항할 수 없고, 채권의 소멸시효가 완성된 경우 이를 원용할 수 있는 자는 원칙적으로는 시효이익을 직접 받는 자뿐이고, 채권자대위소송의 제3채무자는 이를 행사할 수 없다(대법원 1998. 12. 8. 선고 97다31472 판결).

2. 시효이익포기

> 제184조 【시효의 이익의 포기 기타】 ① 소멸시효의 이익은 미리 포기하지 못한다.

가. 법적 성질
- 절대적 소멸설: 시효완성의 이익을 받지 않겠다는 채무부담의 의사표시
- 상대적 소멸설: 시효소멸의 항변권(원용권)을 포기하는 의사표시

나. 주요 쟁점

- 포기는 시효완성 사실을 알고서 해야 한다. 이때 판례는 시효완성 후에 채무승인이 있으면 시효완성사실을 알고서 한 것으로 추정한다.
- 시효중단 사유로서의 승인과는 달리 처분능력이 필요하다.
- 시효이익포기의 효과는 상대적(즉, 자신에게만 미치고 타인에게는 영향 없다. 주채무자가 시효이익포기 하더라도 보증인에게는 영향이 없다)

> **판례**
> 소멸시효 이익의 포기는 상대적 효과가 있을 뿐이어서 다른 사람에게는 영향을 미치지 아니함이 원칙이나, 소멸시효 이익의 포기 당시에는 권리의 소멸에 의하여 직접 이익을 받을 수 있는 이해관계를 맺은 적이 없다가 나중에 시효이익을 이미 포기한 자와의 법률관계를 통하여 비로소 시효이익을 원용할 이해관계를 형성한 자는 이미 이루어진 시효이익 포기의 효력을 부정할 수 없다. 왜냐하면, 시효이익의 포기에 대하여 상대적인 효과만을 부여하는 이유는 포기 당시에 시효이익을 원용할 다수의 이해관계인이 존재하는 경우 그들의 의사와는 무관하게 채무자 등 어느 일방의 포기 의사만으로 시효이익을 원용할 권리를 박탈당하게 되는 부당한 결과의 발생을 막으려는 데 있는 것이지, 시효이익을 이미 포기한 자와의 법률관계를 통하여 비로소 시효이익을 원용할 이해관계를 형성한 자에게 이미 이루어진 시효이익 포기의 효력을 부정할 수 있게 하여 시효완성을 둘러싼 법률관계를 사후에 불안정하게 만들자는 데 있는 것은 아니기 때문이다(2015다200227).

- 판례는 시효완성사실을 알면서 기한의 유예를 요청하였다면 시효이익을 포기한 것으로 보나, 제소기간 연장요청에 동의한 것은 시효이익의 포기가 아니라고 한다(86다카2107).
- 소멸시효이익의 포기가 있었다는 데에 대한 입증책임은 시효완성으로 불이익을 받을 자가 부담한다.

> **판례**
> 1. 채권의 소멸시효는 이행기가 도래한 때로부터 진행되지만 이행기일이 도래한 후에 채권자가 채무자에 대하여 기한을 유예한 경우에는 유예시까지 진행된 시효는 포기한 것으로서 유예한 이행기일로부터 다시 시효가 진행된다(92다40211).
> 2. 시효이익의 포기는 시효취득자가 취득시효완성 당시의 진정한 소유자에 대하여 하여야 그 효력이 발생하는 것이지, 원인무효인 등기의 등기부상 소유명의자에게 그와 같은 의사를 표시하였다고 하여 그 효력이 발생하는 것이 아니다(94다40734).
> 3. 소멸시효가 완성된 채무를 피담보채무로 하는 근저당권의 실행시 채무자가 아무런 이의를 제기하지 않았다면 시효이익을 포기한 것이라고 볼 것이다(2001다3580).
> 4. 보증채무에 대한 소멸시효가 중단되는 등의 사유로 완성되지 아니하였다고 하더라도 <u>주채무에 대한 소멸시효가 완성된 경우에는 시효완성 사실로써 주채무가 당연히 소멸되므로 보증채무의 부종성에 따라 보증채무 역시 당연히 소멸된다.</u> 그리고 주채무에 대한 소멸시효가 완성되어 보증채무가 소멸된 상태에서 보증인이 보증채무를 이행하거나 승인하였다고 하더라도, 주채무자가 아닌 보증인의 행위에 의하여 주채무에 대한 소멸시효 이익의 포기 효과가 발생된다고 할 수 없으며, 주채무의 시효소멸에도 불구하고 보증채무를 이행하겠다는 의사를 표시한 경우 등과 같이 부종성을 부정하여야 할 다른 특별한 사정이 없는 한 보증인은 여전히 주채무의 시효소멸을 이유로 보증채무의 소멸을 주장할 수 있다고 보아야 한다(2010다51192).

5. [1] 시효이익을 받을 채무자는 소멸시효가 완성된 후 시효이익을 포기할 수 있고, 이것은 시효의 완성으로 인한 법적인 이익을 받지 않겠다고 하는 의사표시이다. 그리고 그러한 시효이익 포기의 의사표시가 존재하는지의 판단은 표시된 행위 내지 의사표시의 내용과 동기 및 경위, 당사자가 의사표시 등에 의하여 달성하려고 하는 목적과 진정한 의도 등을 종합적으로 고찰하여 사회정의와 형평의 이념에 맞도록 논리와 경험의 법칙, 그리고 사회일반의 상식에 따라 객관적이고 합리적으로 이루어져야 한다.

   [2] 소멸시효 중단사유로서의 채무승인은 시효이익을 받는 당사자인 채무자가 소멸시효의 완성으로 채권을 상실하게 될 자에 대하여 상대방의 권리 또는 자신의 채무가 있음을 알고 있다는 뜻을 표시함으로써 성립하는 이른바 관념의 통지로 여기에 어떠한 효과의사가 필요하지 않다. 이에 반하여 시효 완성 후 시효이익의 포기가 인정되려면 시효이익을 받는 채무자가 시효의 완성으로 인한 법적인 이익을 받지 않겠다는 효과의사가 필요하기 때문에 시효완성 후 소멸시효 중단사유에 해당하는 채무의 승인이 있었다 하더라도 그것만으로는 곧바로 소멸시효 이익의 포기라는 의사표시가 있었다고 단정할 수 없다(2011다21556).

6. 소멸시효 중단사유로서의 채무승인은 시효이익을 받는 당사자인 채무자가 소멸시효의 완성으로 채권을 상실하게 될 자 또는 그 대리인에 대하여 상대방의 권리 또는 자신의 채무가 있음을 알고 있다는 뜻을 표시함으로써 성립한다. 또한 시효완성의 이익 포기의 의사표시를 할 수 있는 자는 시효완성의 이익을 받을 당사자 또는 그 대리인에 한정되고, 그 밖의 제3자가 시효완성의 이익 포기의 의사표시를 하였다 하더라도 이는 시효완성의 이익을 받을 자에 대한 관계에서 아무 효력이 없다.
   동일 당사자 간에 계속적인 거래로 같은 종류를 목적으로 하는 수개의 채권관계가 성립되어 있는 경우에 채무자가 특정채무를 지정하지 아니하고 그 일부의 변제를 한 때에도 다른 특별한 사정이 없다면 잔존채무에 대하여도 승인을 한 것으로 보아 시효중단이나 포기의 효력을 인정할 수 있을 것이나, 그 채무가 별개로 성립되어 독립성을 갖고 있는 경우에는 일률적으로 그렇게만 해석할 수는 없을 것이고, 특히 채무자가 근저당권설정등기를 말소하기 위하여 피담보채무를 변제하는 경우에는 특별한 사정이 없는 한 피담보채무가 아닌 별개의 채무에 대하여서까지 채무를 승인하거나 소멸시효의 이익을 포기한 것이라고 볼 수는 없다(2013다64793).

7. 동일당사자간에 계속적인 거래로 인하여 같은 종류를 목적으로 하는 수개의 채권관계가 성립되어 있는 경우에 채무자가 특정채무를 지정하지 아니하고 그 일부의 변제를 한 때에도 다른 특별한 사정이 없다면 잔존채무에 대하여도 승인을 한 것으로 보아 시효중단이나 포기의 효력을 인정할 수 있을 것(93다14936)

3. 소멸시효 완성의 효과

제167조【소멸시효의 소급효】소멸시효는 그 기산일에 소급하여 효력이 생긴다.

가. 소급효

시효 기산점까지 소급하므로 기산점 이후의 이자도 소급적으로 소멸한다.

> **판례**
> 이자 또는 지연손해금은 주된 채권인 원본의 존재를 전제로 그에 대응하여 일정한 비율로 발생하는 종된 권리인데, 하나의 금전채권의 원금 중 일부가 변제된 후 나머지 원금에 대하여 소멸시효가 완성된 경우, 가분채권인 금전채권의 성질상 변제로 소멸한 원금 부분과 소멸시효 완성으로 소멸한 원금 부분을 구분하는 것이 가능하고, 이 경우 원금에 종속된 권리인 이자 또는 지연손해금 역시 변제로 소멸한 원금 부분에서 발생한 것과 시효완성으로 소멸된 원금 부분에서 발생한 것으로 구분하는 것이 가능하므로, 소멸시효 완성의 효력은 소멸시효가 완성된 원금 부분으로부터 그 완성 전에 발생한 이자 또는 지연손해금에는 미치나, 변제로 소멸한 원금 부분으로부터 그 변제 전에 발생한 이자 또는 지연손해금에는 미치지 않는다(2006다2940).

나. 주된 권리의 소멸과 종된 권리

- 주된 권리에 시효가 완성되면 이는 종된 권리에도 완성의 효과가 미친다(제183조).
- 원본채권과 이자채권(기본적, 지분적 불문하고 소멸)
- 원본채권과 지연손해금채권(판례는 원본채권은 3년의 단기시효가 적용되고 이에 대한 지연손해금채권은 5년의 상사시효가 적용되는 경우라도, 원본채권이 시효로 소멸하면 지연손해금채권도 시효로 소멸한다고 한다)
- 공동불법행위자의 손해배상채무와 공동불법행위자 일인이 타 공동불법행위자에 대해서 갖는 구상권은 전혀 별개의 권리이다(97다42830).
- 시효소멸하는 채권이 그 소멸시효가 완성하기 전에 상계할 수 있었던 것이면, 채권자는 상계를 할 수 있다(제495조).

2026 대비 최신개정판

해커스경찰
이나경
민법총칙 기본서

개정 2판 1쇄 발행 2025년 9월 18일

지은이	이나경 편저
펴낸곳	해커스패스
펴낸이	해커스경찰 출판팀
주소	서울특별시 강남구 강남대로 428 해커스경찰
고객센터	1588-4055
교재 관련 문의	gosi@hackerspass.com
	해커스경찰 사이트(police.Hackers.com) 교재 Q&A 게시판
	카카오톡 채널 [해커스 경찰공무원]
학원 강의 및 동영상강의	police.Hackers.com
ISBN	979-11-7404-477-8 (13360)
Serial Number	02-01-01

저작권자 ⓒ 2025, 이나경

이 책의 모든 내용, 이미지, 디자인, 편집 형태는 저작권법에 의해 보호받고 있습니다.
서면에 의한 저자와 출판사의 허락 없이 내용의 일부 혹은 전부를 인용, 발췌하거나 복제, 배포할 수 없습니다.

경찰공무원 1위,
해커스경찰 police.Hackers.com

해커스경찰

· 정확한 성적 분석으로 약점 극복이 가능한 **경위공채 합격예측 온라인 모의고사**(교재 내 응시권 및 해설강의 수강권 수록)
· 해커스 스타강사의 **경찰 민법총칙 무료 특강**
· **해커스경찰 학원 및 인강**(교재 내 인강 할인쿠폰 수록)

한경비즈니스 2024 한국품질만족도 교육(온·오프라인 경찰학원) 부문 1위